市场营销理论与实务

第三版

主编 吴文娟 孙铁玉

南京大学出版社

内 容 简 介

本书结合高等职业院校教学要求和教学特点,以"理论够用,注重实践,突出能力培养"为原则,以工作过程为导向,对市场营销理论和实务进行了融合与优化。本书全面介绍了市场营销学理论、解析市场环境、调查研究市场、市场选择分析、制定营销战略、制定营销战术——产品策略、制定营销战术——价格策略、制定营销战术——渠道策略、制定营销战术——促销策略、营销管理等内容。本书具有内容新颖、理论适度、操作性强、适用面广等特点,可作为高职高专、成人高校和独立学院财经类专业教材使用,也可供工商业界人士参考。

图书在版编目(CIP)数据

市场营销理论与实务 / 吴文娟,孙铁玉主编. —3版. —南京:南京大学出版社,2024.3
ISBN 978-7-305-28037-5

Ⅰ.①市… Ⅱ.①吴… ②孙… Ⅲ.①市场营销学—高等职业教育—教材 Ⅳ.①F713.50

中国国家版本馆 CIP 数据核字(2024)第 054781 号

出版发行	南京大学出版社
社　　址	南京市汉口路 22 号　　邮　编　210093
书　　名	**市场营销理论与实务** SHICHANG YINGXIAO LILUN YU SHIWU
主　　编	吴文娟　孙铁玉
责任编辑	尤　佳　　　　　编辑热线　025-83592315
照　　排	南京开卷文化传媒有限公司
印　　刷	南京人民印刷厂有限责任公司
开　　本	787 mm×1092 mm　1/16　印张 16　字数 389 千
版　　次	2024 年 3 月第 3 版　2024 年 3 月第 1 次印刷
ISBN	978-7-305-28037-5
定　　价	49.00 元

网　　址:http://www.njupco.com
官方微博:http://weibo.com/njupco
微信服务号:njuyuexue
销售咨询热线:(025)83594756

＊版权所有,侵权必究
＊凡购买南大版图书,如有印装质量问题,请与所购
　图书销售部门联系调换

当今社会,营销无处不在,无时不有,无论是在工商业企业、社会团体还是个人之中,其相关概念、原理、方法都得到了广泛的应用。

从研究领域看,长期以来,市场营销的专家学者及企业营销实战人士主要是从企业的角度研究营销问题,尤其是从生产制造企业出发来研究与阐述营销问题。结合社会经济发展需要,本书选择从企业营销这个角度来构建教材编写体系。

本书作为经济管理类专业的必修课程的教材,在项目规划、内容编写、案例编排等方面全面落实"立德树人"根本任务,把思想政治工作贯穿教育教学的整个过程,持续深化"三全育人"改革实践,精心设计了家国情怀、工匠精神、创新精神等思政案例,为实现党的二十大报告中提出的"育人的根本在于立德。全面贯彻党的教育方针,落实立德树人根本任务,培养德智体美劳全面发展的社会主义建设者和接班人"提供支撑。

本着"立德树人""理论与实务并重,突出能力培养"的基本思路,编者对市场营销理论与内容进行融合与优化。概括地说,本书具有五方面的特色:

1. 加快推进党的二十大精神进教材、进课堂、进头脑,选取适应最新岗位需要的教学内容,引入创新成果案例,弘扬中华民族优秀传统文化,培养学生的创新精神。

2. 以国家营销人才职业技能标准为导向,结合每一项内容,设置了对应的岗位认知标准,让学生明确学习目标。

3. 以培养学生从事营销工作岗位的基础能力为目标,以工作过程为导向,突出任务驱动,强化实训环节。模拟任务以虚拟人物王斌的市场营销职业生涯发展为路径,结合营销员、高级营销员、助理营销师、营销师岗位的工作要求,设计基础任务。每一个工作任务中都呈现出完整的任务链条——"任务引入""任务分析""知识对接""模拟工作任务实操"和"任务总结",帮助读者确定学习目标和激发学习兴趣。同时,正文穿插了"相关链接""营销实例""小看板""知识测试""案例分析能力测试"

前言

等内容,以增加信息量,检测基础知识的掌握情况,提高读者思维能力。

4. 以培养营销管理准职业人为目标,设计营销能力提升拓展实训,实训内容环环相扣,层层递进。将百年老店"同升和"作为全书实训项目的背景资料,开展项目驱动仿真任务实训。"项目驱动任务实训"内容按照营销岗位内容设计,列明检测标准、能力目标。读者完成10个"项目驱动任务实训"文案,即完成整个营销管理过程模拟仿真训练,通过仿真工作任务实训,培养学生从事营销工作岗位的核心能力,有利于提高学生综合素质和学习获得感。

5. 建设了数字化教学资源库,方便线上教学使用,在纸质版教材中以二维码的形式呈现数字化教学资料和微课资源。

本书由海口经济学院吴文娟、海南开放大学孙铁玉担任主编。吴文娟负责全书结构体系的策划与统稿,具体由吴文娟编写项目一至项目五,孙铁玉编写项目六至项目十。

在本书的编写过程中,参考了国内外同行的研究成果,得到了南京大学出版社的大力支持和帮助,在此一并表示衷心的感谢!

由于编者学识经验的局限,本书难免有疏漏和不妥之处,敬请专家学者及广大师生在使用过程中批评指正。

编 者
2024 年 3 月

目 录

项目一　认识市场营销 / 1

　　任务一　认识市场营销的作用及
　　　　　　地位 / 1

　　任务二　树立现代市场营销观念 / 4

　　任务三　开展市场营销需求管理 / 12

　　知识测试 / 17

　　案例分析能力测试 / 18

　　项目驱动任务实训 / 21

项目二　解析市场环境 / 23

　　任务一　认识市场营销环境 / 24

　　任务二　分析宏观营销环境 / 27

　　任务三　分析微观营销环境 / 35

　　任务四　运用市场营销环境分析
　　　　　　方法 / 38

　　知识测试 / 44

　　案例分析能力测试 / 44

　　项目驱动任务实训 / 48

项目三　调查研究市场 / 50

　　任务一　认识市场营销调研工作 / 51

　　任务二　选择市场调研方法 / 53

　　任务三　开展市场营销调研工作 / 56

　　任务四　撰写市场营销调研报告 / 64

　　知识测试 / 70

　　案例分析能力测试 / 70

　　项目驱动任务实训 / 73

项目四　市场选择分析 / 74

　　任务一　进行市场细分 / 74

　　任务二　选择目标市场 / 81

　　任务三　明确市场定位 / 86

　　知识测试 / 92

　　案例分析能力测试 / 93

　　项目驱动任务实训 / 96

项目五　制定营销战略 / 97

　　任务一　营销战略的制定程序 / 97

　　任务二　营销竞争战略的选择 / 101

　　任务三　不同市场竞争角色的策略
　　　　　　选择 / 107

　　知识测试 / 114

　　案例分析能力测试 / 115

　　项目驱动任务实训 / 117

项目六　制定营销战术
　　　　　——产品策略 / 118

　　任务一　了解产品 / 119

前言

　　任务二　产品生命周期的运用 / 123
　　任务三　品牌策略的选择 / 129
　　任务四　包装策略的选择 / 134
　　任务五　新产品开发 / 140
　　知识测试 / 147
　　案例分析能力测试 / 147
　　项目驱动任务实训 / 149

项目七　制定营销战术
　　　　　　——价格策略 / 151

　　任务一　影响定价因素的判定 / 152
　　任务二　定价方法运用 / 157
　　任务三　定价策略的选择 / 163
　　任务四　价格的适当调整 / 168
　　知识测试 / 172
　　案例分析能力测试 / 172
　　项目驱动任务实训 / 173

项目八　制定营销战术
　　　　　　——渠道策略 / 175

　　任务一　分销渠道的选择 / 175
　　任务二　中间商的选择 / 181
　　任务三　了解分销渠道变革与
　　　　　　创新 / 189
　　知识测试 / 191

　　案例分析能力测试 / 192
　　项目驱动任务实训 / 193

项目九　制定营销战术
　　　　　　——促销策略 / 194

　　任务一　促销及促销组合方式的
　　　　　　选择 / 195
　　任务二　人员推销方式的运用 / 200
　　任务三　广告策略的运用 / 207
　　任务四　营业推广策略的运用 / 213
　　任务五　公共关系策略的运用 / 217
　　知识测试 / 225
　　案例分析能力测试 / 225
　　项目驱动任务实训 / 226

项目十　开展营销管理工作 / 228

　　任务一　制订营销计划 / 228
　　任务二　建立营销组织 / 234
　　任务三　实施营销控制 / 238
　　知识测试 / 241
　　案例分析能力测试 / 242
　　项目驱动任务实训 / 247

参考文献 / 248

项目一 认识市场营销

项目一
认识市场营销

知识目标

1. 了解市场营销在企业经营管理中所处的地位。
2. 掌握市场营销管理的核心概念。
3. 掌握市场营销的内容。

能力目标

1. 具备市场营销观念。
2. 能够灵活运用市场营销观念分析评价企业的现状。
3. 能够正确认识并理解市场营销的含义。
4. 掌握市场营销需求管理的内容。

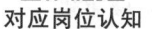
对应岗位认知

素质目标

1. 具有集体荣誉感、爱国情怀和积极向上的人生态度。
2. 具有市场营销从业人员的基本人文科学素养、职业道德和职业素养。
3. 具备终身学习和适应发展的能力。

思维导图

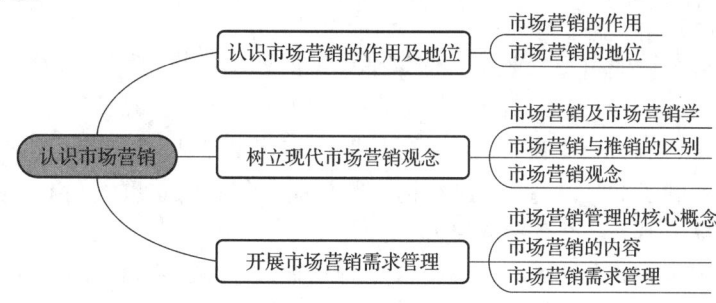

任务一 认识市场营销的作用及地位

任务引入

　　大男孩王斌在电脑前忙碌着,他正在招聘网站上搜索招聘广告,作为即将毕业的化工专业大学生,他非常希望找到与自己专业相关的岗位。但实际上,他发现与他所学专业对口的岗位并不多,且部分岗位要求3年相关工作经验,这使王斌很苦恼。在搜索岗位的过程中,他发现招聘市场营销岗位的企业很多,并且部分岗位不要求有相关工作经验。这让王斌很困惑,他不明白为什么企业要在营销环节招聘那么多的人,投入那么大的精力。

任务:如何理解市场营销的作用及地位?

 **任务分析**

营销无处不在,在当今社会生活中,任何组织与个人都在有意识或无意识地从事着各种各样的营销活动,好的市场营销已经成为企业成功的必备条件。

营销学作为一个研究领域,对个人、企业乃至整个社会都有着重要的意义。

 知识对接

一、市场营销的作用

(一) 市场营销对于个人的重要意义

我们每次重复购买产品的行动都是对营销的回应。产品满足了个人的需要,证明了营销的相关工作是有效的。产品适时适地的供应,又充分证明了营销体系是有效的。同时,营销行业的职业机会比其他许多职业更有成长性,更注重个人优点和特长的发挥,更能激发个人创造力。从事营销工作能够更深入地了解行业业态、市场动态,同时也为自己积累了更多的资源。

(二) 市场营销对于企业的重要意义

企业的营销能力是企业盈利的根本保证。如果市场对产品和服务的需求不足,企业财务、运营和其他方面的努力也只不过是虚无缥缈的东西,因为只有通过足够的需求,企业才能真正获得利润。企业在营销产品的同时也在营销自己,从消费品制造商到医疗保险业,从金融服务业到工业品制造商,很多企业都通过网站发布近期的营销业绩,并在许多商业杂志及其他媒体上刊登本公司营销战略的相关文章。

许多 CEO 在阐明企业的经营重点时都强调了市场营销的重要性。2006 年,国外相关机构在全世界范围内对 CEO 需要面对的十大挑战进行了一项调查。该项调查结果表明:排在前五位的挑战中,持续与稳定的成长、顾客忠诚/挽留遥遥领先,而这二者都在很大程度上依赖于市场营销。与此同时,许多 CEO 也都意识到市场营销对于构建品牌和赢得顾客忠诚的重要性。正是这些无形资产,在企业价值中占据了绝大部分比重。

(三) 市场营销对于社会发展的重要意义

在市场导向的经济社会,营销是创造规模市场、规模生产和规模分配的主要力量。同时,营销有助于产生高级商务活动,增加投资机会,提高就业率。有效的商业运作模式,不仅能给企业带来巨大的利润,也会为社会创造巨大的财富。

 **展会营销**

将中山市黄圃镇展现在世界面前

中山市黄圃镇是全国首个"中国食品工业示范基地""中国腊味食品名镇"。以腊味为代表的食品产业是当地的重要产业。从2005年起,在中国食品工业协会的支持下,在中山市黄圃镇连续举办了5届中国国际食品工业经贸洽谈会(简称食洽会,英文简写CFIF),这是一个以酒类、肉制品类、绿色食品类为主的食品贸易展会。前4届展会已促成投资、贸易项目总额近23亿美元。通过举办每年一次的食洽会,进一步推动了中山市食品产业集群发展、产业链的延伸,为中山市食品企业与国际、国内先进企业进行信息、技术交流,项目对接,投资合作,产品展示展销提供了平台。中山市食品在国内外声名鹊起。

黄圃镇负责人说,食洽会的办会理念,其中一条是追求资源精品化,加快市场化步伐。将开展黄圃腊味企业经销商项目推介会,寻找新的有实力的公司为合作伙伴,争取引入慧聪、阿里巴巴等成功的中介合作伙伴。还有一条是力求专业化、品牌化、市场化、信息网络科技化,以交易为核心,将举办招商项目推介会,腊味经销商、采购商经贸对接会,台湾—东盟市场主题展示会等以寻求食洽会新突破,展现新面貌。第三是以招商引资为导向,吸引中小企业走产业可持续发展之路,整合各类资源,制定优惠政策,吸引食品工业及其他相关投资商、服务商,全面提升食洽会贸易成交、行业品牌、社会经济效益;围绕本地食品产业结构,联动上下游客商,促进产生投资的经贸对接;组织食品产业上、下游企业参展,吸引本地食品企业采购;招商招展主要针对来粤的大中型投资商,尤其是近期有投资意向的投资商;加大本地食品产业发展项目开发力度,食品招商项目推介与食品展示并存。还有就是要专业化增值,形成展会差异与特色,重视会展营销。

资料来源:高泓娟.将中山市黄圃镇展现在世界面前[N].中国食品报,2010(007).

思考:中山市黄圃镇的食品产业为什么能够发展壮大?

二、市场营销的地位

市场营销的地位和作用,是市场营销管理职能在与其他管理职能(生产、财务、人事)关系的演变过程中体现的。

① 市场营销与生产职能、财务职能、人事职能同等重要。
② 市场营销职能与生产职能、财务职能、人事职能相比更为重要。
③ 市场营销职能是生产职能、财务职能、人事职能的核心职能。
④ 市场营销为综合性职能。

王斌求职公司简介

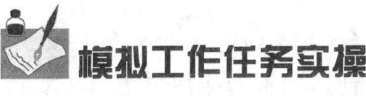 **模拟工作任务实操**

假设你是王斌,请完成"任务引入"中的任务"如何理解市场营销的作用及地位?"

实操步骤

① 讨论市场营销对于个人的重要意义,讨论从事营销工作在提高个人综合素质方面的作用——可以从了解行业业态、市场动态,积累更多资源的角度讨论。讨论市场营销对于企业、社会发展的重要意义——可以从营销过程有助于产生高级商务活动、增加投资机会、提高就业率的角度讨论。

② 结合王斌所在公司的情况,讨论该公司发展过程中市场营销管理的地位和作用。

任务二　树立现代市场营销观念

任务引入

王斌了解了市场营销的重要作用及市场营销部门在企业职能部门中的重要地位,觉得市场营销岗位是个有挑战性的岗位,他决定在找工作的过程中考虑应聘市场营销类工作岗位。宿舍的同学听说了,直言不讳地说:"王斌你要去卖东西吗? 你要做推销工作吗?"王斌一时语塞,无以回答,因为他真的不知道市场营销是干什么的。好学的王斌决定马上去找好朋友——经济管理系的李刚,了解一下市场营销到底是干什么的。

任务:市场营销和推销有什么区别? 现代市场营销观念是如何演变而来的?

自从市场营销学产生以来,它就像一种适销对路的产品,迅速传播到了世界各地。目前,市场营销学的学习、研究和应用已经被推广到社会经济生活的各个方面。那么,究竟什么是市场营销学? 它是如何产生和发展起来的? 怎样学习市场营销学? 对此,我们将逐一回答。

一、市场营销及市场营销学

市场营销学起源于美国,是一门"舶来科学",由英语单词 marketing 翻译过来的。在西方国家,marketing 有两层含义:一是指社会的或企业的某些经济活动,即市场营销;二是指以市场营销活动为研究对象的一门科学,即市场营销学。

(一) 市场营销的含义

关于市场营销的定义,可谓众说纷纭。美国市场营销协会(AMA)定义委员会 1960 年给市场营销的定义是:"市场营销是引导商品或劳务从生产者到达消费者或用户手中所实行的企业活动。"1985 年又将市场营销定义为:"市场营销是关于构思、货物和劳务的观念、定价、促销和分销的策划与实施过程,旨在导致符合个人和组织目标的交换。"

美国市场营销协会1960年的定义不能适应实际发展的状况,其1985年的定义有了很大进步,但表述过于烦琐。目前被社会广泛认同的市场营销定义是菲利普·科特勒在《市场营销管理》中给出的描述,他认为:"市场营销是一个社会管理过程,在这个过程中,个人或群体通过创造、提供与他人交换有价值的产品而满足自身的需要和欲望。"

综上所述,我们可以理解为市场营销就是辨别并满足人类和社会的需要,谁先满足了社会需要和个人需要,谁就先获得商机。eBay公司首先意识到人们在当地不能买到最想要的物品时,就发明了网上购物。淘宝意识到商家希望免费开店,就提供了网上免费平台,满足了商家的需要,并成就了今天的淘宝商城。所有这些都证明:市场营销可以把社会需要和个人需要转变成商机。

(二)市场营销学的含义

市场营销学不同于市场营销活动,它是站在卖方立场研究以满足消费者需求为中心的企业营销活动过程及其规律性,即研究企业应如何分析消费者的需要和欲望,满足消费者的需要和欲望,科学地选择目标市场,有计划地组织企业的整体活动,通过创造、交付和传播优质的顾客价值来获得顾客、挽留顾客和提升顾客的科学与艺术。

二、市场营销与推销的区别

推销是指推广产品或服务的销路。广义的角度讲,推销是由信息发出者运用一定的方法与技巧,通过沟通、说服、诱导与帮助等手段,使信息接收者接受发出者的建议、观点、愿望、形象等的活动总称。狭义的角度讲,推销是指企业营销组合策略中的人员推销,即企业推销人员通过传递信息、说服等技巧与手段,确认、激活顾客需求,并用适宜的产品满足顾客需求,以实现双方利益交换的过程。

在销售产品或服务,实现企业利润的过程中,有人误把推销当成市场营销。但实际上,推销只是市场营销的冰山一角而已。

小·看板

著名管理学家德鲁克先生曾经指出:可以这样说,推销往往是需要的,然而市场营销的目的却是使推销成为多余。市场营销的目的就在于深刻地认识和了解顾客,使产品和服务完全适合特定顾客的需要,从而实现产品的自我销售。因此,理想的市场营销应该可以自动生成想要购买特定产品或服务的顾客,剩下的工作就是如何使顾客可以购买这些产品。

当索尼公司设计出索尼Play Station 3(PS3)游戏机产品,苹果公司推出了iPod Nano数码音乐播放器时,销售商的订货也随之滚滚而来。原因是什么?原因是它们在从事了大量的市场营销研究的基础上,成功地设计出适销对路的产品。

实践向我们证实,推销不等于营销,推销只是营销中的一部分。

思考: 市场营销与推销的区别有哪些?

三、市场营销观念

市场营销观念是指企业决策人在组织和谋划企业市场营销实践活动时所依据的指导思想和遵循的行为准则。它包括企业营销活动的目的、手段和重点等内容，是企业的意识形态的体现，是企业的经营态度和思维方式的体现。其核心问题是企业以什么为中心开展生产经营活动，或者说如何正确处理企业、顾客和社会三者之间的关系。

市场营销观念是企业在一定时期、市场环境及生产经营技术条件下，开展全部市场营销活动的指导思想和根本准则。随着世界各国经济和市场的发展，市场供求状况也在迅速地发生变化，由此导致了市场营销观念发生相应变革。市场营销观念是随着生产力、科学技术的发展，以及市场供求关系和市场竞争态势的变化而产生和发展的。简言之，市场营销观念在一定的社会经济环境下形成，并且随着环境的变迁而发展演变。

（一）营销观念的演变历程

1. 生产观念

生产观念是指导营销的最古老观念。这是一种以生产为中心的市场观念，是在19世纪末到20世纪初逐步形成的。它是在社会生产力水平低下、物资短缺、国民收入水平较低、产品供不应求的条件下产生的，其经营思想是"我们生产什么，消费者就买什么"。企业把全部精力放在提高劳动生产率、增加产品产量、降低成本、获取利润上，不太重视产品质量，更不注重产品品种和推销。

在资本主义工业化初期及第二次世界大战和战后的一段时期内，由于物资短缺，市场上产品供不应求，生产观念在企业经营管理中颇为流行。著名的美国福特汽车公司，自1869年成立到20世纪20年代以前，由于竞争对手少，产品需求量大，其产品供不应求，福特汽车公司的一切活动都以生产为中心。1908年，福特突然宣布，福特汽车公司日后将只生产一种汽车，即T型汽车，就是生产观念的体现。我国在计划经济体制下，由于物资短缺，产品供不应求，工商企业在经营管理中也奉行生产观念。具体表现为：工业企业集中力量发展生产，不重视市场营销，实行以产定销，生产多少销售多少；商业企业集中力量抓货源，工业企业生产什么就收购什么，也不重视市场营销。

老福特的经营观念

美国汽车大王福特，在生产他那闻名世界的T型汽车时，步入了自我意识的陈旧观念泥潭，从而使福特汽车公司在20世纪20年代初期处于无所适从的十字路口。

1908年，福特突然宣布，他的公司日后将只生产一种汽车，即T型汽车。T型汽车在当时的确集中了先前所有各种型号汽车的最优良的特点，而且直到第一次世界大战临近结束，T型车的销售量仍在逐年增加，价格却逐年下降。对于这种汽车的赞扬声来自四面八方，甚至美国税务上税委员会也在1928年回顾说："T型车是一种很好的经济实惠的汽车。它的声誉极好，各阶层的人都使用它。它是市场上最便宜的汽车，而按它的价格来说，它的实用价值又超过任何别的汽车。T型车市场的需求量比任何公司的汽车市场需求量都大。"

然而，对于发生变化的汽车工业中的竞争条件，以及逐渐增长的城市居民的多样化消费需求心理，福特的适应能力则要差一点了。第一次世界大战后，经济繁荣了一阵，到1920年至1921年出现了大衰退。福特通过大幅度降低成本勉强渡过了这个难关。但是，20世纪20年代初期的汽车市场竞争激烈，主要来自占市场销售额大约20%的通用汽车公司。通用公司希望继续扩大它的市场占有额，因而增加了产品系列，利用独立部门销售，以适应不同的市场。例如，雪佛兰是低价车，接着是别克、奥尔兹和庞蒂别克，最后则是最为昂贵和豪华的凯迪拉克。

补锅匠出身的老福特认为，对付竞争的唯一办法是遵循洛克菲勒和卡内基的先例，降低T型汽车的成本。这一方针的焦点是在底特律附近鲁日河边建立一个巨大的中心生产工厂，一年365天，天天都能以较低的成本生产出更多的汽车。然而，到1923年，情况已经很清楚，福特的低价政策并没有吸引买主，福特的个人统治为他带来的好处也不及通用公司权力分散的管理制度为扩大销售量带来的好处。

通用公司拓展市场的策略集中于美国人买车的赊购方法及更重要的生活习惯——每一两年改变一下汽车的样式。而在福特的生产和经营观念中，这是十足的邪门歪道。福特汽车公司的高级职员敦促福特改变他的基本方针，以便更好地应对竞争，甚至福特的夫人也劝告福特不要再固执己见。但是福特拒绝了，他争辩道："我们希望造出某种能永远用下去的机器，我们希望买了我们一件产品的人永远不需要再买另一件，我们决不会做出使先前样式废弃不用的任何改进。"

他这样做的直接后果是他的大多数助手纷纷离去，以及销售量的大幅度下降。到1927年，他把所有34家工厂关闭6个月，以便重新安排生产，但是关闭以后整整有一年时间生产没有全面展开。到1936年，在轿车销售量方面，它屈居第三，排在通用公司（占34%）和克莱斯勒（占25%）之后。

1927年以后，通用汽车公司的实力表现在每年大张旗鼓地介绍新式汽车，研究及试制行驶性能更好的封闭汽车，以及精明老练地处理二手车的业务。而福特则喜欢取笑这些科学的管理制度，他把组织系统表比作一棵树，认为"结满累累的果实，每个果子上写了一个人或一个机构的名字，每个人都有头衔和一些职责，他们都严格受到果实大小的限制……"一个下级职员要把信息传递给董事会主席或总裁大约需要6个星期，而到那个时候，他要报告的事项很可能已成为历史。

福特不仅仅是补锅匠，他还是处于农村和城市之间的美国人的代表性人物。他的价值标准根植于农村，他所理解的城市大规模生产的价值，是越来越多的人买得起这些产品（T型车在1925年达到290美元的历史最低价），在买卖中不做手脚，以及卖主和买主的长久关系。他提供的服务也大体上符合农村的良好传统。然而，对于T型车而言，福特收到了最糟糕的宣传效果——不满意的顾客，因为有些城市的价值标准同农村的价值标准是掺和不到一起的。

降低汽车价格是有限度的，这种限度却很少适用于西尔斯、彭尼、洛克菲勒和卡内基出售的低价商品。因为人们的价值观念、消费观念是变化的，而且是迅速变化的，到20世纪20年代，汽车已成为美国人个性的延伸。随着城市居民第1次超过农村居民，美国人发出了要求体现个性的呼声,而这在渴望自由呼吸的城市大街上拥挤的人群中曾受到长期的压抑。

统一样式的T型汽车,用福特本人的说法就是:"任何顾客都可以把它的车子漆上他喜欢的颜色,只要它是黑色的就行。"而通用汽车公司的口号则是:"为不同经济能力的人和不同用途提供汽车。"在这样的口号下,通用汽车公司提供给顾客的是大家都买得起的形形色色的汽车。而福特公司在老福特的错误观念引导下,一直只生产一种型号的汽车,甚至只生产一种颜色——黑色的汽车,终于导致了它在当时激烈的市场竞争中败下阵来。直到1947年福特逝世以后,他的公司改变策略,才重新获得了它早期那种在经济上的领先地位。

思考: 老福特的经营观念是什么?这一经营观念是否能够长久?企业应如何确定企业愿景、企业使命和企业经营理念?

2. 产品观念

产品观念是与生产观念并存的一种企业营销观念,也是在市场产品供不应求的卖方市场形势下产生的。产品观念认为,消费者喜欢购买高质量且具有特色的产品,企业应集中一切力量提高产品质量。其经营思想是:只要产品好,不愁卖不掉。在这种观念指导下,企业最容易患上"营销近视症",即过分重视产品而忽略顾客需求。

产品观念指导下的企业不关心消费者在想什么,很少让消费者在设计产品时介入。他们不去分析消费者市场的需求趋势,也不去考察研究竞争者的产品。许多经理深深地迷恋着自己的产品,以至于没有意识到其产品可能并不那么迎合时尚,甚至市场正在朝相反的方向发展。1972年,杜邦公司发明了凯夫拉。凯夫拉具有钢一般的硬度,而重量却只有钢的五分之一。杜邦公司的经理们设想了大量的用途和一个10亿美元的大市场。然而,很多年过去了,杜邦公司却依然在等待这个致富奇迹的出现。凯佛拉是制造防弹背心的理想纤维,但并未出现一个庞大的防弹背心市场。

3. 推销观念

推销观念是在从卖方市场向买方市场转变的过程中产生的。推销观念是一种以销售为中心的市场观念,这种观念的实质是"我们生产什么,就向消费者推销什么"。推销观念产生时市场的主要特征是:产品越来越多,有的还出现供过于求的现象,市场竞争越来越激烈。在这种产和销的尖锐矛盾下,企业只埋头于生产而不顾销售的经营方式行不通了,企业所担心的不再是如何扩大生产,而是如何提高推销技巧,尽快把产品卖出去,以减少损失,争取获得微利,免于破产。竞争给企业以压力,盈利和生存给企业以动力。为了求生存,求发展,企业不得不把精力由生产观念转向推销观念,市场由卖方市场逐步向买方市场转变,由"以生产为中心"转变为第二阶段的"以销售为中心"。

推销观念认为,消费者通常表现出一种购买惰性或抗衡心理,如果听其自然的话一般不会足量购买某一企业的产品,因此,企业必须积极推销和大力促销,以刺激消费者大量购买本企业的产品。企业必须走到市场上去促进和推动消费者购买,提供各种各样的刺激手段。积极开展人员推销,运用广告宣传,引导、启发、刺激消费者购买,尤其欢迎大量购买、重复购买和信任购买。

推销观念在现代市场经济条件下被大量用于那些非渴求物品,即消费者一般不会想到要去购买的产品或服务。许多企业在产品过剩时也常常奉行推销观念,采用各种营销手段销售企业产品。但由于推销观念只强调推销,不研究消费者需求,经营理念依然是从企业的产品出发的,所以推销观念没有超越以产定销的观念。

4. 市场营销观念

市场营销观念产生于20世纪50年代中期。第二次世界大战后,西方社会的生产几乎发生了革命性的深刻变革,欧美各国的军工工业很快地转向民用工业,第三次科学技术革命日益深入,工业品和消费品生产的总量剧增,社会化大生产迅速发展,经济迅速增长,消费品充裕,造成了生产相对过剩,随之而来的是商品市场上的激烈竞争,供求关系矛盾日益加剧。消费者在市场商品交换中开始居于主导地位,买方市场的特征越发显著。与此同时,随着消费者收入的增加,消费水平不断提高,保护消费者运动逐步兴起,社会舆论也要求保障消费者的利益。面对日益频繁变化的市场,企业只有适应市场,取得消费者信任,满足消费者需要,才能在激烈的竞争中求得发展。于是,企业不得不把以"生产为中心"的生产观念和"以销售为中心"的推销观念,迅速转变为"以消费者为中心"或"以市场需要为中心"的市场营销观念上来。营销的核心是满足消费者的需求,"消费者需要什么,我们就生产什么",这一观念上的转变是市场营销学理论上的一次重大变革。

市场营销观念是从根本上区别于前面的以产定销观念的现代营销思想。其营销观念的基本特征如下。

第一,以消费者为需求中心。市场营销观念要求企业重视消费者的需求,把了解消费者的需求、欲望和行为作为营销活动的起点,发展能满足消费者需要的产品和服务,并以积极的方式说服顾客购买这些产品和服务,有时甚至采用种种有效的营销手段去唤起需求,以便实现企业的营销目标。营销的核心是满足消费者的需求,认识需求,并根据消费者的多种需求进行市场细分,然后确定目标市场。最后,做好企业的市场定位。

第二,市场营销是一种整体营销活动。市场营销观念强调企业的营销活动是一个整体,要求企业不同的职能部门之间必须在增加企业利益的前提下进行协调和协作。企业在营销过程中不是单纯的销售,而是在研究市场需求的基础上,有针对性地对生产产品、制定价格、构建分销渠道、推销产品四大营销策略进行有效的组合,并最终通过发挥四大营销策略的整体效应,实现企业整体经营目标。

5. 社会市场营销观念

社会市场营销观念是对市场营销观念的修改和补充。它产生于20世纪70年代西方资本主义国家出现能源短缺、通货膨胀、失业增加、环境污染严重、消费者保护运动盛行的新形势下。1971年,杰拉尔德·扎特曼和菲利普·科特勒最早提出了"社会市场营销"的概念。社会市场营销观念要求市场营销者在制定市场营销政策时要统筹兼顾三方面的利益,即企业利润、消费者需要的满足和社会利益的满足。

这种观念认为,企业在向社会提供产品或服务时,不仅要发挥本企业的特长满足消费者短期的需要和欲望,而且还要考虑到消费者和社会的长远利益需求。如果企业不顾社会利益从事其经营活动造成了对社会利益的损害,来自社会的压力必然会影响企业的进一步发展。例如,一些造纸厂在生产过程中向江河排放废水,使江河的渔业资源受到重大损失,结果同当地渔民发生冲突,影响了工厂的生产与发展。同时,社会各界对于环境保护和健康消费越来越重视,政府对于有损社会利益的生产行为和消费行为的约束越来越严厉,从而迫使企业不得不通过树立良好的社会形象来改善自己的经营环境。

(二)营销观念的比较

上述市场营销观念,实际上将企业经营思想的发展分为两个阶段,即以企业需求为导向的阶段和以市场需求为导向的阶段。从生产观念到推销观念,其本质都是以卖方市场需求为导向,而从营销观念开始,则转为以买方市场需求为导向。

在营销观念上百年的发展历程中,以 20 世纪 50 年代为时间划分标准,20 世纪 50 年代以前的生产观念、产品观念、推销观念都是以生产为中心的,我们称其为传统营销观念;20 世纪 50 年代以后的市场营销观念和社会营销观念是以消费者为中心的,我们称其为现代市场营销观念。传统市场营销观念与现代市场营销观念区别如下。

1. 营销活动的程序不同

传统营销观念其营销活动程序是从生产到市场,即生产是企业营销活动的出发点,市场是企业营销活动的终点。现代市场营销观念其营销活动程序是从市场到生产,即企业先进行市场调研,了解买方市场需求,然后再生产产品或提供服务,市场是企业营销活动的起点和落脚点。

2. 营销活动的中心不同

传统营销观念是以卖方市场为中心,主动权掌握在企业的手里,消费者处于从属地位;现代市场营销观念是以买方市场为中心,消费者掌握着主动权,满足消费者需要和欲望是企业生存和发展的条件,企业处于从属地位。

3. 营销活动的手段不同

执行传统营销观念的企业是通过增加物美价廉的产品和扩大销售来获取利润的;执行现代市场营销观念的企业则是通过开展综合性、系统性的营销活动以让消费者满意来获取利润的。

4. 营销活动的结果不同

执行传统营销观念的企业着眼于企业自身发展,缺乏长远打算,因此,只能获得有限的短期利润;执行现代市场营销观念的企业从战略高度强调有计划、有步骤、系统地开展整体营销活动,以满足顾客的需求为己任,从而能够获得稳定的长期利润。

相关链接

传统营销观念与现代市场营销观念的区别如表 1-1 所示。

表 1-1 传统营销观念与现代市场营销观念对照

营销观念		市场特征	出发点	手段	策略	目标
传统营销观念	生产观念	供不应求	生产	提高产量降低成本	以产定销	增加生产取得利润
	产品观念	供不应求	产品	提高质量增加功能	以高质取胜	提高质量获得利润
	推销观念	生产能力过剩	销售	推销与促销	以多销取胜	扩大销售获得利润

续表

营销观念		市场特征	出发点	手段	策略	目标
现代市场营销观念	市场营销观念	买方市场	顾客需求	整体市场营销	以比竞争者更有效地满足顾客需要取胜	满足需要获取利益
	社会市场营销观念	买方市场	顾客需求和社会利益	整体市场营销	以满足顾客需要和良好社会形象取胜	满足顾客需要，增进社会利益获得经济效益

（三）市场营销观念的新发展

1. 大市场营销观念

20世纪80年代后期，由于国际市场竞争日趋激烈，许多国家和地区政府对经济的干预加强，贸易保护主义盛行，因此在此形势下，菲利普·科特勒提出了一种新的市场营销观念——大市场营销观念。其基本含义是企业在进行营销活动时，不仅要顺从和适应市场环境，而且要影响它。对此，企业营销要从4P(Product、Price、Place、Promotion)发展到6P，即增加了权力(Power)和公共关系(Public relations)。

大市场营销观念认为，一个企业或国家，在全球经济一体化的国际市场营销过程中，应主动借助于政治力量、外交手段、公共关系主动地改变外部市场环境和市场需求及顾客的消费习惯，以使商品打入目标市场。大市场营销观念主要体现为以下几个方面。

① 市场营销态度积极、主动。

② 改变了以往市场营销观念中单纯通过市场调研被动地调整需求，重点满足目标市场消费者需要的做法。

③ 关注和重视政治权力与公共关系，改变了忽视政治权力和公共关系的状况。

2. 关系营销观念

1985年，美国营销专家巴巴拉·本德·杰克逊提出关系营销观念。这个观念的提出是各种社会因素共同作用的结果。首先企业所面临的市场环境发生了很大的变化。20世纪80年代末，由于生产力水平的提高，科学技术不断的进步，新产品层出不穷，市场竞争日益激烈，在这种情况下，谁与顾客建立稳定的交易关系，谁就能拥有更多的未来销售机会。其次，企业认识到市场营销不仅要争取新顾客，而且要保持老顾客，认为丧失老顾客无异于失去市场、失去利润的来源，争取新顾客的成本大大高于保持老顾客的成本。因此，关系营销在实践中逐渐被认同和加以运用。其基本含义是：企业要与顾客、经销商创造更亲密的工作关系和相互依赖的关系，从而发展双方的连续性交往，以提高品牌忠诚度，巩固和扩大市场销售。

3. 全面营销观念

全面营销观念以开发、设计和实施营销计划、过程及活动为基础，强调营销计划、营销过程和营销活动的广度，以及彼此之间的相互依赖性。全面营销者认为营销实践中每个细节都是特别重要的，采用广泛的、整合的视角不可或缺。全面营销观念的主要维度如图1-1所示。

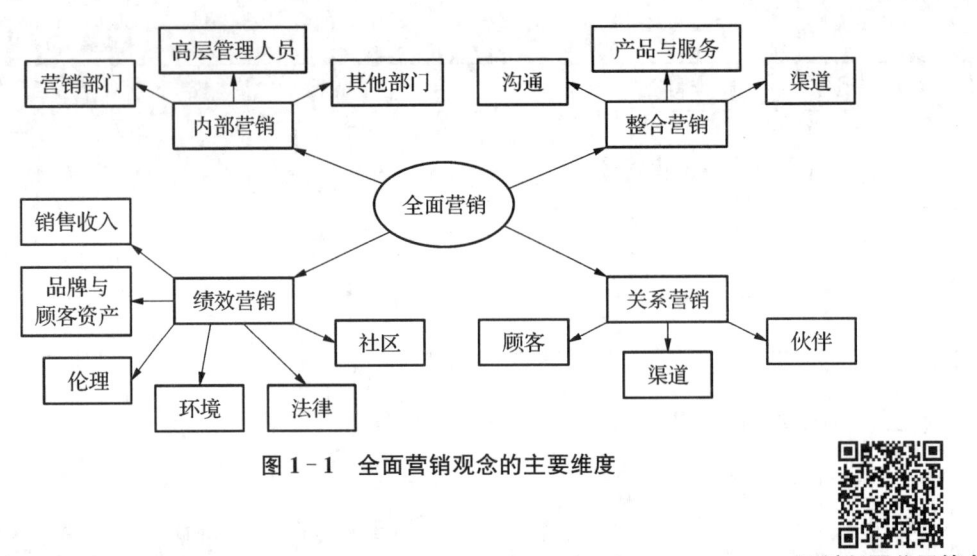

图 1-1 全面营销观念的主要维度

王斌任职公司简介

 模拟工作任务实操

假设你是王斌,请完成"任务引入"中的任务"市场营销和推销有什么区别?现代市场营销观念是如何演变而来的?"。

实操步骤

① 学生介绍市场营销、推销的概念,用简短语言总结市场营销与推销的区别。

② 学生阐述营销观念的演变历程和市场营销观念的发展规律。结合王斌求职公司情况,讨论如何灵活应用市场营销观念,对市场营销环境进行准确的分析。

任务总结

任务三 开展市场营销需求管理

任务引入   从李刚处回来王斌很开心,李刚深入浅出的市场营销理论介绍增强了王斌的求职信心,他开始认真地浏览招聘网站上营销岗位招聘广告。他发现市场营销岗位名称繁多,如市场助理、市场专员、市场主管、市场经理、市场总监、市场营销助理、市场营销专员、市场营销主管、市场营销经理、高级业务拓展员、产品经理、市场营销策划经理等,并且每个公司对不同岗位的描述都略有不同,对营销相关岗位的要求也不同,有的要求有相关工作经验,有的不要求有相关工作经验,工资待遇也不同。这使王斌很困惑,但还好从李刚处回来时,王斌向他借了市场营销教材,他希望通过阅读专业图书来更深入地了解市场营销的内容及市场营销的需求管理。

任务:市场营销管理的核心概念有哪些?市场营销需求管理包括哪些内容?

 **任务分析**

彼得·德鲁克曾说过:"管理,从根本上讲,意味着用智慧代替鲁莽,用知识代替习惯与

传统,用合作代替强制。"

市场营销管理涉及在特定的市场环境下,对组织所拥有的资源进行有效的计划、组织、领导、控制,以便完成组织既定的市场营销目标。

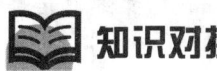

一、市场营销管理的核心概念

要想做好营销管理,需要掌握营销管理中的核心概念,包括市场、需要、欲望和需求,产品与服务,价值和满足,交换和交易。市场,需要、欲望和需求,商品与服务,价值和满足,交换和交易之间关系如图1-2所示。

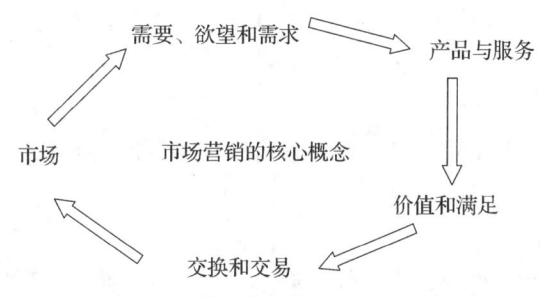

图1-2 营销管理基本概念的运用

(一) 市场

市场是一个既古老又现代的概念,它有着丰富的多层次的内涵,可以从传统的、政治经济学的、市场营销学的角度去理解和分析。

传统观念认为,市场是商品交换的场所;经济学理论认为,市场是交换关系的总和;市场营销学则认为,卖主只构成行业,买主才构成市场。商品需求是通过购买者体现出来的,也就是说,市场是具体产品的现实与潜在的购买者所构成的群体,不是地方空间的概念,更不是单纯交换关系的概念。如果说某产品没有市场,实际上就是指消费者对这种产品没有需求。因此,从营销学角度对市场下定义,市场是指那些具有特定的需要和欲望,并能通过交换来满足这种需要和欲望的全部潜在顾客群体。市场=人口+购买力+购买欲望。

(二) 需要、欲望和需求

① 需要。这是指人们没有得到某些满足的基本状态。需要是人与生俱来的,是人们为了生存产生的对食品、衣服、住房、安全、归属、受人尊重等各方面的需要。

② 欲望。这是指人们想得到上述基本需要的具体满足的愿望,即人们希望得到某种东西。

③ 需求。这是指人们有能力购买并愿意购买某个具体产品的欲望。

需求=欲望+购买力。

（三）商品和服务

人们生活中需要通过各种商品来满足自己的各种需要和欲望。从广义上来讲，任何能满足人们某种需要和欲望而进行交换的东西都是商品。当消费者购买商品时，实际上是购买该商品所提供的利益和满足程度。

（四）效用、费用和满足

① 效用。这是指消费者对某产品满足其需要的整体评价。例如，产品的安全性、方便性、美观性、节约性、性能可靠性等，是消费者对产品满足其需要的整体能力的评价。

② 费用。这是指消费者购买其产品所付出的代价，包括购买产品所支付的价款、购买时所花费的时间成本和精力成本、产品使用过程中的维护成本。

③ 满足。这是指产品的性能与价格之比，性价比越高，消费者满足度越高。

（五）交换和交易

① 交换。这是指从他人处取得需要之物，且以其某种东西作为回报的行为。交换的发生应具备以下5个条件。

- 至少有交换双方。
- 每一方都有对方需要的有价值的东西。
- 每一方都具有沟通和传送货品的能力。
- 每一方都可自由地接收或拒绝。
- 每一方都认为与对方交易是合适的。

② 交易。这是指双方在交换过程中达成协议的结果。

（六）市场营销者

市场营销者可以是卖方，也可以是买方，在交换过程中一方比另一方更主动、更积极地寻求交换，主动者一方称为市场营销者，另一方称为顾客。

二、市场营销的内容

一般来说，营销人员主要经营十大类产品：有形的商品、服务、节事、体验、人物、产权、组织、信息和创意。

（一）有形的商品

有形的商品是生产和生活中主要的营销对象。工厂所需要的钢材、木材、玻璃、塑料、煤炭等各种原材料、半成品、产成品，以及人们生活过程中所需要的食物、汽车、电冰箱、电视机和各种现代经济的必需品都是以固定形态存在的。有形产品是营销活动的主要营销对象。

（二）服务

随着经济的增长，服务逐渐构成了经济活动中的主导力量。服务的领域被明确划分，现代服务业主要分为生产性服务和生活性服务。它具体包括：航空服务、旅馆服务、汽车租赁服务、美容美发服务、保养维修服务、会计服务、律师服务等。而且，许多市场供应物都是商品和服务的组合体，如在饭店中，顾客既享用食品，又享受服务。

（三）节事

节事一直是营销人员进行产品宣传的舞台，包括传统节日和重大庆典（如大型商业展览、艺术表演和企业庆典等）。企业在利用传统节日及重大庆典进行营销活动的同时，也在创造节日，利用节事宣传企业、销售产品、获得利润。事实上，企业积极而大胆地利用一些全球性活动，如奥林匹克运动会和世界杯等，不仅会吸引相关爱好者，而且也会更广泛地宣传自己。

（四）体验

企业通过创造和展示各种营销体验，合理地把不同的商品和服务组合起来，从而达到促进销售的目的。例如，迪士尼公司的梦幻王国销售的就是一种体验，人们可以拜访童话王国、登上海盗船或走进鬼屋猎奇。现在，许多商家为消费者提供各种体验经历来营销产品，如各种钢琴、篮球、足球培训班，幼儿园、英语班所提供的各种体验课程等。

（五）人物

目前，名人营销也已成为营销的重要手段，音乐家、企业首席执行官、演员、教授、银行家等其他专业人士都从名人营销中获益不少。大卫·贝克汉姆、滚石乐队都非常成功地推销了自己。

（六）产权

产权是所有者的无形权利，包括不动产（房地产）和金融资产（股票或债券）。产权可以买卖，而这种买卖就对市场营销产生了要求。房地产代理商为产权拥有者或出售者提供代理服务，或者是自己购买并销售住房或商业房产；投资公司和银行则面向商业机构或个人投资者营销证券等产品。

（七）组织

组织总是积极致力于在目标顾客心中建立起强势的、宜人、独特的品牌形象。很多企业在提升自身形象的同时，也会为企业带来更多的潜在顾客。

（八）信息

在当今社会，信息成为一种特殊的商品，如学校、企业等组织都以一定的价格面向父母、学生、社区及市场对信息进行生产和销售。大数据在当今社会各个领域的销售与使用是一个非常鲜明的例子。

（九）观念和创意

产品和服务是用来传递某种观念和创意的平台。露华浓公司的查尔斯·露华森曾经指出："在工厂里我们制作化妆品，在商店里我们出售希望。"

三、市场营销需求管理

市场营销观念是以消费者需求为中心的企业经营指导思想。因此，企业的市场营销管理，是以消费者需求为中心进行的管理，即需求管理。根据市场需求水平、时间和性质的不同，可归纳出 8 种不同的需求状况，在不同的需求状况下，市场营销管理的任务有所不同。

（一）负需求

负需求是指全部或多数消费者厌恶某些产品或服务，不但不愿意购买，甚至宁愿付出一定代价予以躲避。市场营销管理的任务就是改变需求，通过改变产品设计、降价、促销等方式来改变顾客的印象和态度。

（二）无需求

无需求是指顾客对产品根本不感兴趣或无动于衷，如在校居住的大学生对购买电冰箱就不会感兴趣。此时，市场营销管理的任务就是刺激需求，想方设法地把产品的功效同人们的自然需求和兴趣结合起来。

（三）潜在需求

潜在需求是指许多消费者都有不能由现有产品来满足的强烈需求，如无糖食品、节油的汽车等。此时，市场营销管理的任务是开发潜在需求，估测潜在市场的规模，并开发产品和服务以有效满足潜在需求。

（四）下降需求

产品的市场生命周期决定，任何一个企业迟早都会面对它的一种或几种产品的需求下降的情况。市场营销者必须分析需求下降的原因，并通过改变产品特性、寻找新的目标市场或加强有效沟通等手段重新刺激需求。此时，市场营销管理的任务是更新需求，通过创造性的再营销，扭转需求下降的局面。

（五）不规则需求

某些产品或服务常面临淡旺季需求，这种不规则状态造成了生产力的不足或闲置浪费。例如，旅游景点平日门可罗雀，而节假日又人满为患。此时，市场营销管理的任务是协调需求，即通过弹性定价、加强促销等来改变需求模式，尽可能地使之相对平均化。

（六）充分需求

当企业向社会供给的产品达到顾客满意的程度时，所面临的就是充分需求。此时，市场营销管理的任务是保持需求。同时，企业还必须不断提高自己的产品质量，并密切关注消费者的满意程度。

（七）过量需求

产品或服务供不应求，但要满足新增需求则需大量投资，且不划算。此时，市场营销管理的任务是减少需求，如采用提价、减少促销或服务等方式来减少需求。

（八）有害需求

有害需求是指对某些产品或服务的需求或者过量需求是有害于消费者或社会的。例如，迷信用品、毒品、色情电影或烟、酒等，必须禁售或限售。此时，市场营销管理的任务是消除不良需求，利用恐吓诉求、推出替代品、提高价格或增加购买难度等手段，促使人们放弃、转移或减少需求。

模拟工作任务实操

假设你是王斌，请完成"任务引入"中的任务"市场营销管理的核心概念有哪些？市场营销需求管理包括哪些内容？"。

实操步骤

① 学生介绍市场，需要、欲望和需求，商品和服务，价值和满足，交换和交易等核心概念。

② 运用所学理论知识，结合王斌所在公司的实际情况，结合国际形势，结合我国未来发展目标，尝试探讨该公司未来市场营销管理任务是什么。

知识测试

1. 什么是市场营销？
2. 简述市场营销的作用及地位。
3. 传统市场营销理念与现代市场营销理念有什么不同？
4. 市场营销管理的任务是什么？
5. 市场营销的内容有哪些？
6. 市场营销管理的核心概念有哪些？
7. 推销与市场营销有什么区别？

营销管理的任务

任务总结

案例分析能力测试

案例1 "中国营销40年"的警醒与启示

"中国营销40年"是思想解放和营销大变革的40年。研究营销行业的发展,须着力研究行业发展的历程、现状、特点和趋势;着力研究行业的竞争地位;着力研究行业发展的新模式;着力研究行业发展的主要要素及价值的实现路径。

一、"盲目跟风"的警醒

改革开放初期,主流消费群体主要还是温饱型客户,还不具备判断产品好坏的本领;消费模式还是大众化消费,很容易跟风消费。在这个阶段,企业之间的营销竞争基本靠物性相近的产品,即便诉求有差异化,也显得苍白、粗暴。在"启蒙与吸收(1978年—1988年)"阶段,1987年燕舞集团豪掷400多万元上央视。"燕舞、燕舞,一曲歌来一片情……"这则脍炙人口的"燕舞"广告,成了那个时代很多人的记忆。接着新飞冰箱的"新飞广告做得好,不如新飞冰箱好"同样家喻户晓。这个阶段企业营销还主要在广告上下功夫,且广告无新意,有的还有贬低同行商业信誉之嫌。

二、"同质化营销"诟病

在"探索与躁动(1989年—1999年)"阶段,"传播为王",过度依赖传播误导越来越多的企业舍本逐末。最为典型的是1996年11月8日,秦池集团以3.2亿元的天价卫冕标王。与首夺标王的反应截然不同的是舆论界对秦池的质疑,要消化掉3.2亿元的广告成本,秦池必须在1997年完成15亿元的销售额,产、销量必须在6.5万吨以上。秦池准备如何消化巨额广告成本?秦池到底有多大的生产能力?消费者和营销界都充满了疑问。

从中可以看到,大多数企业的市场营销工作,不是围绕替客户创造价值展开,而是围绕如何做广告、做宣传下功夫;企业不是千方百计地去设计有独特价值的产品,而是停留在抄袭、模仿和概念炒作层面。

三、"耦合体"登场

"市场下沉""渠道为王""深度分销""心智培育""创造新品类""缝隙策略"等的"组合拳",成了"体验与哲学(2000年—2010年)"阶段的主旋律。中国市场的大广深杂,渠道类型、终端数量的梯级分布,为"市场下沉""渠道为王"找到了依据。

伴随着"拿订单、铺货、理货、促销、导购"等市场服务的深入,"深度分销"粉墨登场。浙江森拉特推行的以"生动化维护"为主旨和"助销的'三大纪律八项注意'"的"深度助销",赢得了业界口碑,帮助森拉特实现了"换道超车"。

营销的"心智培育"成为这个阶段的亮点。心智模式是不易被察觉的,它通过潜移默化的方式,不动声色地影响着我们的思维模式与情绪模式。

王老吉的"怕上火,就喝王老吉"的"语言的钉子"和"红罐"的"视觉锤",培育出"凉茶=王老吉"的"心智资源"。2003年,江苏洋河酒厂推出"蓝色经典"系列酒,用创造的"绵柔型"这一"新品类",微妙地改善了与茅台、五粮液等较大品牌的力量对比。"缝隙策略"被企业所用,"找到缝隙,扩大缝隙,占领缝隙",为大众市场饱和下企业寻求细分市场开拓了思路。

四、人文与生态并重

2014年11月30日,《中国经营报》及旗下《家族企业》杂志主办了"中国家族企业传承主题论坛",方太集团董事长茅忠群会上提出中国式管理要"儒法并行",方太将儒家思想作为文化价值观在推广。

方太只是"人文与生态(2011年—2018年)"阶段中人文营销的一个缩影。杭萧钢构的"创造价值、敬业忠诚、尊重沟通、诚信服务"的企业价值观和华润的"润物耕心"、凯达的"凯风蕴来"营销广告语都有着商业伦理、美学的人文思考。人文营销,人文"学"后,对他人的关怀、有同理心,愿意利他。用"人文"内化和淬炼企业精神,用"人文"凝聚员工的力量,用"人文"引领道德经营风尚,去领悟思绪的精妙,去建立念兹在兹的追求。

互联网模式、移动互联网模式下,营销的生态已成为企业发展的重要驱动力。过去企业的利润来源于产业集中度、与上下游产业的相对力量、经验曲线、动态平衡,而今天营销逻辑之变需要我们重新定义市场,重新定义客户,摒弃"规模增长"为"价值增长",推崇"自身能力"之外"生态优势"的培育。"跨界融合"成了这一阶段营销的新宠,绿叶集团的营销模式里,跨界融合了"宝洁"的品牌经营模式、"安利"的直销、"苏宁易购"的O2O电商业态、"无印良品"的亲民价格。

营销的价值不仅来源于横向、纵向、斜向的"价值链"活动,更有与商业伙伴在互惠、信赖基础上产生的共生、互生、再生"价值网"活动。营销"价值网"活动,倒逼企业应着力推动利益相关者的"资源整合、项目组合、产业融合",集聚人力、人文、技术、资本、市场等高端要素,打造众创空间,培育业态互动、要素互补的营销生态经济。

企业通过联合营销的"商业生态圈",协调、优化"商业生态圈"内的伙伴关系而获得发展。苏宁易购的营销生态经济,既能腾"云"驾雾,又可"钻"进消费者心里——2018年苏宁销售规模同比增长可望达38%,其中线上增长68%;智慧零售门店总数达到10 016家,新增6 000多家;服务用户的规模超过6亿人。

五、硬营销与软营销观念的激荡

营销理论源于美国,1890年为"营销理论萌芽阶段"。彼时,资本主义国家经过工业革命,生产力迅速提高,商品需求量也迅速增多。1920年可称为"营销理论巩固时期",范利(Vaile)和格雷特(Grether)所著的《美国经济中的市场营销》一书,讨论市场营销如何分配资源、指导资源的使用,市场营销如何影响个人分配,以及个人收入又如何制约营销等。

1946年美国人提出"助推式营销"的"硬营销"。其"助推式营销"的目的是影响消费者的选择,基于满足顾客需求,最大限度地释放"有限边界"的物性功能。

后来有学者认为,当下的营销应凸显对"人"心理行为的思考。他们提出与上述"硬营销"对应的"软营销"。

"软营销"的策略本质在于,默认营销人和消费者都站在平等地位,相信大多数消费者的信息与营销人是对称的,通过平等地与消费者的沟通,用动机性工具武装自己,有"博物学""同理心"的情怀,培育与消费者的"强关系"。

对营销理论的追本溯源,方能解释和帮助我们理解中国营销40年及今后较长一段时间,营销人所持"推销观念"的原因。"硬营销"的"硬伤"显露无遗,即便有些手段暂时奏效,其依赖于肤浅的消费心理模式,该模式将消费者的动机和能力置于较低位置。这或许我们多数人经历过,直接的结果是令消费者"很不爽"。

世界经济有过两次分流,第一次分流,世界选择了以英国为代表的欧美国家,在这个"节点"上,欧美国家有了标准权、话语权,甚至思想权,形成了今天看来的"传统工业革命";而第二次分流,或在今天中国形成的大数据、云计算、人工智能为代表的"新工业革命"。对企业而言,"新工业革命"必然孕育着"新营销"。"新工业革命"的互联网将搭建与消费者的"强连接",而支撑这个"强连接"则必然靠"强关系"。"强关系"的建立必须摒弃"硬营销",唯有"软营销"的实现,依据其"让渡价值""同理心""博物学情怀",才能使世界营销走向健康之路。

近几年来,在联合国等国际组织和多边机制框架内,中国在包括经济发展在内的全球治理、热点问题解决等方面提出了一系列新主张、新方案。在机制创新、规则制定、议程设置、规划实施等方面做出了重要贡献,展现了中国智慧的深邃与博大,体现了中国方案对于世界和平、经济发展的积极推动作用。经济发展所起的推动作用,必然需要包括中国营销创新对世界经济的贡献。

资料来源:袁清."中国营销40年"的警醒与启示[N].中华工商时报,2018(003).

思考:结合"中国营销40年"的警醒与启示,讨论未来营销活动的发展趋势。

案例2 浙江乡村文旅运营:从"美丽乡村"到"美丽经济"

乡村文旅运营是一项具有创新性、专业性、复杂性的系统工程。2017年6月,浙江首次提出"万村景区化"战略,这一战略是践行"绿水青山就是金山银山",实施乡村振兴战略的创新实践。同年,浙江省旅游局编制了《浙江省万村景区化五年行动计划(2017—2021年)》(下称《行动计划》)。《行动计划》中提出了实施农村环境整治提升、乡村旅游资源保护、景区村庄配套设施提升、景区村庄旅游新业态培育、景区村庄经营管理水平提升、景区村庄宣传营销等6个方面的重点任务。

顺应全民休闲度假的时代趋势,浙江省率先迈入"村"时代,通过"旅游+"推进乡村产业的融合发展,激发、吸附和释放环境生态优势,使村庄生态、生产、生活有机结合,最终构建一个个充满诗意栖居概念的景区村庄。

以金华市磐安县安文街道花溪村为例,2017年以来,依托磐安生态立县战略下创建的首个国有景区——花溪景区,花溪村不断提升美丽乡村建设品质,持续不断突出"景中村"特色发展。为了和花溪景区风貌相协调,且更好地推动村民致富,花溪村以"景村融合"为目标开始了整村改造。街道邀请了杭州的设计师做整体老屋改造的规划,并将该规划展示给村民,以取得他们的理解和支持。同时,还充分发挥了村民自治作用,制订的老屋改造实施计划在经过村民代表大会同意后才施行。

整村改造后,如何让花溪村村民享受到花溪景区改造开发的红利,大力发展乡村旅游、兴办民宿、农家乐等,成为该街道的解决之策。为此,该街道组织部分村民前往莫干山裸心谷、长兴水口村等地了解其乡村旅游发展模式,引导村民在办民宿、农家乐等时要注重品质、舒适度及游客体验感,不可一味追求房间、床位数量多。"村民通过办民宿、农家乐使经济收入有明显增长。村里经营民宿的农户,去年的最高收入是一百三十多万元,最低的也有二十多万元,已超过很多外出打工村民的年收入了。"让村民实现了在"家门口"赏美景、增收入。

为了推动花溪村的民宿产业可持续发展,近年来,安文街道加快"云山—花溪"民宿集聚带建设,今年新增精品和中高端民宿20家以上。值得一提的是,在安文街道,云山、双坑、墨林、花溪等村庄、社区的发展,带动了当地民众实现增收。在溢出效应下,该街道内的上葛、石头、东川、白云山、羊山头等村庄的民众收入也有所提升。

如今的安文街道,春赏樱、夏嬉水、秋补药膳、冬泡温泉,已形成"淡季不淡、旺季更旺、四季同热"的全域全时旅游态势。

花溪村是"美丽乡村"转化为"美丽经济"的一个缩影。在浙江乡村,这样的蝶变在不断发生。

资料来源:中国新闻网,浙江乡村文旅运营:从"美丽乡村"到"美丽经济".

思考:① 如何践行"绿水青山就是金山银山",实施乡村振兴战略的创新实践?
　　　② 如何聚力乡村旅游产品,既打造一系列差异化的旅游产品,又避免了同质化的审美疲劳?

项目驱动任务实训

情景营销设计

项目实训目标1:基础知识
使学生能够运用营销管理基本概念。

项目实训目标2:辩证性思考
培养学生分析和判断能力,树立现代市场营销观念。

学生角色:
辩论者。

项目任务:
提高同学们对市场营销含义、作用、地位、职能的认识。

项目内容:

项目背景:百年老店"同升和"

营销辩论:营销创造需要还是满足需要?

人们常常把市场营销定义为用来满足人的需要和欲望。然而,批评家却认为,市场营销的作用不止于此,它还可以创造出以前并不存在的需要和欲望。根据这些批评的论点,营销者实际上是鼓励消费者在那些自己实际并不需要的产品和服务上花费更多的钱。

辩论双方

正方:市场营销能够塑造消费者的需要和欲望。

反方:市场营销只能反映消费者的需要和欲望。

项目要求:

1. 普通话标准,口齿清晰,表达流利,声音洪亮,节奏适中;无明显的停顿、磕巴;在规定时间内团队三人以上共同完成展示陈述任务。

2. 团队衣着整洁,在汇报过程中表情自然大方,注意基本的礼仪,文明用语。

实训日志

	思政考评要点
态度考评	课堂出勤,参与课堂讨论的积极性,成果展示中的主动性、思政性
知识考评	课前作业和预习任务完成的质量,课中讨论或展示成果时对理论的分析和理解的正确度,课后实训报告分析中理论的结合度
思政考评	课堂互动中表现出来的集体荣誉感、爱国情怀和积极向上的人生态度;课后实践作业调研过程中表现出的责担任当、顾全大局、创新精神;实践报告内容体现出的任务反思和集体意识等
能力考评	课中小组讨论中展现出的组织能力;课后实训作业过程中体现出的团队合作能力、人际交往能力、抗挫能力、语言沟通能力;实训报告内容展现出的分析问题、解决问题的能力等

项目二

解析市场环境

知识目标

1. 了解市场营销环境的类型、特点,分析市场营销环境的重要性。
2. 掌握微观营销环境因素变化对企业营销活动的影响。
3. 掌握宏观营销环境因素变化对企业营销活动的影响。

能力目标

1. 具备适应和改善营销环境的意识。
2. 能够运用市场营销环境分析方法分析市场营销环境。

对应岗位认知

素质目标

1. 具有集体荣誉感、爱国情怀和积极向上的人生态度。
2. 具有责任担当、顾全大局、创新精神。
3. 具有反思意识和守正创新意识。

思维导图

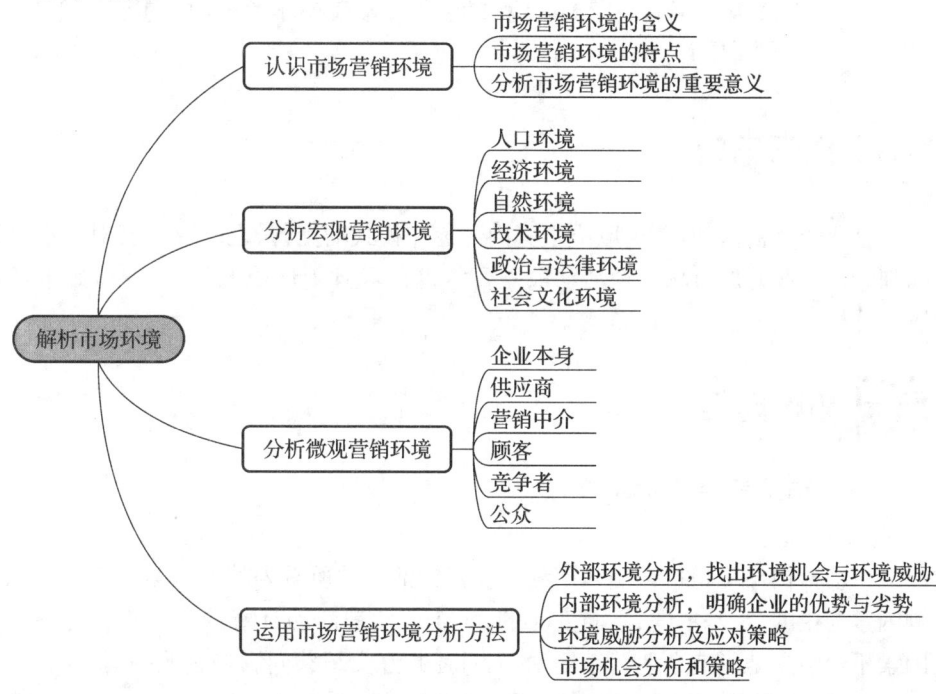

任务一 认识市场营销环境

任务引入

功夫不负有心人,王斌经过精心的准备,求职成功——既兼顾了自己的本专业又应聘到了自己想要的营销岗位。他应聘的集团公司以服装为主业,主要经营高档男装、高档女装,以全国连锁、超大规模、服装自选营销模式为主,并以平价优质的市场定位,款式多、品种全的货品选择,无干扰、自选式的购衣方式赢得了广大消费者,迅速成为国内服装业龙头。该公司成立于2002年,总部位于江苏省吴江市,员工6万余名,共有多类企业200余家。王斌受聘的是公司的主要部门——男装经营部,主管领导向王斌介绍了公司情况,并着重介绍了目前他工作的岗位职责:① 负责跟踪、研究相关的宏观环境动态、行业状况、需求变化及市场竞争格局;② 制订专项市场调研方案,收集市场信息,分析调研结果,预测市场动态,拟定应对策略;③ 了解区域市场的操作思路与操作模式;④ 消费者心理、消费者消费习惯等调查。介绍完岗位职责后,主管领导向王斌布置了他的工作任务,由于公司是以全国连锁、超大规模、服装自选营销模式为主,现拟在多个城市再开设连锁经营店,需要王斌和他的同事小张分析一下目前服装业市场营销环境,并撰写男装市场营销环境分析报告,为店铺选址、商圈范围确定做好准备工作。由于王斌和他的同事小张都是同一批新入职员工,两个人虽然听懂了领导布置的工作任务,但为什么要做市场营销环境分析?什么是市场营销环境?具体怎么做并不是很明白。王斌决定回学校请教一下经济管理系营销老师,再具体操作。

任务:了解市场营销环境的特点及市场营销环境分析的内容,明白市场营销环境分析的重要性。

 **任务分析**

企业的经营活动,不仅取决于其内部运作模式的完善,也取决于其对外部经营环境的正确判断。企业开展市场营销活动前需要掌握市场营销环境的特点,并做好市场营销内外环境的分析。

 知识对接

一、市场营销环境的含义

市场营销环境是指影响和制约企业营销活动的所有内外部因素。它们是以企业外部影响因素为主的、最基本的、不断变化的、对企业营销活动有着较大影响力的各种因素。这些因素不仅独立地影响企业营销活动,而且还相互交织共同影响企业的营销活动。

市场营销环境由宏观环境和微观环境组成。企业不仅需要对发展变化的宏观信息有所了解,还要对影响企业经营的微观环境进行全面分析和处理。所有的营销人员都应该了解,营销环境会不断地为企业带来新的机遇和新的威胁,持续监控和适应营销环境对企业来说十分重要。

二、市场营销环境的特点

市场营销环境的特点概括地讲,主要有以下几个方面。

(一) 复杂性

市场营销环境由内部环境因素和外部环境因素组成。内部环境因素和外部环境因素又由诸多因素构成,而且各因素又有许多次因素,这些因素相互配合、相互影响、相互作用,交织在一起,共同影响企业营销活动。

(二) 变化性

市场营销环境的变化性是指影响企业的环境因素不是固定的,而是变化发展的,每一个环境因素都随着社会经济的发展而不断变化。因此,企业对环境的监控不能一劳永逸。

(三) 不确定性

市场营销环境的不确定性是指各种环境因素发生变化的方向、时间、范围和幅度等都具有不确定性。

(四) 差异性

不同的国家和地区间,宏观环境差异较大;不同的企业,微观环境也千差万别。营销环境的差异性也表现为同一环境因素的变化对不同类型企业的影响不同。

(五) 不可控制性

市场营销环境的不可控制性是指影响企业的诸多外界环境因素是任何企业都没有办法控制的。但是面对营销环境,企业也不是无能为力,可以通过积极的努力去适应环境,改善环境。

 相关链接

媒体、广告、消费、移动互联网四大市场趋势分析

2023CTR 洞察趋势创新论坛在上海举办
发布消费、广告、媒体场和移动互联网用户趋势

新闻晨报 2023-09-20 12:05

2023 年 9 月 19 日,中国领先的市场研究公司央视市场研究(CTR)在上海举办 2023 CTR 洞察趋势创新论坛,发布最新中国消费市场、广告市场、媒体市场及移动互联网用户发展趋势。

CTR 消费市场趋势报告显示,2023 年是中国消费市场温和复苏的一年,上半年中国快

速消费品市场增长率为0.1%。消费大盘平稳修复的过程中,不同快速消费品类、人群和区域的发展分化十分明显。大健康赛道强劲发展,消费者寻求身心平衡的趋势同步带动了情绪经济的崛起。不同消费人群需求演变背后,回归烟火气的社区零售和精神文化层面的"社群"体验是线下零售新的破局点。同时,快速消费品厂商集体加速下沉,撬动多元化升级机会。

CTR广告市场趋势报告显示,2023年中国广告市场重现增长,1—7月整体广告花费同比上涨5.4%。日化、休闲、饮料等主力行业投放活跃,健康理念增强、线下文娱需求释放等积极因素带动相关品类广告领跑市场。复苏趋势之下,市场迈入以需求侧为主导的亲密关系时代,构建并营销品牌软实力成关键举措。对此,品牌重构营销逻辑,通过充实品牌文化与社会价值内涵,释放优质平台与交互场景影响力等方式,彰显、传播品牌人文价值,推动品牌与消费者关系升级。

CTR媒体市场趋势报告显示,媒体形态迭代升级,媒体与用户的关系经历从"单向式—双向式—推送式—养成式"的演变,媒体价值趋向多维进化。愈加复杂的媒体格局中,媒体的信任价值、情绪价值、私属价值和聚合价值尤显重要。媒体在信息传播基础能力上,实现了社会信息秩序守护、用户生活体验服务、产业融合发展推动等多层价值延伸。媒体新的功能性意义崛起,生态角色定位加速转变,媒体愈加重视探索用户关系链条重塑的可能方向,谋求更为广阔的经营空间。

CTR移动互联网用户趋势报告显示,2023年上半年中国移动互联网用户月活规模达14.2亿,同比增长1.9%,行业整体流量见顶,用户增长趋于平缓,头部APP竞争格局相对稳定,但大文旅、大社交、大互联、大模型四大特定场景以及新能源、母婴人群、高净值人群、家装人群、新老人和"夜猫子"六大特定用户之中仍存在市场机遇。

三、分析市场营销环境的重要意义

(一)分析市场营销环境可以明晰机会和威胁

市场营销环境因素众多,相互交织,综合全面地分析市场营销环境能够使企业规避威胁,带来营销机会。对于企业来讲,营销机会是开拓经营新局面的重要基础。企业应加强对环境的监控和分析,注重环境分析,预测环境威胁,采取相应措施;善于捕捉和把握营销机会,促进企业的发展。

(二)分析市场营销环境有利于整合营销活动资源

市场营销环境是企业营销活动的资源基础。企业营销活动所需的各种资源,如资金、人才、信息等都是由市场环境提供的。企业生产经营的产品或服务需要哪些资源、需要多少资源、从哪里获取资源,都必须通过分析市场环境因素,以获取所需资源,以满足企业经营需要,实现营销目标。

（三）市场营销环境是企业制定营销策略的依据

企业营销活动必须与所处的市场营销环境相适应。因此，企业要充分认识和了解市场营销环境，并以此为依据，制定有针对性的营销策略。

 模拟工作任务实操

假设你是王斌，请完成"任务引入"中的任务"了解市场营销环境的特点及市场营销环境分析的内容，明白市场营销环境分析的重要性"。

实操步骤

① 了解市场营销环境的特点及市场营销环境分析的内容。思考营销环境变化会给企业带来哪些新的机遇和新的威胁，持续监控和适应营销环境的必要性。

② 结合王斌所在企业的情况，分析其不同业务领域所面临的营销环境，并讨论其是否具有关联性。

任务总结

任务二　分析宏观营销环境

任务引入　　王斌明白了市场营销环境分析的重要性，市场营销环境的含义、特点及市场营销环境分析的内容。在与老师交流的过程中，王斌认为开展营销活动应该先分析企业内部情况。但老师问了一个问题："鱼生活在哪里？"

任务：了解宏观环境分析的重要性，掌握宏观环境因素及其对营销活动的间接作用。

宏观环境是企业难以改变的，宏观因素和发展趋势既为企业的发展提供了机会，也对企业的生存发展构成了挑战。当今世界，企业宏观环境的复杂性和动态性较以往历史时期更加显著，企业只有适应环境才能生存，所以企业必须弄清其所处宏观环境的状况，了解宏观环境对企业发展的影响，并对宏观环境进行评价，为企业的发展指明方向。

市场营销宏观环境是指影响企业营销活动的且不为企业所控制的各种外部力量。它主要包括人口、经济、自然、技术、政治、法律、社会文化环境等。

一、人口环境

人口是构成市场的首要因素,人口的多少直接决定着市场的潜在容量。分析人口环境除了考虑人口总数外,还应考虑人口的年龄结构、地理分布、人口密度、流动性、出生率和死亡率等人口特性,因为它们会对市场格局产生深刻影响。

(一) 人口规模

人口规模是影响基本生活消费品需求、基础教育需求的一个决定性因素。人口规模会对市场需求规模产生影响,尤其是对基本消费需求及其派生出来的生产资料需求绝对量产生影响。

人口规模主要是指人口数量及人口增长速度。人口数量多,需求多,尤其是基本需求绝对量大。人口数量多,购买力足,则表示市场扩大;购买力不足,则造成市场不景气。企业要通过市场研究,去发现各种未被满足的需求所带来的市场机会。

(二) 人口结构

人口结构包括自然构成,如性别、年龄等;地区构成,如人口的地理分布、人口区域流动等;社会构成,如民族、家庭规范、职业、受教育程度等。构成不同,消费需求结构也不同。

1. 自然构成

自然构成主要包括年龄结构和性别结构。

(1) 年龄结构。由于年龄的不同,在收入、社会阅历、生活方式、价值观念、社会生活等方面都存在差异,必然会产生截然不同的消费需求和消费方式。

(2) 性别结构。男性和女性在生理上的差异决定了他们不同的消费内容,因此,企业就要考虑是生产男性专用产品还是女性专用产品。

2. 地区构成

(1) 人口的地理分布。人口在地理上的分布与市场消费需求有着密切关系。居住在不同地区的人群,受地理环境、气候条件、自然资源、风俗习惯的影响,消费需求的种类及数量、购买习惯及行为都会有较大区别。

(2) 人口区域流动。人口的区域间流动是指人口在国家之间、城市之间以及城乡之间的流动。改革开放以来,我国城镇化水平迅速提高,大量人口从农村向城市转移。目前,我国主要表现在大量农村过剩人口向城市迁移,使城市市场迅速扩大。人口流动最直接的结果就是使社会购买力在不同地区之间流动。

3. 社会构成

社会构成主要包括民族结构、家庭结构、职业结构3个方面。

(1) 民族结构。不同民族风俗习惯不同,主要表现在饮食、居住、婚丧、服饰、礼仪等生活的各个方面都有其特殊需求和消费习惯。因此,营销企业必须了解民族之间的差异,尊重民族的消费习惯。

(2) 家庭结构。各国人口政策的不同,导致不同国家家庭结构的不同。以我国为例,在计划生育政策下,家庭结构逐渐由大家庭结构向小家庭结构转变。现今,家庭结构的小型化导致家庭总户数增加,引起住房、家具、炊具、家用电器等家庭用消费品需求总量的增加。由于家庭结构小型化,所以单身独居家庭不需要门类齐全的家庭用品,但相应需要增加娱乐场所、旅游等方面的开支。因此,营销企业应顺应家庭结构的变化趋势,在产品设计、包装和促销上做出积极的反应。

(3) 职业结构。职业是消费者的社会角色。不同职业的消费者,其收入水平不同,决定了他们的购买能力不同。同时,职业又同一定的生活方式、文化氛围相联系,进而影响消费者的消费方式和消费习惯。营销人员应该结合不同职业消费者的特点有针对性地提供适当的产品,采取针对性的营销手段。

二、经济环境

市场规模的大小也取决于社会购买力的大小,而社会购买力的大小又取决于国民经济的发展水平和人均国民收入水平。

(一) 社会购买力

社会购买力是指在一定时期内,社会各方面用于购买商品的货币支付能力,主要包括居民购买力、社会集团购买力和农业生产资料购买力。

① 社会购买力的实现与产品供求状况密切相关。产品供求状况包括:总供给与总需求的比例,即供大于求、供小于求或供需平衡,当供大于求时,企业会有压力;供给结构与需求结构的比例,均对企业有明显影响,在通常情况下,后者的影响更直接一些。

② 社会购买力的实现还与是否存在通货膨胀或通货紧缩密切相关。在存在通货膨胀时,货币购买力下降,生产要素涨价,成本加大,资金周转紧张,营销难度增加;在存在通货紧缩时,产品和劳务价格下降,但并非源于生产效率和成本,所以会减少经营收入,减少从业人员,缩小规模,致使失业率上升,消费低迷,投资减少,陷入经济困境。

③ 社会购买力的增减与消费者收入和支出、居民储蓄和信贷水平密切相关。

(二) 收入

1. 消费者收入

消费者收入是指消费者个人从各种途径所得到的收入总和,包括工资、奖金、其他劳动收入、红利、助学金、馈赠、出租收入等。消费者收入是影响社会购买力、市场规模的大小、消费者支出数量和支出模式的一个重要影响因素。消费者收入的构成如图2-1所示。

消费者收入分为名义收入和实际收入。实际收入属于可支配个人收入,可支配个人收入由生活必需品开支和可任意支配个人收入组成。可支配个人收入是指个人收入扣除直接交纳的各项税款和非税收负担后的余额;可任意支配个人收入是指可支配收入中扣除生活必需品开支之后的余额。

在分析收入指标所能得到的收入统计资料中一般是用名义收入数据表示的。名义收入的增加幅度如果高于物价或通货膨胀增长速度,则实际收入将是上升的;反之,则实际收入将是下降的。

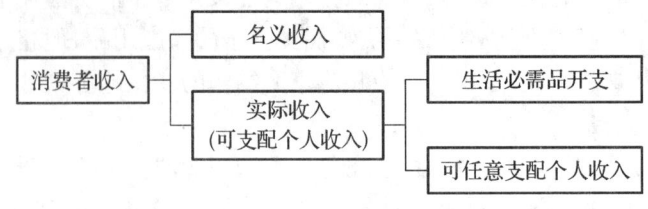

图 2-1 消费者收入的构成

2. 消费者支出模式

消费者支出模式指的是消费者各种支出的比例关系。随着消费者收入的变化,其支出模式及消费结构也会随之发生相应的变化,主要包括生活必需品开支和个人可任意支配收入。

一般情况下,国际上用恩格尔系数来确定一个国家的居民富裕程度,同时,也用恩格系数来表明一个国家潜在购买力的大小。联合国根据恩格尔系数的大小,对世界各国的生活水平有一个划分标准,即恩格尔系数大于 60% 为贫穷,50%~60% 为温饱,40%~50% 为小康,30%~40% 相对富裕,20%~30% 为富裕,20% 以下为极其富裕。

$$恩格尔系数 = (食品支出/消费总支出) \times 100\%$$

恩格尔系数定律表明:随着消费者及其家庭收入的增加,用于食品方面的开支占消费总支出的比重会越来越小。

3. 储蓄与消费信贷状况

储蓄是将现在的收入用于将来的消费,信贷是将未来的收入用于现期的消费。消费者的储蓄与消费信贷规模的大小,影响着消费者某个时期内的现实购买力的大小。

① 储蓄。储蓄是指城乡居民将一部分可自由支配收入存储待用。消费者的储蓄形式一般有银行存款、债券、股票、保险等。企业营销人员应当全面了解消费者的储蓄动机。

② 消费信贷。消费信贷是指金融或商业机构向有一定支付偿还能力的消费者融通资金的一种行为。这主要指消费者凭借信用先取得产品使用权,然后按约定期限分期归还贷款以购买商品。消费信贷的规模和期限在一定程度上影响着某一时期内实际购买力的大小。

三、自然环境

自然环境是指影响企业营销的自然资源、气候条件、地理位置、交通条件、环境污染等因素。自然环境的不断发展变化,给企业带来了一定的威胁,也给企业创造了机会。目前,自然资源日益短缺,能源成本趋于提高,环境污染日益严重,从世界范围看,环境保护意识和市场营销观念相结合所形成的绿色市场营销观念正成为 21 世纪市场营销的主流。

四、技术环境

科学技术是影响人类前途和命运的最大力量,是"第一生产力"。技术进步对企业营销的影响非常直接和显著。营销人员应明确科学技术一方面可能给企业提供有利的机会,另一方面也会给某些企业的生存带来威胁。一项新技术的出现,有时会促使一个新的行业产生,同时也会使某些技术陈旧的老产品遭到致命的打击,甚至摧毁一个工业部门。因此,在西方有人把科学技术称为"创造性的破坏力"。营销人员应关注技术发展的趋势,随时准备应对不断变化的营销环境。例如手机的更新换代,由于技术的进步使手机由奢侈品变为了普通消费品。又如,现今互联网的时代给各行各业带来了新的挑战。

营销实例

网络化战略下海尔的 IT 转型

没有成功的企业,只有时代的企业,海尔紧扣时代节拍为用户提供超值体验,先后经历了名牌战略、多元化战略、国际化战略、全球化战略、网络化战略 5 个发展阶段。

网络化战略阶段,海尔顺势第三次工业革命,从大型企业向平台企业转型,以 3 个"无"的观念推进企业无边界(开放交互)、管理无领导(人人创客)、供应链无尺度(中心转换),与用户、分供方、合作方等利益攸关方构建共创共享的商业生态圈。

在 2014 年两化融合管理体系企业宣传大会上,海尔电器流程信息中心总监刘长文介绍称,在管理方面,海尔通过人单合一双赢模式创新使组织充满激情与创造力,让员工在为用户创造价值的同时实现自身的价值。其组织架构从"正三角"颠覆为"倒三角",并进一步实现组织的扁平化,即形成以自主经营体为基本创新单元的动态网状组织,组织中的每个节点接受用户驱动而非领导驱动,通过开放地连接外部资源来满足用户需求。这一创新模式因破解了互联网时代的管理难题而吸引了世界著名商学院、管理专家争相跟踪研究,并将海尔人单合一双赢模式收入案例库进行教学研究。

毫无疑问,两化深度融合在海尔得到了充分显现。海尔信息化发展基于企业战略,变中求胜,从以企业为中心的"企业的信息化",转变成为以用户为中心的"信息化的企业"。这其中经历了信息化建设起步阶段、企业基础管理信息化阶段,以及从 2007 年开始一直持续至今的人单合一转型阶段。

2007 年 4 月 26 日,海尔启动了 1 000 天信息化再造。这其中最具代表意义的便是 2008 年海尔全球信息化增值系统(HGVS)的上线,完成了核心业务流程的梳理和主要信息系统的重建,标志着 SAP 在中国实施历史上涉及上线法人最多,流程涵盖最广,业务最为复杂的家电 ERP 上线成功。

目前,海尔已建立了集订单信息流、物流、资金流"三流合一"的 BI、GVS、LES、PLM、CRM、B2B、B2C 等系统,实现了全集团业务统一营销、采购、结算,并利用全球供应链资源搭建起全球采购配送网络,辅以支持流程和管理流程,以人单合一为主线实现了企业内外信

息系统的集成和并发同步执行,实现内外协同——端到端流程可视化、从提供产品到提供服务,形成核心价值链的整合和高效运作模式。

随着大数据技术的应用,传统企业以产品为中心模式变为以用户需求为中心模式,海尔再一次走在制造业数据应用的前列,将数据定义为能够为企业创造价值的资产,通过数据分析输出企业的"危"和"机"。

资料来源:中国企业报,2014年5月27日(4).

思考:网络化战略下海尔转型成功的原因?

五、政治与法律环境

政治与法律环境,是由强制及影响社会上各种组织和个人行为的法律,以及政府机构、公众团体等构成的。政治与法律环境的作用在于保护所有权、保护竞争、保护消费者权益、保护社会的长远利益。在任何社会制度下,企业的营销活动都必定要受到政治与法律环境的约束。

政治与法律环境对企业发展的影响主要涉及以下几个方面。

① 国家的政治体制、经济管理体制、政府与企业的关系。

② 经济立法。例如,合同法、公司法、商标法、专利法、广告法、反对不正当竞争法、产品质量法、劳动法、消费者权益保护法、大气污染防治法等法律。

③ 政府方针政策的变化。随政治经济形势的变化而变化,国家在不同的阶段和不同时期,依据不同的经济目标制定和调整方针、政策,这必然对企业的营销产生直接或间接的影响。

④ 公众团体的影响。公众团体是指为了维护某一部分社会成员的利益而组织起来的团体,旨在影响立法、政策和舆论。例如,消费者权益保护协会等组织对企业市场营销活动的监督。

 **相关链接**

明晰行政处罚边界打掉 披着"马甲"的培训有法可依了

"家政服务""直播变录播""儿童剧本杀"……在这些看似正常的活动背后,却隐藏着不少学科类培训的名目。"双减"政策落地一年多以来,成效显著,然而仍有部分个人和机构利用家长焦虑心理,以更为隐蔽的形式开展学科培训。部分地方对校外培训监管执法不到位问题逐步显现,影响"双减"政策的落实。

近日,教育部发布《校外培训行政处罚暂行办法(征求意见稿)》(以下简称《暂行办法(征求意见稿)》),面向社会公开征求意见。对此,华东师范大学法学院教授任海涛表示,很长一段时间以来,整治校外培训决心、力度很大,但是涉及处罚对象、处罚标准等具体问题,部分地方仍然感到无从下手。《暂行办法(征求意见稿)》的着眼点就是给各地整治校外培训提供方法指引,让具体工作有所依据。

针对性强、处罚力度大，有助于全面规范校外培训。自"双减"开展以来，随着校外培训治理深化，校外培训治理的难度不断加大，一些地方出现了学科类培训转入"地下"，换个"马甲"逃避监管等隐形变异问题，这对教育行政执法的需求日益增强。早在2021年9月，《关于坚决查处变相违规开展学科类校外培训问题的通知》把7类违规学科类校外培训行为认定为隐形变异形态，要求各地按照"谁审批、谁负责"的原则，对隐形变异学科培训进行查处。

此次公布的《暂行办法（征求意见稿）》则明确规定，对利用居民楼、酒店、咖啡厅等场所有偿开展"一对一""一对多"等校外培训，以咨询、文化传播、素质拓展、思维训练、家政服务、家庭教育指导、住家教师、众筹私教、游学、研学、夏令营、托管等名义，有偿开展学科类培训等行为，情节特别严重的，处5万元以上10万元以下罚款。

资料来源：光明日报，2022年11月25日．

思考：如何开展校外培训教育？如何培养德智体美劳全面发展的社会主义接班人？

六、社会文化环境

社会文化环境是指人类在社会发展过程中所创造的物质财富和精神财富的总和。它是无形的，但影响深刻，涵盖面广，主要包括价值观念、生活方式、宗教信仰、职业与教育程度、相关群体、风俗习惯、社会道德等。社会文化因素对消费者的市场需求和行为将会产生强烈且持续的影响，进而影响到企业的市场营销活动，因此无论是在国内还是国外，企业要全面了解社会文化环境。

（一）风俗习惯

全世界不同国家或国家内的不同民族在居住、饮食、服饰、礼仪、婚丧等物质文化生活方面各有特点，形成了风俗习惯的差别。

（二）宗教信仰

宗教是影响人们消费行为的重要因素之一，不同的宗教在思想观念和生活方式、宗教活动、禁忌等方面各有其特殊的传统，这将直接影响其消费习惯和消费需求。

（三）价值观念

价值观念是指人们对于事物的评价标准和崇尚风气，其涉及面较广，对企业营销影响深刻。它可以反映在不同的方面，如阶层观念、财富观念、创新观念、时间观念等，这些观念方面的差异无疑造成了企业不同的营销环境。

（四）教育程度和职业

世界各国在教育程度和职业上的差异，也会导致消费者在生活方式、消费行为和消费需求上的差异。

除此之外，社会文化环境还包含语言、社会结构、社会道德风尚等多方面的因素。值得注意的是，社会文化虽然具有强烈独特的民族性、区域性，是民族历史文化的延续和发展，但也不可否认,随着经济生活的国际化、世界文化交流的加深和不同民族、地区文化的相互渗透,企业所面临的社会文化环境也在不断发生变化,企业应善于及时把握时机,制定相应的营销政策。

 **营销实例**

彝族苦荞的文化内涵与彝族苦荞产业

一、彝族苦荞的文化内涵

在彝族人的口耳相传中,有一个关于苦荞的美丽传说:彝族人祖先阿普居木在抵抗灾难和不幸的时候,一只金丝雀从遥远的地方给阿普居木送来了一颗荞粒。金丝雀由于极度疲劳,吐尽最后一滴鲜血和胆汁后,倒在了阿普居木的手心里,化作了美丽的女人兹俄尼拖。洪水退去后阿普居木和兹俄尼拖将粘满金丝雀鲜血和胆汁的荞粒植入土中,不久山坡上开满了红的荞花,结出的荞麦,苦味中散发着清香。美丽的兹俄尼拖叫这种荞麦为"苦荞"。从此,彝人在荞花满坡、荞歌满天的大凉山上繁衍生息。

在《荞麦的来源》诗中也说:"人在社会上,母亲位至尊;各类庄稼中,荞麦位至上。苦荞位居首,甜荞位居后"。另外还有许多歌颂苦荞重要性的歌谣,现代彝族诗人吉狄马加的诗集中也有着几首关于苦荞的诗歌。苦荞不可或缺地融入了彝乡人民的血肉与灵魂之中。从日常生活、节庆之日、贵客临门乃至婚嫁、丧事、祭祀祖先都缺少不了她的身影。比如祭祀、婚丧就有送灵荞、婚丧嫁娶荞的习俗。毕摩仪式中也有一些特定的仪式,比如驱风湿就必须爆炒荞粒,俗称爆荞花,以祭神灵取悦鬼神。在长期的历史过程中,彝族人创造了源远流长的苦荞饮食文化,苦荞成为彝族文化系统中的重要符号。

二、苦荞茶的营养价值

苦荞茶是将苦荞麦的种子经过筛选、烘烤等工序加工而成的冲饮品。《本草纲目》记载:"苦荞麦味苦,性平寒,益气力,续精神,利耳目,有降气宽肠健胃的作用。"近年来,人们研究出了苦荞麦中的营养成分以及它对人体的抗衰老等保健作用,结果表明:苦荞茶富含生物类黄酮,特别是槲皮素,具有抗衰老、降血脂等功效。苦荞中含有抑制皮肤黑色素的物质,有预防雀斑及老年斑的作用,是美容护肤的佳品。苦荞中的淀粉含量比米、面都低,而纤维含量却比米、面高。米、面呈酸性,而苦荞呈弱碱性。也就是说,吃一碗苦荞饭,吃进去的淀粉比一碗米饭的淀粉少,热量低,对减肥人士大有裨益。苦荞自身含大量食物纤维,又帮助了消化。苦荞茶含有多种有益人体的无机元素,镁含量是小麦的11倍以上,铁元素是2～5倍以上,硅含量是5倍以上,锂含量是5倍以上,钾含量是2倍以上。其中,苦荞的镁元素可参与人体细胞能量转换,调节心肌活动,使心脏节律及兴奋传导减弱;扩张冠脉,增加心肌供血量,有利于心脏舒张和休息,促进人体纤维蛋白溶解,抑制凝血酶生成,降低血清胆固醇。钾、镁都能有效地消除疲劳,增强耐力。

三、彝族苦荞产业

随着国内外市场对食品安全要求的提高和人们保健意识的增强,苦荞麦作为高营养的药疗保健食品越来越受到人们的重视。长久以来尤其近年来,凉山州委、州政府高度重视苦荞产业。由于苦荞本身具有的社会价值和象征符号意义,以及苦荞具有的医食同源特性,使得苦荞种植及其饮食文化又得到不断发展壮大,实现了新的意义再造,并将在今后的彝族饮食文化发展中展现出不可估量的前景。

资料来源:苏韵菲,徐静怡,张彦昊.从网红茶饮的营销模式看彝族苦荞文化的商业化运营[J].中国集体经济,2019(16).

思考:彝族苦荞的文化内涵有哪些?苦荞茶的营养价值有哪些?彝族苦荞产业发展壮大的原因有哪些?结合二十大精神,谈一谈如何振兴乡村经济?

模拟工作任务实操

假设你是王斌,请完成"任务引入"中的任务"了解宏观环境分析的重要性,掌握宏观环境因素及其对营销活动的间接作用"。

实操步骤:

① 了解宏观环境分析的重要性。结合王斌所在公司的情况,讨论总结宏观环境分析的重要性。

② 阅读课本,明确宏观环境因素及其对营销活动的间接作用,对王斌公司的宏观环境进行分析。

任务总结

任务三 分析微观营销环境

任务引入　　王斌了解了分析宏观环境的重要性及宏观环境分析的内容,但对企业所面对的微观环境是什么及如何分析还是很迷茫。老师要求王斌将自己认为能够直接影响企业营销活动的因素一一罗列出来。

任务:掌握影响企业发展的微观营销因素及其具体内容。

任务分析

微观环境是指对企业服务其顾客的能力构成直接影响的各种力量。分析微观营销环境的目的在于更好地协调企业与这些相关群体的关系,促进企业营销目标的实现。

知识对接

微观营销环境是指与企业紧密相连,直接影响企业为目标市场顾客服务能力和效率的各种参与者,包括企业本身、供应商、营销中介、顾客、竞争者和公众。

一、企业本身

企业内部环境是微观环境中的首要因素。企业为开展营销活动,必须设立某种形式的营销部门,而且营销部门不是孤立存在的,还面对着其他职能部门,如财务、采购、制造、研究与开发等部门。企业营销方案实施的效果及企业为顾客提供商品或服务的能力,主要取决于企业内部各部门、各层次之间的分工和配合状况。例如,财务部门关心的是资金的分配,并将资金有效分配到不同的产品和营销活动上;采购部门负责供应所需原材料和零部件;制造部门的责任是根据所要求的质量和数量生产产品;研发部门负责新产品研发,以及处理产品安全和外观等技术问题;会计部门负责收集成本和收益的资料,这些资料可以帮助营销人员了解目标的完成进度。各部门在密切合作的同时,也存在着争取资源方面的矛盾。因此,这些部门的业务状况如何,它们之间及它们与营销部门的合作是否协调发展,对营销决策的制定与实施影响极大。

二、供应商

供应商是指向企业及其竞争者提供生产经营所需资源的组织和个人。企业与供应商之间是一种协作关系,因此,要与它们建立长期、稳定的合作关系。供应商经常通过改变资源的价格、品种以及交货期,直接制约着采购企业产品的成本、利润、销售量及生产进度的安排。因此,企业既要与重点供应商建立长期合作关系,又要避免由于资源来源的单一化而受制于人。寻找信得过的供应商是企业取得竞争优势的一个重要条件。

三、营销中介

营销中介是指为企业推销产品,以及提供运输、储存、咨询、保险、广告、评估等各种服务的机构。根据职能的不同,可将营销中介分为营销中间商、实体分配机构和营销服务机构。

(一)中间商

中间商是协助企业寻找顾客或直接与顾客进行交易的商业组织或者个人。中间商分为两类:代理中间商和商人中间商。前者又称经纪商,专门协助达成交易,推销产品,但不拥有所经营商品的所有权;后者从事商品购销活动,对其经营的商品拥有所有权,如批发商、零售商。中间商是联系生产者与消费者的桥梁,他们直接与消费者打交道,协调二者之间的矛盾。因此,他们的工作效率和服务质量直接影响企业产品的销售状况。

(二)实体分配机构

实体分配机构是指帮助企业储存、运输产品的专业组织。其基本功能是解决产销时空背离的矛盾,提供商品时间效用和空间效用,适时、适地、适量地帮助完成商品从生产者到消费者的流转过程。企业应从成本、运送速度、安全性和方便性等角度考虑选择合适的实体分配企业进行合作。

（三）营销服务机构

营销服务机构是指为生产企业提供营销服务，协助开拓产品市场及进行销售推广的各种机构。例如，营销调研公司、财务公司、广告公司、市场营销咨询公司等。

四、顾客

顾客是企业营销活动的服务对象。由于顾客需求不同，因此为了满足顾客的需求，企业要以不同的服务方式提供不同的产品。企业的顾客一般来自消费者市场、生产者市场和中间商市场等。

五、竞争者

任何企业在选择顾客的同时，也就选择了它自己的竞争对手。竞争者一般包括4种类型：愿望竞争者、普通竞争者、产品形式竞争者和品牌竞争者。

（一）愿望竞争者

愿望竞争者是指提供不同产品以满足不同需求的竞争者。例如，电视机生产者和电冰箱生产者。

（二）普通竞争者

普通竞争者是指提供能够满足顾客同一需求的不同产品的竞争者。例如，自行车、电动车、轿车都可以成为交通工具；公路、铁路、民航都可以为出行者提供客运服务。

（三）产品形式竞争者

产品形式竞争者是指提供能够满足顾客同一需求，但在产品规格、式样和型号等方面不同的竞争者。

（四）品牌竞争者

品牌竞争主要是指在质量、特色、价格、服务、外观等方面所展开的竞争。假设消费者购买电视机，则有海尔、海信、TCL等不同品牌的电视机供消费者选择，而消费者如果选择海信品牌，则说明该品牌的产品在竞争中赢得了最后的胜利。

品牌竞争和形式竞争，是同行业之间的竞争，涉及本企业产品的市场占有率的升降，对企业产品的销路将产生明显的影响，因此，企业应该十分重视。

六、公众

公众是指对企业实现营销目标具有实际或潜在的影响和兴趣的一切团体及个人。例如,政府机构、新闻媒介、融资机构、中介机构、群众团体、社区组织和居民、国际上的各种公众等。这些社会公众必然会关注、监督、影响、制约企业的营销活动。

企业面临的公众主要有:政府公众、金融公众、媒介公众、社团公众、社区公众、内部公众、一般公众。他们与企业之间的关系如图2-2所示。

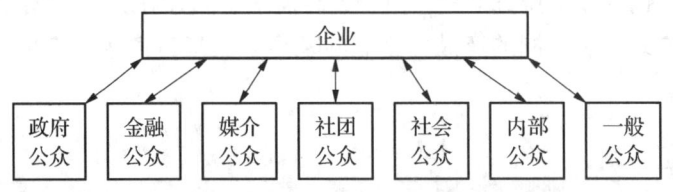

图2-2 公众与企业之间的关系

善于预见并采取有效措施来满足公众的各种需求,有利于塑造企业良好的信誉和公众形象。当社会公众对企业的产品普遍认同时,企业自身的形象价值将提高,潜在顾客就会积极踊跃地加入企业的现实顾客队伍中来,企业也将因此获得理想的或颇为顺利的营销环境。如果社会公众对企业及其产品持反感态度,老顾客会选择竞争对手的产品或服务,潜在顾客也不会加入现有顾客的队伍中来,企业将处于一种非常不利的营销环境中。这样的企业是很难在市场上立足的,更谈不上取得营销的成功。目前,越来越多的企业通过设立公关部门,负责与其相关公众保持沟通和联系。

 模拟工作任务实操

假设你是王斌,请完成"任务引入"中的任务"掌握影响企业发展的微观营销因素及其具体内容"。

实操步骤

① 分析影响企业发展的微观营销环境因素。

② 结合王斌所在公司的具体情况,汇总该公司所面对的微观营销环境因素的具体内容。

任务四 运用市场营销环境分析方法

任务总结

任务引入

从营销老师那里王斌了解到市场营销环境分析的内容。回到公司后,王斌迅速投入工作,他与同事小张讨论了如何进行营销环境分析,并进行了分工,王斌负责男士服装业所面临的宏观环境分析,小张负责男士服装业所面临的微观环境分析。他们通过各种渠道查阅、收集影响男士服装业发展的宏观影响因素和微观影响因素，并将它们一一罗列出来。当两个人将所收集的信息整理成一个文档时，他们很高兴，但随后发现了问题，他们感觉这不是一份男士服装业市场营销环境分析报告，只是一份市场营销环境影响因素罗列表。到底该怎样做男士服装市场营销环境分析呢？老师建议王斌将内外环境影响因素融合在一起分析。

任务：找到简单易行的市场营销环境分析方法，完成服装业市场营销环境分析报告的撰写工作。

任务分析

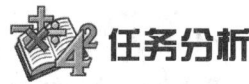

王斌需要运用各种调查研究方法，分析出公司面临的各种环境因素，即外部环境因素和内部能力因素，从而有利于企业做好市场定位及发展规划的制定。

知识对接

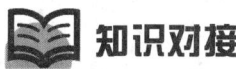

市场营销环境分析是在分析企业外部环境和内部条件的基础上，寻找二者最佳可行营销组合的一种营销战略分析。

SWOT分析方法被广泛使用，这种方法隶属于企业内部分析方法，即根据企业自身的既定内在条件进行分析。SWOT分析方法的分析思路是明晰企业自身优势和劣势，找到外部环境变化给企业带来的机会和威胁，并加以组合分析。其中，S（Strength）代表企业的长处或优势，W（Weakness）代表企业的弱点或劣势，O（Opportunity）代表外部环境中存在的机会，T（Threats）代表外部环境所构成的威胁。SWOT分析方法的分析过程如图2－3所示。

外部因素(宏观环境) \ 内部因素(微观环境)	优势(S)	劣势(W)
机会(O)	SO 依靠内部优势 利用外部机会	WO 克服内部劣势 利用外部机会
威胁(T)	ST 利用内部优势 回避外部威胁	ST 克服内部劣势 回避外部威胁

图2－3　SWOT分析方法示意

一、外部环境分析，找出环境机会与环境威胁

分析环境机会的实质是找到市场上“未满足的需求”。经济、政治、文化、自然条件、消费者需求等环境的变化，引起旧产品不断被淘汰，要求开发新产品来满足消费者的需求，从而市场上出现了许多新的机会。但同一个机会对某些企业可能是有利的商机，而对另一些企业可能造成威胁。环境机会能否成为企业的机会，要看此环境机会是否与企业目标、资源及任务相一致，企业利用此环境机会能否比其他竞争者创造出更大的利益。

环境威胁是指对企业营销活动不利或限制企业营销活动发展的因素。这种环境威胁，主要来自两方面：一方面，是环境因素直接威胁着企业的营销活动，如法律的修订及新法律的颁布。例如，环境保护法对造成环境污染的企业来说，就构成了巨大的威胁。另一

方面,企业的目标、任务及资源同环境机会相矛盾,如人们对自行车的需求转为对电动车的需求,自行车厂的目标与资源同这一环境机会相矛盾。自行车厂要将"环境机会"变成"企业机会",需要淘汰部分产品,更换设备,培训、学习新的生产技术,这对自行车厂无疑是一种威胁。电动车的需求量增加,自行车的销售量必然减少,给自行车厂又增加了一份威胁。

二、内部环境分析,明确企业的优势与劣势

每个企业都要定期检查自己的优势和劣势,研究企业究竟是只局限在已拥有优势的机会中,还是去获取和发展一些优势以找到更好的机会。明晰企业发展缓慢并非因为其各部门缺乏优势,而是因为它们不能很好地协调配合。企业要明了每一个部门的核心能力,并将这些部门的优势能力开发出来。

三、环境威胁分析及应对策略

(一)环境威胁分析

分析环境威胁,可以采用环境威胁矩阵图。该方法要求首先是把环境监测中发现的环境威胁,按其出现的可能性大小和潜在的严重性大小标注在环境威胁矩阵的相应位置;其次是分别对每个环境威胁进行分析评价,从中找出最主要的威胁;最后综合分析,做出企业的决策。环境威胁矩阵分析如图2-4所示。

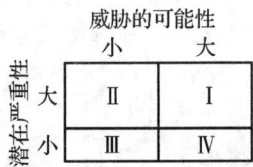

图 2-4 环境威胁矩阵分析示意

(二)应对环境威胁的对策

一般来说,企业应对环境威胁可选用以下几种策略。

1. 反攻策略

反攻策略即试着限制或扭转不利因素的发展,通过法律诉讼等方式,促使政府通过某种法令或政策等保护自身合法权益不受侵犯,改变环境的威胁。

2. 减轻策略

减轻策略即通过改变营销策略,减轻环境威胁的程度。由于环境因素对企业营销形成一定的威胁,并且这一威胁后果不可避免,所以此时减轻策略就是对付威胁的策略之一。例如,2008年刘翔作为耐克产品的代言人,由于脚伤的原因不能参加比赛,耐克公司迅速改变营销方案,快速更换为"爱运动,即使它伤了你的心"主题广告,这样既鼓励了刘翔,又减少了自己的损失,同样也宣传了自己。

3. 合作策略

企业通过各种合作手段,由更多的社会组织组成联合体,充分利用资金、技术、设备,取长补短,分担风险,共同保护自身利益。

4. 转移策略

当受到威胁程度严重的企业因无条件继续经营原来的业务时,可采取逐步转移原有业务或调整业务范围的方式,以减轻环境对企业的威胁。

四、市场机会分析和对策

(一)市场机会分析

市场机会是指某种特定的营销环境条件,企业可以通过一定的营销活动创造利益。市场机会为企业赢得利益的大小,表明了市场机会的价值。市场机会的价值越大,对企业利益需求的满足程度也越高。市场机会的产生来自营销环境的变化,如新市场的开发、竞争对手的失误及新产品新工艺的采用等,都可能产生新的待满足需求,从而为企业提供市场机会。

市场机会对企业的吸引力是指企业利用该市场机会可能创造的最大利益,它表明了企业在理想条件下充分利用该市场机会的最大极限。

反映市场机会吸引力的指标主要有市场需求规模、利润率、发展潜力。

1. 市场需求规模

它表明了市场机会当前所提供的待满足的市场需求总量的大小,通常用产品销售数量或销售金额来表示。市场规模的大小对企业的吸引力不同,对于大企业来讲市场规模越大越好,对于小企业来讲较大的市场规模就不见得是多么诱人的市场机会。

2. 利润率

利润率是指市场机会提供的市场需求中单位需求量当前可以为企业带来的最大经济利益。不同经营现状的企业利润率是不一样的。利润率反映了市场机会所提供的市场需求在利益方面的特性,它和市场需求规模一起决定了企业当前利用该市场机会可创造的最高利益。

3. 发展潜力

它反映了市场机会为企业提供的市场需求规模、利润率的发展趋势及其速度情况,同时也是确定市场机会吸引力大小的重要依据。如果整个市场规模、该企业的市场份额或利润率有迅速增大的趋势,则该市场机会对企业来说仍可能具有相当大的吸引力。

分析市场机会可以采用市场机会矩阵图,分别对每个市场机会进行分析评价,从中找出最主要的机会,最后综合分析,做出企业的决策。市场机会矩阵分析如图 2-5 所示。

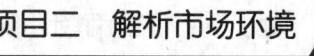

图 2-5 市场机会矩阵分析示意

(二)应对市场机会的对策

市场机会的发掘,就是通过一定的方法或手段,把处于潜在状态或潜伏状态的商机寻找出来,其实质是发现顾客未满足的消费需求。发掘市场机会的方法或手段相对来说是比较多的,归纳起来,主要有下面几种方法或手段。

项目二　解析市场环境

1. 营销环境的监测与分析

企业所面对的宏观环境和微观环境是不断变化的,企业要想获得发展的商机,就要随时监测环境的发展变化,使企业营销因人制宜、因时制宜、因地制宜。例如,监测人口年龄结构的变化,企业会发现我国已进入典型的老龄社会,白发的浪潮势不可挡,这就给那些研究老年人需求,按照老年人需求研制、开发相宜产品和服务的企业带来了商机。同样,二孩、三孩政策的放开,又将给教育、购物、旅游等相关行业或产业带来不小的发展机会。

2. 开展市场调查与预测

市场调查与预测是进行市场研究的两个不可或缺的环节。通过市场调查和预测,可以收集到市场供应、需求、社会购买力、新产品、新材料及新技术的发展与应用等资料信息,并经过对这些资料信息的处理、分析,从中可以发现有利可图的市场机会。

3. 市场细分

营销者可以根据消费者对某一产品需求的差异性或相似性,将该产品的消费者划分为不同的消费群体,即需求差异者分开、相似者聚合,用这种方法所得到的每一个消费者群体都是一个细分市场。市场细分可以帮助企业有效发掘出那些潜在的市场机会。

4. 创造差异

企业如何发掘出真正属于自己的市场机会?创造差异是一种有效的方法。例如,北京同仁堂集团等百年老店能够在市场经济的大潮中与时俱进、发展壮大,除了历史留下的基业之外,与它们不断创造出与同行的差异是分不开的。

5. 营销本土化

无论是在国内市场,还是在国外市场,企业营销要想成功,都要因人而异、因时制宜、因地制宜,入乡问俗、入乡随俗,实行营销本土化。例如,目前电冰箱企业利用人们喜欢把冰箱中储存价值高的产品显示给客人看的心理,推出了箱门中间带玻璃的电冰箱。

6. 给出产品销售的理由

销售理由是顾客潜在的消费需求,找到一种销售理由就是发现一种市场机会。例如,中国移动的"动感地带——我的地盘我做主"等,就是很有创意并能打动人心的理由,得到了顾客的认同,产生了很好的效果。

5G 正式发牌,深圳如何领跑

如何运用 SWOT 分析法分析市场营销环境

2019 年 6 月 6 日,工业和信息化部正式向中国电信、中国移动、中国联通、中国广电发放 5G 商用牌照。

从预告到正式发牌,只用了短短的 3 天时间,这个速度表明了中国推行 5G 发展战略的决心,也向所有的参与者发出了比赛正式开始的信号。

商用牌照的发放对中国 5G 产业的发展意义重大,中国是全球最大的单一消费市场,拥有超过 8 亿人的手机上网用户,尽早启动国内市场,不仅有利于帮助中国企业在全球市场的胜出,在产业竞争中占据主导地位,对经济增长也将产生巨大的推动作用。早在 2017 年,高通就发布报告预测:到2035年5G将在全球创造12.3万亿美元经济产出,同时创造2 200万个工作岗位;5G价值链平均每年将投入2 000亿美元,这将支持全球GDP的长期可持续增长。

说到5G发展,人们想到的第一家企业当属深圳的华为。华为自2009年起着手5G研究,已累计投入20亿美元,当前已具备从芯片、产品到系统组网全面领先的5G能力。即便美国如此不择手段地围堵,华为目前仍与全球超过40家运营商开展5G合作,稳居5G第一阵营。

深圳不只有华为。前不久,深圳市工信局对深圳5G产业链进行了初步梳理,各个环节都有具备相当实力的深圳企业:除了华为,中兴也基本涵盖5G行业全产业链等;海思半导体、中兴微电子等在芯片领域居于行业领先地位;日海、大富科技、国人通信是核心器件领域的龙头企业;比亚迪、大疆创新是应用方面的知名企业;在终端上,除了华为、中兴,还有宇龙酷派、天珑移动等手机厂商;在网络运营方面,除了三大运营商,还有微信用户已超10亿的腾讯……

深圳的优势不只是布局全面,而且研发技术全国领先。深圳企业坚持核心技术自主研发,在5G标准制定、频谱研究、技术创新、产品验证等方面都已率先布局。据德国专利数据公司4月公布的5G专利报告显示,中国企业申请的5G通信系统SEP(标准必要专利)件数已是全球第一,占比34%;华为以15%在其中位列第一;在拥有SEP专利数量的全球前十名企业,华为居全球第一。

此外,深圳电子信息制造业基础雄厚、配套齐全,2018年的总产值占全市GDP近1/4,规模占全国1/6。手机、移动通信基站设备、服务器、路由器、光纤、通信产品零部件及光电器件等的产业规模和研发水平在全国乃至全球都具有举足轻重的地位。可见,深圳拥有的不只是几棵大树,还有广袤的森林和研发沃土,这样的生态体系有望让深圳在5G发展中勇立潮头。

资料来源:胡蓉,深圳商报,2019(A01).

思考:5G时代,深圳为何能领跑?

模拟工作任务实操

假设你是王斌,请完成"任务引入"中的任务"找到简单易行的市场营销环境分析方法,完成服装业市场营销环境分析报告的撰写工作。"

实操步骤

① 分析该公司内部和外部环境。结合王斌所在公司准备进入海南市场,讨论找到简单易行的市场营销环境分析方法。

② 阅读课本,确定环境分析方法,完成服装业市场营销环境分析报告的撰写工作。

项目二 解析市场环境

知识测试

1. 企业在进行经济环境分析时,主要考虑哪些经济因素?
2. 企业面对环境威胁时可能采取的对策有哪些?
3. 试述社会文化环境对市场营销活动的影响。
4. 试述法律环境对市场营销活动的影响。
5. 试述自然环境对市场营销活动的影响。
6. 论述市场营销活动与市场营销环境的关系。

任务总结

案例分析能力测试

案例1 5G时代中国如何赢得先机

2019年6月6日,中国工信部正式发放5G商用牌照,中国移动、中国联通、中国电信和中国广电分别获得一张运营牌照,中国正式步入5G时代,成为继韩国、美国、瑞士、英国之后第5个开通5G服务的国家。

中国的5G牌照发放有两点超出市场预期:第一,在时间上,市场普遍预计中国将在年底正式发放5G商用牌照,进度上提前了半年左右;第二,在牌照数量上,本次牌照发放除传统的三大运营商外,中国广电也拿到了一张牌照。

5G时代究竟有何不同? 同此前的移动通信技术相比,5G的最核心变化是传输速率将大幅提升。在一些关键技术指标,如用户体验速率、时延、连接密度等方面,5G要比4G提升10倍以上。5G最重要的三大应用场景包括增强型移动宽带(EMBB)、大规模物联网通信(MMTC)和超可靠低时延通信(URLLC)。

增强型移动宽带是对4G移动宽带场景的升级,由于传输速率加快、用户体验更好,能够满足大面积的无缝覆盖,同时,也能够满足更高的流量密度要求。

大规模物联网通信是指由于传输速度更快,5G能够帮助更多传输设备接入网络,主要面向物联网(IOT)场景,预计接入网络的传感器数量级将爆发式增长。

超可靠低时延通信是指由于具备低时延等特点,5G能够为更多垂直行业创造出新的商业模式,如自动驾驶、工业自动化、远程医疗等。

一、1G到5G:从跟随到超越

从移动通信技术1G到4G的发展历程看,基本上10年是一个系统级的迭代周期。总体上看,中国玩家在1G到4G整体的步伐都是偏慢的,但已经在逐步迎头赶上。

1G时代:美国引领,国内普及较晚。第一套行动通信系统在美国芝加哥诞生,采用的是模拟信号传输,由于传输带宽的限制,移动通信还不能实现长途漫游,因此各国制定自己的通信标准,没有全球统一标准。国内在1G时代几乎处于完全落后的状态,20世纪80年代初期移动通信产业还是一片空白,80年代末期才开始启用蜂窝移动通信系统。

2G时代:欧洲引领,国内在20世纪90年代才建成。欧洲在2G时代最先启动GSM通信标准的研究,大力投资 GSM 通信网络,并且架设起国际漫游标准,进而脱颖而出,欧洲的 GSM 成为全世界范围内最广泛使用的移动通信标准,其他制式还包括 TDMA、CDMA 等。当时中国企业在无线通信领域起步较晚,在国际上并无话语权,中国的移动通信设备及技术被国外所垄断。

3G 时代(美欧中齐头并进):多种标准在不同地区跨国界并行是 3G 时代的一大特征。欧洲主导设立的 3GPP 组织,开发出 WCDMA 的 3G 标准,是全球基站覆盖率最高的通信制式。美国则主导成立 3GPP2 组织加以竞争,推出了 CDMA 2000。2000 年,由中国大唐电信主导推出的 TD-SCDMA 标准被 ITU(国际电信联盟)确立为 3G 主流制式,2009 年初工信部正式颁发 3G 牌照,我国进入 3G 周期。虽然中国已经能够制定 3G 时代自己的通信标准,但从进度上看,中国在 3G 时代仍然落后于欧美市场。

4G 时代(中国实现突破):全球运营商决定采用 LTE 作为第四代通信标准。在 4G 周期中,中国逆转了长年在标准制定领域的弱势,实现了在国际通信界话语权的突破。2013 年 2 月,中国移动 TD-LTE 的试商用在国际 4G 标准制定 5 年后开展,时间上领先于年底的牌照发放。不同于 3G 时代牌照发放与正式商用之间仍然存在着若干月的准备与试验期,通信基础设施建设与运行完备的背景下,发牌后运营商立即开展正式商用。

2015 年到 2019 年,国务院、工信部陆续在出台的规划中强调 5G 的发展。目前,中国已经将 5G 商用步伐作为 2019 年重点工作之一。由于中国政策制定者的重视,不仅在建设方面,在 B2B 等应用场景方面,也为 5G 建设大开绿灯。例如,3 月 29 日,工信部部长苗圩表示,5G 技术未来最大应用之一是车联网,已与交通部部长达成共识改造公路,这种政策高度的协调一致性是其他政策制定者难以达到的。

中国科技企业对于 5G 已经做好准备。一方面表明,5G 产业链相关配套快速成熟,已经具备商用的基础;但另一方面更加重要的是,这也表明了中国政府对于发展 5G 产业的决心。

美国目前 5G 相关进展偏慢,中国 5G 科技全球领先。虽然 5G 概念已经在美国国内的各大媒体风靡一时,但整体看,美国仍然处于 5G 发展的初级阶段,美国的四大通信运营商中,目前只有 Sprint 在 5G 方面有所作为。整体看,美国四大通信运营商在 5G 相关的资本开支上态度谨慎。

美国发展 5G 网络当前遇到的最大问题在于中频频谱不足,亚洲的监管主体,包括中国、韩国和日本,都已经向运营商分配了中频频谱,这类频谱通常低于 6 Ghz,这将成为全球主流的 5G 频谱。考虑到毫米波的传播问题,预计 24~28 Ghz 毫米波将主要起到辅助作用。但美国目前正在进行的频谱拍卖主要聚焦在毫米波上,中频频谱拍卖的时间仍不确定。

中国科技企业对于 5G 已经做好了准备,专利分析公司 IPlytics 的最新研究数据显示,截至 2019 年 3 月,全球 5G 专利申请数量排行中,中国以 34% 位居榜首,紧接着是韩国,占 25%。

以华为为例来考察中国科技巨头的技术储备,华为在研发方面投入超过了 1 000 亿元人民币,在《2018 年欧盟工业研发投资排名》中位列全球第五。华为表示,自 2009 年起着手 5G 研究,已经累计投入 20 亿美元用于 5G 技术与产品研发,是全球唯一能够提供端到端 5G 商用解决方案的通信企业。而在 5 月美国宣布对华为的禁令之前,华为已经在瑞士、南非、沙特、印尼等多个主要国家 5G 应用上取得了重要进展。从华为 2018 年年报披露数据看,华为当前已经有接近一半的收入来自海外,其中欧洲、中东、非洲占28.4%,亚太占11.4%,可以说,华为已经可以将成熟的技术输出到全世界。

二、5G将引领新的工业革命浪潮

在升级、补强4G移动互联网络方面,5G的作用并不算是革命性的。5G网络的广度和精度也拓展出了其他两大应用场景:大规模物联网通信能够将更多终端接入网络,代表性的应用场景包括物联网、区块链、智慧农业、智慧城市、能源互联网、智慧家居、远程控制等;超可靠低时延通信能够大大提升通信的精度,代表性的应用场景包括自动驾驶汽车、智能电网、远程医疗、工业自动化等。

以智能驾驶为例,基于车联网的智能驾驶是物联网较重要的应用场景之一,对于无缝覆盖的要求极高,此外要求网络延时低、移动性好,而这正是5G相比于4G的优势。更为重要的是,随着越来越多的汽车接入互联网,自动驾驶汽车的数据将使全球无线通信流量在目前水平的基础上增加40倍,如此多的数据高速传输,只有5G能做到。

综合来看,5G最重要的应用是工业级和企业级应用,其重要性不亚于一次新的工业革命,任何行业都能够通过5G提升效率,一些行业得益于5G技术能够衍生出新的应用场景和商业模式,进而可能引入新的竞争者。

资料来源:李海涛,第一财经日报,2019-6-19(A11)。

思考:分析5G时代中国企业面对的机会和威胁。

案例2 二孩政策分析

二孩政策,是中国实行的一种计划生育政策,规定符合条件的夫妇允许生育"二孩"。因为是二孩政策,故第1胎为多孩时,不可生第2胎。2011年11月,中国各地全面实施双独二孩政策;2013年12月,中国实施单独二孩政策;2015年10月,中国共产党第十八届中央委员会第五次全体会议公报宣布:"坚持计划生育基本国策,积极开展应对人口老龄化行动,实施全面二孩政策。"

一、政策背景

在经历了从高生育率到低生育率的迅速转变之后,我国人口的主要矛盾已经不再是增长过快,而是面临人口红利消失、临近超低生育率水平、人口老龄化、出生性别比例失调等问题。国内20多位顶尖二胎政策人口学者历经两年的研究指出,我国的人口政策亟待转向,尤其是生育政策应该调整。

之前,以独生子女政策为核心内容的我国计划生育政策,自20世纪80年代开始严格推行。其间略有微调,如放开"双独二胎"(夫妻双方为独生子女,可以生育第2个孩子),以及部分省份农村地区实施的"一孩半"政策(第1个孩子为女孩,可生育第2个孩子)等。

原国家人口计生委的统计资料表明,2011年之前,独生子女政策覆盖率大概占到全国内地总人口的35.4%;"一孩半"政策覆盖53.6%的人口;"二孩政策"覆盖9.7%的人口(部分少数民族夫妇或夫妻双方均为独生子女的,可生育两个孩子);三孩及以上的政策覆盖了1.3%的人口(主要是西藏、新疆少数民族的游牧民族)。

二、国务院机构改革和职能转变方案(2013年)

为更好地坚持计划生育的基本国策,加强医疗卫生工作,深化医药卫生体制改革,优化配置医疗卫生和计划生育服务资源,提高出生人口素质和人民健康水平,将卫生部的职责、国家人口和计划生育委员会的计划生育管理和服务职责整合,组建了国家卫生和计划生育委员会。

卫计委的主要职责是,统筹规划医疗卫生和计划生育服务资源配置,组织制定国家基本药物制度,拟订计划生育政策,监督管理公共卫生和医疗服务,负责计划生育管理和服务工作等。将国家人口和计划生育委员会的研究拟订人口发展战略、规划及人口政策职责划入国家发展和改革委员会。

三、二孩政策出台过程

计划生育作为一项政策,从初始实行时就知道是有代价的。但从1980年9月25日中共中央发表《计划生育公开信》开始,该政策已执行35年。其间,人口专家曾于2004年、2009年先后集体谏言,建议中央及早取消独生子女政策,但并未被采纳。

2001年,中国人民大学教授顾宝昌与复旦大学教授王丰牵头组建了"21世纪中国生育政策研究"课题组。14年来,他们多次提出调整中国生育政策,放开二胎生育的建议。

2007年,中国人民大学的研究所在原国家计生委支持下启动一项调查,"最开始是调查了解中国育龄女性的生育水平、生育意愿等,做了很多方案和测算"。

2009年末,中科院国情研究中心主任胡鞍钢、社科院人口研究所原所长田雪原分别在《经济参考报》和《人民日报》上撰文,呼吁调整人口政策。

2010年,中国社科院重大课题"中国生育政策调查定量研究"启动。

2010年1月6日,国家人口计生委下发的《国家人口发展"十二五"规划思路(征求意见稿)》提到要"稳妥开展实行'夫妻一方为独生子女的家庭可以生育第二个孩子'的政策试点工作"。

2012年7月,国务院发展研究中心社会发展研究部葛延风、喻东、张冰子3位专家在《中国经济时报》发表《完善社会政策需要着重解决的关键体制机制问题》的文章,提出尽快调整完善人口和计划生育政策。30多年来,基于人口的过大压力,中国实施了严格的计划生育政策,生育率快速下降,学界普遍认为中国的生育水平远低于1.8的官方公布水平。北京、上海等大城市按户籍人口计算则出现了低于1的超低水平。

2014年"单独二孩"公布实施后不久,国家卫计委委托中国社会科学院人口和劳动经济研究所研究员王广州和中国人民大学社会与人口学院院长、中国人口学会会长翟振武各自带领团队继续研究"二孩"。研究课题组需要弄清关于全面放开二孩的诸多问题,包括"单独二孩"成为生育政策后,以及实行"全面二孩"政策后,中国会增加多少人口。

2015年10月26日至29日,中国共产党第十八届中央委员会第五次全体会议审议通过了《中共中央关于制定国民经济和社会发展第十三个五年规划的建议》。全会提出,坚持计划生育的基本国策,完善人口发展战略,"全面实施一对夫妇可生育两个孩子政策"。中国从1980年开始,推行了35年的城镇人口独生子女政策正式宣告终结。

2015年12月21日上午,十二届全国人大常委会第十八次会议初次审议了《人口与计划生育法修正案(草案)》。草案提出,本修正案自2016年1月1日起施行,这意味着,独生子女政策将在下周五正式宣告终结,强制避孕节育也将成为历史。

四、二孩政策延长生育假

修正案草案修改了《人口与计划生育法》第18条,明确全国统一实施全面两孩政策,提倡一对夫妻生育两个子女,地方可以结合实际对允许再生育子女的情形制定具体办法。夫妻双方户籍所在地的省、自治区、直辖市之间关于再生育子女的规定不一致的,按照有利于当事人的原则适用。

修正案草案还修改了具体条款,鼓励符合条件的夫妻生育二孩。例如,规定符合政策生育的夫妻可以获得延长生育假的奖励或其他福利待遇。

据悉,这一政策是为了解决"二孩政策"所带来的生育假不足的问题。

根据《人口与计划生育法》第29条规定,延长生育假的奖励或其他福利待遇,由各省区市和较大的市的人民代表大会及其常务委员会或人民政府结合实际情况,制定具体的实施办法。

五、二孩政策取消晚婚假

对与全面两孩政策不协调的奖励与保障的条款,修正案草案也进行了修订,删除了对晚婚晚育夫妻、独生子女父母进行奖励的规定。

随着二胎政策的尘埃落定,中国母婴行业市场将迎来新一轮发展高潮。5日,在沪首次发布的《2015CBME中国孕婴童消费市场调查报告》中显示,尽管中国经济增速放缓,但母婴消费市场规模未受影响,育儿支出占家庭收入的11%。

六、二孩政策刺激市场

据最新全国人口普查统计数据显示,中国现有超过7 000万0至3岁婴幼儿人口,婴幼儿人口基数占较大比重。再加上"二胎政策"的深入推行,婴幼儿人口的快速增长,也必将带来中国婴幼儿市场的进一步火爆。而《人口与计划生育法》对于二孩生育的提倡和鼓励,将会更快推动人口红利的释放。

资料来源:百度百科.

思考:① 为什么要放开二孩生育政策?
② 执行二孩生育政策后将对社会发展产生哪些影响?会影响哪些行业的发展?

项目驱动任务实训

情景营销设计

项目实训目标1:基础知识

使学生能够运用本章所学知识,结合项目背景提供的企业的特点,解析其面临的市场环境因素;

项目实训目标2:辩证性思考

培养学生分析和判断影响企业发展的主要宏观环境因素和微观环境因素的能力。

学生角色:

营销活动策划方案团队成员,制作营销活动策划方案,负责市场营销环境分析工作。

项目任务:

1. 制作市场环境分析文案。

项目背景:百年老店"同升和"

学生以小组为单位,根据公司背景,围绕"整合营销活动策划方案"中"市场营销环境分析"的具体内容,制作一篇图文并茂的市场营销分析文案,要求运用市场营销环境分析方法进行分析,分析文案需包含标题、正文、封面等内容。

2. 谈论如何发扬工匠精神？如何传承中国传统特色产业？

3. 进行市场营销环境分析文案展示汇报(不超过10分钟)。

项目要求：

1. 普通话标准,口齿清晰,表达流利,声音洪亮,节奏适中；无明显的停顿、磕巴；在规定时间内团队2人以上共同完成展示陈述任务。

2. 团队衣着整洁,在汇报过程中表情自然大方,注意基本的礼仪,文明用语。

实训日志

思政考评要点

态度考评	课堂出勤,参与课堂讨论的积极性,成果展示中的主动性、思政性
知识考评	课前作业和预习任务完成的质量,课中讨论或展示成果时对理论的分析和理解的正确度,课后实训报告分析中理论的结合度
思政考评	课堂互动中表现出来的集体荣誉感、爱国情怀和积极向上的人生态度；课后实践作业调研过程中表现出的责担任当、顾全大局、创新精神；实践报告内容体现出的任务反思和集体意识等
能力考评	课中小组讨论中展现出的组织能力；课后实训作业过程中体现出的团队合作能力、人际交往能力、抗挫能力、语言沟通能力；实训报告内容展现出的分析问题、解决问题的能力等

项目三　调查研究市场

项目三

调查研究市场

知识目标
1. 了解市场营销调研工作的内容和方法。
2. 掌握市场营销调研工作要点。

能力目标
1. 能够设计市场营销调查问卷,设计市场营销调研方案。
2. 能够撰写市场营销调研报告。

素质目标
1. 具有科学的人文素养和强烈的社会责任感。
2. 具有良好的沟通能力与团队合作精神。
3. 具有吃苦耐劳的精神与坚韧不拔的意志品质。

对应岗位认知

思维导图

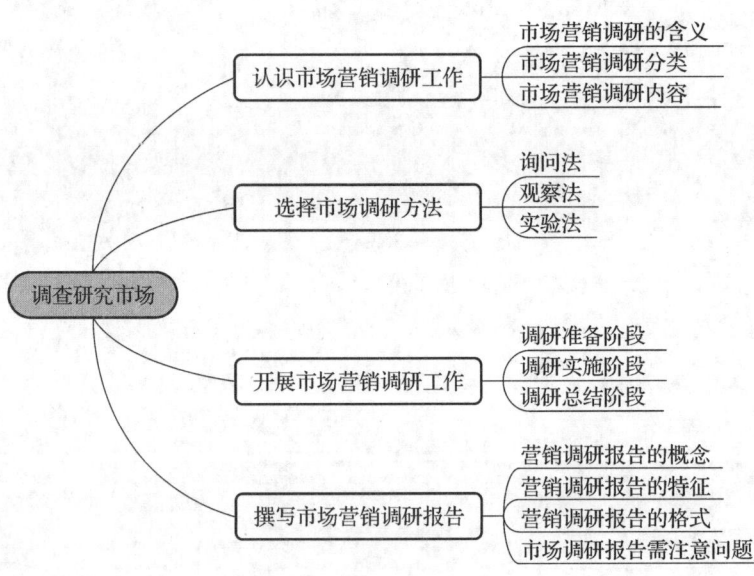

任务一　认识市场营销调研工作

任务引入　王斌所在公司准备开拓海南市场,公司老总希望王斌作为负责人来完成这一工作。可是王斌并非海南人,面对这个陌生的省份,他根本不知道如何拓展公司业务。王斌请教了学校的老师,老师建议他应该先做好调研,再决定市场经营方向。

任务:了解市场营销调研的类型,明晰市场营销调研的内容。

企业开拓市场不是拍脑袋决定的,而是在充分了解市场现状下做出的合理判断。在开展调查前,企业必须先弄清楚自身要调研的问题,选择营销调研类别,并根据自己的问题来有针对性地开展营销调研,即确定调研内容,包括市场环境调研、消费者需求调研、竞争者状况调研、企业营销策略调研。

一、市场营销调研的含义

当今世界,科技发展迅速,新发明、新创造、新技术和新产品层出不穷。这种技术上的进步自然会在商品市场上以顾客需求和新产品的形式反映出来。任何一个企业想要发展壮大,只有在对市场情况有实际了解的情况下,才能有针对性地制定市场营销策略和企业经营发展策略,才能在激烈的竞争中获取利润,开拓市场,满足消费者日益增长的需求。

所谓市场营销调研,即运用科学的方法,有目的、有计划、有系统地收集、整理和分析市场营销方面的信息,从而了解市场环境并发现机会与问题,进行市场预测并决策。

二、市场营销调研分类

根据研究目的的不同,市场营销调研一般分4种类型。

(一)探测性调研

探测性调研用于探查企业所要研究的问题的一般性质。企业在调查之初对当前市场的问题或范围还不太清楚,并不能确定最后要研究的问题,这时就需要应用此类调研去发现问题,形成假设,至于最终问题的解决,则有待进一步的研究。

(二)描述性调研

描述性调研是通过详细的调查和分析,对市场营销活动的某个方面进行客观的描述。

在现实中,大多数的市场营销调研都属于描述性调研。例如,企业想了解市场潜力和市场占有率、产品的消费群结构、竞争企业状况等问题时,就需要进行此类调研。与探测性调研相比,描述性调研的目的更加明确,研究的问题细节更加具体、清晰。

(三) 因果关系调研

因果关系调研的目的是找出关联现象或变量之间的因果关系。描述性调研可以说明某些现象或变量之间相互关联,但要说明某个变量是否引起或决定着其他变量的变化,就要使用因果关系调研了。因果关系调研的目的就是寻找足够的证据来验证由"因"到"果"的假设。

(四) 预测性调研

市场营销所面临的最大问题是未来市场需求的不确定性,预测性调研就是企业为了推断和测量市场的未来变化而进行的研究,它对企业未来的生存与发展具有重要的意义。

三、市场营销调研内容

(一) 市场环境调研

市场环境是企业生存发展的空间范围,也是企业发展的宏观环境,包括经济环境、政治环境、社会文化环境、科学环境等,了解这些大环境是为了具体地调研经济结构、国家的政策和法律法规、风俗习惯、科学发展动态等各种影响市场营销的因素。

(二) 消费者需求调研

消费者需求就是企业一切经营活动的起点,对消费者需求的调研就是要了解和熟悉消费者,掌握他们需求的变化规律,努力满足他们的需要。调研主要包括消费者结构,消费者的需求特点、数量和种类,消费者的购买动机和购买习惯,消费者的购买能力和购买行为,消费者的动机,消费者的态度和购买意图等因素。

(三) 竞争者状况调研

古语云:知己知彼,百战不殆。市场竞争者状况调研主要包括竞争企业的产品、价格、竞争手段和策略等方面的情况,做到知己知彼,通过调研帮助企业确定本企业的竞争策略及手段。

(四) 企业营销策略调研

市场营销因素包括产品、价格、渠道和促销,企业策略调研及选择主要围绕这4个因素展开。产品的调研包括新旧产品开发及发展情况、消费者使用现状及评价、产品生命周期阶段及组合情况等;价格调研包括消费者对价格的接受情况,对价格策略的反应等;渠道调研包括当前渠道的结构现状、中间商的状况、消费者当前渠道的满意情况等;促销调研包括各种促销活动的效果,如广告、人员推销、营业推广的效果及对外宣传的市场反应等。

 模拟工作任务实操

假设你是王斌,请完成"任务引入"中的任务"了解市场营销调研的类型,明晰市场营销调研的内容"。

实操步骤

① 了解市场营销调研的类型,分析比较不同市场营销调研类型适用范围。

② 结合王斌所在公司的具体情况,确定调研对象,明晰市场营销调研的内容。

任务总结

任务二 选择市场调研方法

任务引入

王斌要进行海南服装市场营销调研,就必须选择合适的调研方法。他发现,市场调研方法主要包括询问法、观察法、实验法,每一种方法都可能包括一些小的方法,这些方法既有优点也有缺点,必须合理选择,才能获得最真实、准确的数据。

任务:了解市场调研方法的特点,选择合适的市场调研方法开展调研。

 **任务分析**

选择市场调研方法是为了了解市场环境并发现机会与问题,是进行市场预测与决策的前提。王斌想获取市场开发的数据,就要选择合适的方法,一般情况下,要仔细比较各种方法的优缺点,根据实际情况合理选择。

 知识对接

一、询问法

询问法是指调研者提前准备好调查内容,通过直接访问、电话调查、邮寄问卷等方式从被访问者处获得数据资料的调查方法。

(一)直接访问法

这种方法是根据所拟调查事项,派出访问人员直接向被调查对象当面询问以获得所需资料的一种最常见的调查方式。它包括拦截访问、入户访问。这种方法具有回答率高、能深入了解情况、可以直接观察被调查者的反应等优点。但是这种方法也存在调查成本高、资料受调查者的主观偏见的影响大等缺点。

(二) 电话调查法

这种方法是指通过电话与被调查者进行交谈以收集资料的方法。这种方法进行调查的主要优点是收集资料快、成本低。其主要缺点是：只限于简单的问题，难以深入交谈；被调查人的年龄等隐私情况不便询问且无法利用照片图像获取。

(三) 邮寄调查问卷

这是调查者把事先设计好的调查问卷通过邮局寄给被调查者，要求被调查人自行填妥寄回，用以收集所需资料的方法。其优点是：调查范围大、人工成本低、被调查者有充分时间独立思考问题；缺点是：所用时间较长、受调查者文化程度限制、问卷回收率低等。为了增加回收率，企业通常会采用有奖、有酬的方式刺激被调查者寄回问卷。

(四) 网络调查法

这种方法是指在互联网上发布调研信息，并通过信息收集、记录、整理、分析等完成调查任务。其主要优点是：组织简单、费用低廉、客观性好、不受时空与地域限制、速度快；主要缺点是：网民的代表性存在不准确性、网络的安全性不容忽视、受访对象难以限制。

(五) 留置调查问卷

这种方法与邮寄调查问卷相似，也是提前设计好调查问卷，打印好问卷并送到被调查者手中，请求被调查者在规定的时间段内填好相应问卷，但是是在约定时间上门收取。其优点是：留给被调查者充足时间考虑，回收率较高，控制了回收速度；缺点是：调查费用较高、时间较长、缺乏有效监督、受到地域限制。

二、观察法

观察法是指企业营销人员亲临现场直接观察或通过仪器设备间接观察消费者行为的方法，如店铺观察、人流量观察等。这种方法的优点是：能获得较客观的第一手资料，能根据顾客的喜好等因素调整营销方式；缺点是：调查成本高、花费时间多、调查范围较窄。

福特汽车的市场调查诊所

美国福特汽车公司开办了一个市场调查诊所，对自己设计的新车型进行检验。该所邀请客户在预定的路线上驾驶新汽车，同时派一位受过训练的调查人员坐在驾驶人员的旁边，记录驾驶员对汽车的全部反应。驾驶结束以后，给每一位参与者一份长达6页的调查问卷，询问参与者对汽车每一部分优缺点的评价。通过参与者提供的信息，福特汽车公司就可以了解到消费者对其新车型的反应，然后进行适当的改进，使之更受目标消费者的欢迎。

资料来源： 吴勇. 市场调查[M]. 广州：广东高等教育出版社，2006.

思考： 美国福特汽车公司市场调查诊所的作用是什么？

三、实验法

实验法是指通过先观察条件相同的消费群体及其反应，再在一定时期内对其开展市场营销活动，如商品质量、包装、设计、广告、价格、陈列等变化，通过实验的方法来测定顾客的反应，然后根据实验的结果，决定是否值得开发。这种方法是新产品导入市场时常采用的一种检验方法，也是了解市场反应的重要方法，如试销店。

相关链接

广东自贸区已在全省复制推广 203 项改革创新经验

新华社广州 8 月 18 日电（记者马晓澄）　广东自贸试验区截至目前，已累计在全省复制推广了 203 项改革创新经验。这是记者 18 日从广东省人民政府新闻发布会上获悉的。

发布会上，广东省商务厅厅长、自贸办主任张劲松介绍，广东制定了《中国（广东）自由贸易试验区发展"十四五"规划》，立足形成国内国际双循环相互促进的重要枢纽，提出了营造国际化营商环境、建设大湾区航运贸易枢纽、发挥金融开放创新试验示范作用、深化粤港澳合作等方面的重点工作任务，并明确了 41 个重点建设项目。

在具体落实上，广东将制度创新工作清单化、台账化，制定了推进广东自贸试验区贸易投资便利化改革创新的 27 条具体工作措施、37 项制度创新事项清单，并推进各项改革创新。

经第三方评估，2021 年广东自贸试验区投资、贸易、跨境金融、航运等 4 个指数分别较 2020 年增长 9.2%、10.38%、8.79% 和 22.4%，良好的制度环境有力地带动了广东自贸试验区高质量发展。

资料来源： 新华网，2022 年 8 月 19 日.

思考： 广东自贸区的改革创新试验对企业发展的影响。

模拟工作任务实操

假设你是王斌，请完成"任务引入"中的任务"了解市场调研方法的特点，选择合适的市场调研方法开展调研"。

实操步骤

① 针对王斌所在公司的情况，选择合适的调研方法。

② 尝试用这种方法，为王斌的公司进行调研。

任务总结

任务三　开展市场营销调研工作

任务引入

王斌在掌握了市场营销调研内容及选择了合适的调研方法之后,即将开展市场调查,但是市场调查究竟该如何开展呢?王斌带着疑问请教了老师,老师告诉王斌市场调查包括调研准备阶段、调研实施阶段、调研总结阶段3个阶段。

任务:开展市场营销调研工作。

 任务分析

市场调研不是任意开展的,要在一定的方案及顺序下开展。市场调查过程从整体层面对王斌等营销团队起到了指导作用,对于那些初学者或刚刚接触营销的人员来说,可以按照营销调查的3个阶段进行。

 知识对接

一、调研准备阶段

这一阶段主要是确定调研目的、要求及范围并据此制订调研方案。在这个阶段中包括3个步骤。

(一) 调研问题的提出

市场调研要有的放矢,在初始阶段必须根据上层决策者的要求及市场中的新情况,提出需要调研的问题,即调研的目的。例如,调研的问题是产品价格是否应该提高,那么就应该围绕产品价格影响因素做调查。调研问题的确认包括两个方面:一是管理决策需要解决的问题,通过与决策者探讨了解企业发展目标与发展战略;二是市场营销调研的问题,这一问题是同上一个问题相关的,即企业需要什么信息及依靠何种方式获得有效途径。为了更好地确定有效的调研问题,企业除了与管理决策者讨论企业发展目标外,还可以通过与专家、有经验的营销人员等探讨来获得对调研问题的深刻理解,并通过收集相关二手资料来对调研问题进行有效证明。

(二) 初步情况分析

根据调查目的,收集有关资料做初步分析研究。一般情况下,当营销调研人员对所需调研的问题尚不清楚或对调研问题的关键和范围不能抓住要点而无法确定调研的内容时,就需要应用探测性调研。探测性调研可配合使用询问法、实验法、观察法等方法获取第一手资料。

(三) 制订调研方案

调研方案是在统计调查前所制订的实施计划,也是全部调查过程的指导性文件,是调查工作有计划、有组织、有系统进行的保证。因此,在调研初期制订相应调研方案,可以推动整个调研工作更好地开展。调研方案主要包括以下几个部分。

1. 调研目的

确定企业调研目的是任何一项调研方案都必须解决的问题。确定了调研目的,也就是明确了调研要解决什么问题。而有了明确的调研目的,才能确定向谁调研、调研什么,以及采取什么方式和方法等进行调研。例如,调研目的是检查白酒酒瓶的抗冲击性,就可以确定应采用实验法来检验。

2. 调研对象

调研对象是指要调研的那些市场经济现象的总体,实际上也就是统计学中所说的统计总体。例如,调研目的是取得购买 A 产品的消费者对这一产品的评价,则调研对象是所有购买 A 产品的消费者。

3. 调查项目

调查项目是指在调查过程中想要也应该要获得答案的各种问题的清单。例如,在调查竞争企业的基本情况时,每家企业具有的企业代码、企业的详细名称、企业的类别、市场地位、市场份额、营销策略等都可以是调查项目。

4. 调查时间和调查期限

调查时间就是指调查资料所属时间;调查期限是指进行调查工作所需要的期限。确定了调查时间就能更好地对某一时间段的市场有充分的了解;确定了调查期限,才能使得调查资料更及时、有效地反映市场。

5. 制订调查工作的组织实施计划

这是指企业要对调研方法、调研过程的步骤、调研资料的收集方式和处理方法、调研经费预算、人员安排等有一份计划。它主要包括以下 5 个步骤。

① 建立市场调查项目的组织领导机构。可由企业的市场部或企划部来负责调查项目的组织领导工作;针对调查项目成立市场调查小组,来负责项目的具体组织实施工作。

② 访问人员的招聘和培训。访问人员可以是现有的营销人员,也可以从高校招聘。根据调查项目中完成全部问卷的实地访问时间来确定问卷的数量,核定招聘访问员的人数,并且一定要对访问员进行必要的培训。

③ 将市场调查项目的整个过程安排一个时间规划表,确定各阶段的工作内容及所需时间,包括调查工作准备的阶段、实地调查的阶段、问卷统计处理及分析的阶段、撰写调研报告的阶段。

④ 核定预算经费。市场调查的费用预算主要有调查问卷的设计费和印刷费、访问员的培训费及劳务费、调查表统计处理的费用等。企业要核定在市场调查过程中将发生的各项真实费用的支出,合理确定市场调查总费用的预算。

⑤ 调查资料的整理和分析工作安排。当实地调查结束后,就到了调查资料的整理与分析阶段。收集好已填写的调查表后,由调查人员对调查表进行逐份检查,剔除那些不合格的调查问卷,然后将合格调查问卷统一编号,以便于调查数据的统计;调查数据的统计可用

Excel 等软件完成。这些工作谁来做、谁负责都需要在方案中有所安排。最后要注意,制订好了调研方案,还必须向上级主管申报审批后方可执行。

 小·看板

大数据时代企业也需要市场调研活动

大数据与市场调研两者定义的角度不同,因此两者并不矛盾,而且可以相互影响、相互促进。即使身处大数据时代,并不意味着企业不需要进行市场调研,某种程度上应该说需要更多、更广、更深入的市场调研。原因如下。

1. 大数据的收集依赖于信息技术,特别是互联网的应用。结合实际情况,很多地区设施并不完善,甚至还很落后,许多产品或服务的用户或潜在用户并不能通过任何设施设备将信息通过互联网进行传递。在这样的市场环境下,初期的数据收集应用传统的市场调研方式仍然必不可少,不仅如此,所收集的数据仍然可以作为企业大数据的一部分。

2. 大数据的使用对于很多企业仍然存在壁垒。目前应用大数据最为广泛的仍然是在电商、计算机领域及一些关系国计民生的重点行业领域。中小企业、初创企业使用大数据的壁垒仍然较高。从长期来看,对于这些企业而言,强化市场调研意识,积极开展多样化、多层面的市场调研活动仍然必不可少。

3. 鉴于大数据的特点,其数据来源分布较广,而对于较小地域范围、对象范围的数据收集来说,不一定有效。因此,针对一些专项调研、深入调研,无论大数据发展到怎样的程度,无论什么类型的企业,仍然非常有必要继续应用以抽样调查为主要方式的市场调研。

资料来源:刘逸萱. 浅析大数据时代企业如何进行市场调研[J]. 中国市场,2016.

思考:大数据时代为什么也需要市场调研?

(四) 设计调查问卷

调查问卷是指调查者根据调查目的与要求,按照一定的程序和理论设计出来的由一系列问题、所要调查的项目、备选的答案组成的调查表。以下范例就是一份常见的调查问卷。

1. 问卷的设计程序

① 事前准备。根据调查目的,确定企业调查所需的资料、所采用的方式和方法,以及资料汇总和分析的方法。

② 设计问卷。包括问卷问题、答案、提问顺序和版面格式等的设计。

③ 试用和修改。通过试点调查的结果来发现问题,并对问卷进行一些必要的修改。

2. 问卷的格式

一般情况下,问卷应包括以下几个部分。

① 引言和注释。这一部分主要是向填答者说明调查的目的和调查的意义,以及表明企业调研的合规、合法性,让填答者能放心、认真地回答。

② 被调查者的基本情况。这一部分主要是调查填答者的基本资料,一方面对被调查人员进行了解,另一方面能排除那些不属于调查范围的人员。

③ 调查内容。这是整个问卷的核心部分,包括调查问题和问题选项。调查问题一般要根据调查目的来设计,要按照逻辑性由易到难。

④ 结语或填写说明和解释。这一部分在问卷设计中可以出现,也可以没有,主要是表达对填答者的感谢,以及对填答过程中出现的一些专业术语进行解释。

3. 问卷设计应注意的问题

优秀的问卷要能将问题传达给被问的人和使被问者乐于回答。要完成这两个功能,设计问卷时应当注意几点:一是从实际出发拟题,目的明确,重点突出;二是结构要合理,有一定的逻辑性,即问题的排列要有一定的逻辑顺序,符合填答者的思维顺序,如先易后难、先简后繁、先具体后抽象;三是对敏感性隐私问题应采取一定的技巧调查,使问卷具有合理性和可答性;四是需要控制问卷的长度,填写问卷的时间不宜超过 20 分钟,不然填答者会因为厌烦而应付了事;五是在填写完调查问卷后,企业调研者还应为填答者准备一些小礼物作为酬谢。

相关链接

海南省高职院校师资建设现状调查问卷

尊敬的老师:

您好,为了更加真实地了解海南省高职高专院校师资队伍现状,为海南省未来的高职教育发展提供有力的建议,我们制定了这份调查问卷,希望您能从百忙中抽时间配合我们的调查。本次问卷调查以不记名的形式进行,请您如实填写,所涉及的内容我们会进行保密,且只有项目组成员才能查阅。您反映的任何情况都不会影响您的工作。

真诚地感谢您能参加我们的调查!

——"海南省高职师资队伍建设研究"项目组

问卷编号:□□□□(0001—9999)

调查日期:□□□□年□□月□□日

以下各题均有对应选项,请您根据自身的实际情况,在"□"内打"√":

学校名称:_____

一、请您选择下列基本情况,并在该项"□"内打"√"

年龄		教龄		
性别	□A 男	□B 女	教师证	□A 有	□B 无
职称	□A 正高级	□B 副高级	□C 中级	□D 初级	□E 无职称
学历	□A 博士	□B 硕士	□C 本科	□D 大专	□E 大专以下
您是专职、兼职		□A 专职	□B 兼职	
您本科毕业院校		□A 一般院校	□B 211 院校	□C 985 院校
您硕士毕业院校		□A 一般院校	□B 211 院校	□C 985 院校
您博士毕业院校		□A 一般院校	□B 211 院校	□C 985 院校

续表

您所学的专业与当前工作的相关程度	□A 相同	□B 相近	□C 不相近
贵校是本科院校还是专本联办学校	□A 本科	□B 专科	□C 专本联办
贵校的性质	□A 公办	□B 民办	

二、单项选择(每题选择一项,并在该项"□"内打"√")

1. 您开始从事职业教育的年龄为:
   □A ≤25 岁　　　□B 26~35 岁　　　□C 36~45 岁　　　□D 46~55 岁
   □E ≥55 岁

2. 您是否了解高职高专入学学生的基本情况:
   □A 非常了解　　　□B 基本了解　　　□C 不怎么了解

3. 您对教学法的了解:
   □A 精通　　　□B 一般了解　　　□C 基本不了解

4. 您对自身大学阶段专业课教学方法的评价:
   □A 很好　　　□B 好　　　□C 一般　　　□D 差
   □E 很差

5. 您对自身大学阶段所学知识的评价:
   □A 很新　　　□B 一般　　　□C 陈旧

6. 您认为目前自身的知识结构和实践能力与企业实际需求之间:
   □A 知识结构陈旧,实践能力弱　　　□B 知识结构较好,实践能力弱
   □C 知识结构较好,实践能力强　　　□D 知识结构陈旧,实践能力强

7. 您在贵校从事的主要工作(占工作量的60%以上):
   □A 上理论课　　　□B 指导实验　　　□C 负责实践课　　　□D 管理□E 其他

8. 据您所知,贵校学生实践课占全部课程的比例大约是:
   □A <10%　　　□B 10%~20%　　　□C 20%~30%　　　□D 30%~40%
   □E 40%~50%　　　□F >50%

9. 您认为"厂中校""校中厂"的做法是不是同大学的本质相悖?
   □A 是　　　□B 不是　　　□C 不一定

10. 您最近一年去企业实践的时间大约是:
    □A 一次没去　　　□B 小于1周　　　□C 1周到1个月
    □D 1个月到3个月　　　□E 3个月以上

如果有去企业实践的经历,请继续回答11—13题。

11. 您在企业实践最大的收获:(此题可多选)
    □A 实践能力增强　　　□B 更加了解企业需求
    □C 有助于知识结构改善　　　□D 有助于教学

12. 您在企业实践遇到的最大的困难:
    □A 难以找寻专业对口的企业　　　□B 难以接触实际操作程序
    □C 教学任务过重,难以抽出足够多的时间参与企业实践

13. 您结合相关实践知识进行教学的情况：
□A 经常　　　　　□B 偶尔　　　　　□C 从不

14. 近5年您参加学术会议的次数：
□A 0次　　　　□B 1到2次　　　　□C 3到4次　　　　□D ≥5次

15. 近5年您作为第一作者发表学术论文：
□A 0篇　　　　□B 1到2篇　　　　□C 3到4篇　　　　□D ≥5篇

16. 近5年您出版著作：
□A 0部　　　　□B 1到2部　　　　□C 3到4部　　　　□D ≥5部

17. 近5年您主持科研项目：
□A 0项　　　　□B 1到2项　　　　□C 3到4项　　　　□D ≥5项

18. 您从事科研活动的主要动因是：
□A 完成工作任务　□B 晋升职称　　□C 总结经验　　□D 学术追求

19. 您目前所承受的教学(或管理)压力：
□A 很大　　　　□B 较大　　　　□C 一般　　　　□D 较小
□E 无压力

20. 您目前所承受的压力来源于：
□A 教学科研任务　□B 职称晋升　　□C 收入水平
□D 社会地位　　　□E 其他　　　　□F 无压力

21. 您为教学做准备工作的时间约为教学课时的几倍？
□A 不到1倍　　□B 1到2倍　　　□C 2到3倍　　　□D 3倍以上

22. 您承担的非教学任务大约占您工作时间的：
□A <1/4　　　□B 1/4~1/3　　　□C 1/3~1/2　　　□D >1/2

23. 您认为您在工作中业务能力发挥如何：
□A 充分发挥(跳过24题)　　　　　□B 基本发挥
□C 部分发挥　　　　　　　　　　□D 没有发挥

24. 如未能充分发挥自身能力，您认为主要的影响因素是：
□A 自身业务能力　　　　　　　　□B 学生基本素质
□C 同事间人际关系　　　　　　　□D 学校领导机制
□E 其他

25. 您认为贵校教师职称晋升的条件：
□A 很高　　　　□B 较高　　　　□C 一般　　　　□D 不高

26. 您认为职称评定对教师的影响是：
□A 评审条件太多，增加了教师的工作压力，影响了课堂教学质量
□B 有利于激发教师工作积极性
□C 有利于促进教师积极学习

27. 您从事高职教育工作的动力：
□A 干一行爱一行　□B 满足物质需求　□C 职位晋升　□D 实现个人价值
□E 其他

28. 您认为高职教师最应具备的素质是：
□A 思想道德素质　　　　　　　　　□B 科学文化素质
□C 专业技术素养和操作技能　　　　□D 教育科学理论和教学技能
□E 健康的身体心理素质　　　　　　□F 社会活动能力
□G 良好的职业道德素质

29. 您认为职业教师和科研型教师的最大区别是：
□A 实践能力　　□B 知识结构　　□C 社会地位　　□D 薪酬水平
□E 职业前景

30. 您认为目前我国对职教师资最需要改进的地方是：
□A 社会实践能力　　　　　　　　　□B 理论知识结构
□C 教育教学方法

31. 您认为提升职教师资整体素质的最大障碍是：
□A 无系统的岗前培训　　　　　　　□B 薪酬福利、社会地位较低
□C 职业前景较差

32. 您想参加哪种形式的继续教育进修班或培训：
□A 学位班或脱产班　　　　　　　　□B 专业知识培训或专题研讨
□C 顶岗实践　　　　　　　　　　　□D 都不想参加

33. 您对高职教师待遇状况的态度是：
□A 待遇很好，非常满意　　　　　　□B 待遇一般，比较满意
□C 待遇不好，不满意　　　　　　　□D 待遇很低，很不满意

34. 您对当前职业的态度：
□A 非常喜欢　　□B 比较喜欢　　□C 无所谓　　□D 不太喜欢
□E 非常不喜欢

35. 您选择当高职教师是基于什么原因：
□A 专业就业压力大，无法选择其他工作　□B 喜欢高职教师这个职业
□C 高职教师稳定、清闲　　　　　　□D 暂时性选择
□E 其他

36. 如果有机会重新选择职业，您的选择是：
□A 高职教师　　□B 企业就职　　□C 公务员　　□D 其他职业

三、您认为我们的调查还有未涉及的项目吗？真诚感谢您的建议。

——————————————————————————————————————

思考：请分析该调查问卷的优缺点，并提出合理化建议。

二、调研实施阶段

在这一阶段的主要任务是根据调研方案，组织调查人员深入实际收集资料，它包括两个工作步骤。

（一）组织及培训

并不是每个企业都具备充足的调研人员或调研经验，不成熟的调研人员收集的资料很可能给企业营销决策造成困扰，所以开展营销调研必须对调研人员进行一定的培训，目的就是使他们对调研目标、调研方案、调研方法及与此调研有关的经济、法律等知识有一个明确的了解。

（二）收集资料

1. 收集二手资料

二手资料，也称为次级资料，主要来源于国家机关、金融服务部门、行业机构、信息咨询机构等发表的各类统计数据。对这些资料的收集方法比较容易，调研人员可以通过统计年鉴、年报、知网、统计局网站、行业机构网站等途径获取，并且花费也较少，有一定的参考借鉴意义。

2. 收集一手资料

一手资料，也称为原始资料，主要来源于实地调查。这类资料收集应根据调研方案中已确定的调查方法和调查方式，先一一确定每一位被调查者，再利用设计好的调查方法与方式来取得所需的资料。这类调研活动与前一种调研活动相比，花费虽然较大，但是它所获取的资料更贴近企业需要，是调研所需资料的主要获取方式。

三、调研总结阶段

营销调研的作用能否充分发挥，与做好调研总结的两项具体工作密切相关。

营销调研的程序

（一）整理和分析

通过营销调查取得的资料比较零乱，有些只是片面反映某个侧面问题，很可能存在一定的虚假性，所以针对这些资料必须做审核、分类、制表等工作。审核就是去伪存真，不仅要审核资料的正确与否，还要审核资料的全面性和可比性；分类是为了进一步了解资料；制表的目的则是使各种具有相关关系或因果关系的数据资料更为清晰地显示出来，便于做深入的分析研究。

（二）编写营销调研报告

调研报告是调研活动的结论性意见的书面报告。编写调研报告的原则是客观、公正、全面地反映事实，以求最大限度地减少管理者在决策前的不确定性。关于调研报告的具体内容见任务四。

模拟工作任务实操

假设你是王斌，请完成"任务引入"中的任务"开展市场营销调研工作"。

实操步骤

① 撰写调查方案,设计调查问卷。

② 了解王斌所在公司的情况,根据现实需要运用合适的调研方法进行市场调查。

任务总结

任务四 撰写市场营销调研报告

任务引入

王斌的营销调研已经结束了,公司老总对此次海南市场开发异常关注,要求查看此次营销调研报告。王斌开始整理调研数据,考虑如何撰写调研报告。

任务:撰写营销调研报告。

任务分析

营销调研报告是依据市场调查,收集、记录、整理和分析消费者对产品的需求状况及与此有关的资料的文书。王斌要写一份优秀的调研报告,就必须弄清楚营销调研报告的概念、特征、格式及需要注意的问题。

知识对接

一、营销调研报告的概念

营销调研报告就是依据市场调查,收集、记录、整理和分析消费者对产品需求的状况及与此有关的资料的文书。换句话说,就是运用市场经济规律,通过对市场现状进行深入细致的调查研究,揭示市场运行的本质。调研报告是市场调查人员以书面形式呈现的反映市场调查内容及工作过程,并提供调查结论和建议的研究成果。一份优秀的调研报告能给企业的市场经营活动提供有效的导向作用,并能为企业的决策提供客观依据。

根据企业经营情况,营销调研报告可以分为市场供需的调研报告、商品消费量和价格调研报告、商品销售渠道调研报告、市场竞争状况的调研报告、市场环境调研报告等。企业应该结合调查目的及企业自身需要进行有效调查,撰写有针对性的调研报告。

二、营销调研报告的特征

(一)针对性

营销调研报告是管理者决策的重要依据之一,必须有的放矢,要能解决调查方案中提出的调查问题。

(二)真实性

营销调研报告必须从实际出发,依据真实材料的客观分析得到正确的研究结论。

(三)典型性

营销调研报告不能涵盖较大范围,主要表现为两点:一是对调查得来的材料进行科学分析,找出反映市场变化的内在规律的典型性事件;二是报告的结论要准确可靠。

(四)时效性

营销调研报告的资料不宜太旧,要及时、迅速、准确地反映和回答现实经济生活中出现的新情况、新问题,要贴近顾客新需求,要突出"快""新"二字。

三、营销调研报告的格式

营销调研报告有很多类型,并没有固定不变的格式。不同营销调研报告的写作,主要依据调查的目的、内容、结果及用途来进行选择。一般来说,各种市场调研报告在结构上主要包括以下几个部分。

(一)营销调研报告的封面

俗语说:"人靠衣装,马靠鞍。"一份优秀的营销调研报告也需要一个合适的封面,这样才会让阅读者在一开始就对这份报告的撰写单位、日期等有一个大致了解。报告封面要包括调查标题、调查单位名称及基本信息情况、提交日期等。

(二)调查标题

调查标题就是市场调研报告的题目,好的调查标题能用最精要的词语概括出调查范围及目的,让阅读者一目了然。一般情况下,标题有两种构成形式。

1. 公文式标题

公文式标题由调查的时间、对象、内容、名称等构成。例如,《关于海口市 2016 年空调市场的调查》。

2. 文章式标题

文章式标题就是用较为简练的语言来概括调查的内容或主题。例如,《海南省农民潜在购买力动向》。为了进一步明确、缩小调查范围,一般这一类型的市场调研报告的标题还可采用正副题的结构形式,从而更富有吸引力。例如,《市场在哪里——海南省农民潜在购买力动向调查》。

(三)营销调研报告的目录

阅读者可以从目录对报告有一个提纲挈领的了解,有利于了解报告结构,并检索、抽取相关重要内容来了解。

(四)引言

引言是营销调研报告的开头部分,一般说明市场调查问题的产生及背景,引导读者对问题有一定的思考,并阐述调查的现实意义。同时对调查工作做一个简要概述,包括市场调查的时间、地点、内容和对象及采用的调查方法、整理方式。例如,一篇题为《关于海口市2016年空调市场的调查》的市场调研报告,其引言部分可写为"海口市A调查策划事务所受甲委托,于2016年3月至4月在海口市区进行了一次空调市场调查。现将调查研究情况汇报如下……"这篇引言用简要的文字交代了调查者的身份、调查时间、调查对象及范围等要素,并用一过渡句开启了下文,写得较规范。

(五)正文内容

正文是营销调研报告中的主要内容,是表现营销调研报告主题的重要部分。这一部分的写作直接决定调研报告质量的高低和作用的大小。正文内容要客观、真实、全面地阐述市场调查所获得的材料、数据,用它们来说明有关问题,对有些具体问题和现象要做出深入分析和评论。正文内容具体包括以下两方面的内容。

1. 基本情况介绍

这一部分对调查中所获得的基本情况进行介绍,是整篇报告的基础,要用叙述与说明相结合的手法来将调查对象的历史和现状等表述清楚,如企业市场占有情况、生产与消费的关系、产品及产量价格情况等。在行文过程中,可选择按问题的性质即采用小标题的形式,也可以按照时间顺序,辅以图表、图像等说明现状。

2. 进行分析及预测

这一部分是在对调查所获取基本情况的基础上对市场发展做出相关分析并做出趋势预测,是调研者和撰写报告的人对市场的一种判断。它可能直接影响企业管理者的决策行为。这一部分要采用议论文的写作方法对调查所获得的资料进行科学的分析和推断,用词要有论断性和针对性,做到分析理性,言简意赅,从而形成符合事物发展变化规律的预测。

(六)结尾

根据调查结果,依据正文内容的推理,归纳形成市场调查的基本结论,也就是对市场调查的结果做一个小结。根据调查结论,还要提出有效的对策措施,供管理者决策参考。

(七)附录

为了使调研报告严谨、真实可信,有的市场调研报告还有附录。附录的内容一般是有关调查的统计图表、数据等资料的出处,以及参考文献等,以有利于读者检验调查结果的有效性。

 **营销实例**

洗衣粉市场分析报告(正文部分)

一、洗衣粉中国市场品牌发展历程

洗衣粉是中国本土品牌最早面对国际品牌竞争的行业之一,也是竞争最激烈的行业之一,到目前为止,其品牌格局的演变大致经历了4个阶段。

第1阶段(1983年以前):白猫独秀

计划经济体制下,厂家只负责生产,销售则由国家统一实行配给。白猫洗衣粉成了这一阶段国家在洗衣粉配给中的主要产品,从而也奠定了它在消费者心目中的重要地位。

第2阶段(1984—1993年):活力28开创新纪元

20世纪80年代初期,活力28超浓缩无泡洗衣粉的问世,开创了中国洗衣粉历史的新纪元。同时,活力28也敢为天下先,在当时企业广告意识不强的情况下,在中央电视台不间歇地播放活力28的广告,一时间"活力28,沙市日化"的广告语和"一比四,一比四"的广告歌走进了千家万户。"活力28"从此天下扬名,一跃成为国内洗衣粉行业的"大哥大"。同时,海鸥、熊猫、桂林、天津等地方品牌开始雄踞一方。

第3阶段(1994—1997年):外资四大家族主导

这一时期,外资洗衣粉开始在中国控股合资或直接设厂生产。凭借丰富的促销手段,高密度的广告宣传,不断的技术革新,它们在市场上节节胜利。在强大的外来攻势下,许多国内品牌要么选择了与外国洗衣粉厂合资,要么无奈地退出市场。市场基本由联合利华、汉高、宝洁、花王四大外资集团所主导。

第4阶段(1997年至今):本土品牌成功阻击四大家族

由于成本过高,外资洗衣粉一直未在中国市场有好的盈利表现,所以广告、促销力度渐渐减弱,再加上国内一段时间内消费低迷,消费者也渐渐转向购买价格低廉的国有品牌。一些国内品牌借此机会,凭借价格和广告优势,确立了自己的地位,如奇强、立白等,而雕牌纳爱斯更是在中低端市场独霸天下。

二、2002年至2003年度品牌竞争格局

(一)总体竞争格局

洗衣粉是中国快速消费品市场充分竞争的领域。洗衣粉行业品牌众多,产品林立,有以量取胜的雕牌、立白,有跨国巨头宝洁、联合利华、日本花王等,也有盘踞一隅的地方性品牌,整个行业充满了变化与变革的契机。

(二)市场竞争深度分析

1. 市场渗透率分析

进入21世纪后,雕牌在洗衣粉市场上演了一出从北到南、由西向东横扫天下的好戏。全国30个城市市场渗透率变化图显示,洗衣粉作为家庭日常必需品,其市场渗透率近乎100%,市场容量已经基本饱和。另一方面,尽管人们的洗衣频次似乎有所增加,但趋势依然不明显。因此,任何品牌的增长都以蚕食其他品牌的地盘为前提。全国洗衣粉市场的竞

争中,只有两个品牌在增长:雕牌一枝独秀,大幅上升;立白避其锋芒,小幅上涨。其他品牌均呈败退之势。

截至2003年,洗衣粉市场大盘已定。

① 华北区雕牌急剧增长,2001年攻下华北。奥妙勉力坚守第二阵营,活力28一落千丈,与其他品牌共同据守第三阵营。

② 华东区奥妙一直雄霸第一,白猫第二。但2003年,雕牌一举攻下华东,坐上华东区头把交椅。

③ 华南区品牌竞争尤酣,立白、汰渍、雕牌均全力攀升,甚至2002年已呈颓势的奥妙也在奋力上扬。尽管雕牌依然表现出最强劲的上升幅度,但鹿死谁手,犹言过早。

④ 雕牌2002年攻下华西,奥妙和汰渍在第二阵营竞争,但似乎汰渍率先开始动作。

⑤ 东北区雕牌一马当先,其他品牌一泻千里,溃不成军。汰渍微弱地反抗成功。

2. 品牌忠诚度分析

雕牌较高的忠诚度为其一马平川奠定了坚实的基础,或者说,雕牌之所以能在全国范围内所向披靡,得益于其较高的品牌忠诚度。

三、主要品牌手段分析

1. 雕牌

雕牌的成功除在区域市场的运筹帷幄、各个击破外,其对于自身的品牌定位及对核心消费人群诉求的重视,是其制胜的另一法宝。

作为家庭必需品的洗衣粉,价格不能不是一项考虑的因素,尤其是洗衣频次高、洗衣粉消费多的家庭,对价格更敏感。雕牌采取了走中低端路线,瞄准家庭主妇的方法,不仅瞄准了最核心、最大量的消费人群,而且为自己开辟了一块广阔的天地。

此外,从雕牌消费者的心理定位看,雕牌依然瞄准比较传统、保守,具有奉献精神的那部分家庭主妇的心理,而她们,是家庭主妇的主流和主体。相反,像奥妙的消费者,则倾向于追求自我,具有冒险精神,更具职业女性的态度。而职业女性注定不会成为洗衣粉市场的消费主力。

2. 奥妙

1999年,经过多年摸索后的联合利华向宝洁发起总攻,当年11月,联合利华将两款新推出的奥妙洗衣粉——奥妙全效和奥妙全自动洗衣粉全面降价,降幅分别达40%和30%,400克奥妙洗衣粉的价格从近6块钱一下落到3.5元,这个价格当时仅相当于宝洁产品价格的一半左右。由于奥妙精心营造的高档形象已深入人心,老百姓突然能够买得起以前买不起的高档洗衣粉了,市场由此洞开,奥妙也得以超越宝洁的汰渍。这种局面维持到今天。

3. 汰渍

汰渍作为宝洁旗下的主打品牌,在进入中国市场之初,凭借丰厚的财力及自己准确的产品诉求,在短时间内成为市场的领导品牌。虽然这几年由于营销力度减弱而出现市场份额下降的情况,但它在消费者心目中还是有较高地位的。

4. 立白

1994年进入洗衣粉行业的立白,在一开始就选择了农村包围城市的策略,在每个县找经销商,同每个经销商探讨立白的销售与经营。在双方的共同努力下,立白站稳了根基。

四、洗衣粉市场未来发展走势

目前,洗衣粉的竞争是外资打外资,中资打中资。中资的首要任务就是消灭二、三级的品牌,然后成长为全国性的大品牌。估计只需三四年时间,中资品牌就可以在市场站稳脚跟,然后向洋品牌发起总攻。

资料来源: 赵轶.市场调查与分析[M].北京:北京交通大学出版社,2008.

思考: 分析洗衣粉市场未来的发展走势。

四、市场调研报告需注意的问题

(一) 要有合适的调查方法

在市场竞争中,企业竞争的成败关键在于经营决策的科学性,而科学的决策又必须以市场调查为基础。因此,要善于运用询问法、观察法及实验法等方法,适时捕捉最新的市场变化情况,从而获取真实、可靠、典型、富有说服力的商情资料,并在此基础上撰写市场调研报告。

(二) 要选择真实准确的数据材料

市场调研报告是在对市场的供求关系、购销状况及顾客需求情况等的基础上进行的调查行为的书面分析和反映,所以它不能脱离各种各样的数据材料。这些数据材料也是定性、定量的依据,在撰写时要善于运用统计数据来说明现实问题,从而增强市场调研报告的说服力。

(三) 要有充分的论证

撰写市场调研报告时,必须以大量的市场资料作为基础,包括各种动态的、静态的及表象的、现实的资料等,可以说非常复杂。但写进市场调研报告中的内容绝不是以上材料的简单罗列和堆积,而必须运用科学的方法对其进行充分且有力的分析和归纳,因为只有这样,报告中所做的市场预测及所提出的对策和建议才会获得坚实的支撑。

 模拟工作任务实操

假设你是王斌,请完成"任务引入"中的任务"撰写营销调研报告"。

实操步骤
① 了解营销调研报告撰写要求。
② 结合王斌所在公司的情况,制定一份该公司的调研报告。

任务总结

知识测试

1. 什么是市场营销调研？它可以分为哪几类？
2. 市场营销调研包括哪几方面的内容？
3. 比较一下询问法、观察法、实验法的异同。
4. 谈谈直接访问法、电话调查法、邮寄调查问卷、网络调查法、留置调查问卷的优缺点。
5. 市场调查过程包括哪几个阶段？
6. 一份调查方案包括哪些项目？
7. 调查问卷需要注意的问题有哪些？
8. 一手资料和二手资料有哪些不同？
9. 营销调研报告包括哪些内容？

案例分析能力测试

案例1　宝洁，如何走在正确的道路上

宝洁成立于1837年，至今已有182年历史，从制作蜡烛的小作坊到全球最大的快消品公司，一家世界级企业陷入了什么困境？为什么会被频频唱衰？事实果真如此吗？

2019年3月初，一则"宝洁退市"的新闻引起公众关注，虽然根据官方声明，宝洁仅是将股票从巴黎泛欧证券交易所退市，股票仍将继续在纽约证券交易所上市。但一时间关于"快消巨头"即将倒下的文章大量涌现，似乎股票退市验证了公众对宝洁衰败的认知。频频唱衰？宝洁到底怎么了？其实近几年来，关于宝洁跌落神坛的报道持续不断，很大程度上是由于宝洁近年来营收下滑的表现所致。2008财年，宝洁全球营收达到777亿美元，成为全球市值第六大公司，利润排名全球第14名。然而巅峰之后，宝洁全球的营收开始增长乏力，2013年后甚至持续下滑。2018年宝洁营收为668.32亿美元，对比2006年的营收入667亿美元，宝洁业绩似乎"回到十几年前"。面对这样的收入表现，市场发出不断质疑的声音也在所难免。而宝洁营收持续下滑的原因，从品牌角度分析主要有以下3个。

一、追求增长，盲目扩张

宝洁企业迫切追求增长，开始进行业务扩张，从日化扩张至文具、咖啡、薯片、处方药和宠物食品等，并收购了大量品牌。以美容和个人护理部门为例，2000年至2007年，部门品牌从7个增加到20个。这个时期宝洁的战略目标是，一位家庭主妇进入商超，宝洁可以满足她的所有需求。

从宝洁营业数据来看，2014年销售额较2005年增长了1/3，宝洁的多品牌战略似乎得到了巨大的成功，但其实宝洁当时正处于虚假繁荣的状态。这些品牌没有为企业带来持续的利润增长，反而消耗了宝洁大量精力。

2014年宝洁全球拥有超过200个品牌，而海飞丝、潘婷、汰渍、帮宝适等核心品牌贡献了超过90%的营收和95%的利润，大量品牌都处于微利甚至亏损状态，企业当时已经形成了灌木型品牌结构。灌木型的品牌架构是指,企业拥有众多品牌,但大多数品牌未能在品类中获得主导,企业资源分散,且品牌竞争力弱。早期的通用汽车就是一株虚弱的灌木,这也是导致其破产的根本原因。

二、轻视竞争,错失机会

随着经济水平的发展,越来越多的竞争者开始加入日化行业战场,而宝洁作为百年领导者,却未能警惕竞品的追赶,等到被众多竞争对手包围时才后知后觉。其中,中国作为宝洁在美国以外的第二大市场,失误尤为明显,这也是中国顾客对宝洁旗下品牌认知老化的主要原因。过去30年,中国经济高速增长和消费升级加剧了市场竞争,日化行业尤为明显,残酷竞争加速推动几乎所有品类进行分化,并由此诞生众多新品牌。宝洁1988年进入中国,把握时机成为早期领导者,但对于市场竞争反应非常迟缓,导致份额不断被竞品稀释。在洗涤市场中,汰渍早在1984年就在美国市场推出洗衣液并获得领先,但未在中国上市。汰渍还在主销洗衣粉时,蓝月亮于2008年率先在中国推广洗衣液,4年后汰渍才在中国上市洗衣液产品,而那时蓝月亮已经主导该品类,美国花了40年才完成的洗衣液代替洗衣粉,中国只花了5年。牙膏市场中,2012年云南白药通过定位"缓解牙龈出血"打开并主导中高端牙膏品类,2009年进入中国市场的舒适达,与LG竹盐紧随云南白药之后。佳洁士聚焦大众市场注定无法兼顾中高端市场,在2015年宝洁才决定引进Oral-B进入国内中高端牙膏市场,在稳定的市场发起进攻当然困难重重。

2014年滋源通过无硅油洗发水进入中国洗护市场,并用3年时间便拿下了6.4%的市场份额,到2018年,宝洁才迎头追赶,通过海飞丝、飘柔延伸推出了无硅油洗发产品,但较专家品牌,海飞丝和飘柔同样没有竞争优势,所以产品上市后市场反应甚微。品类分化通常诞生新的市场机会,但是宝洁忽视一线,轻视竞争,一次次让竞争对手率先突破得利。

2016年,宝洁CEO David Taylor承认:宝洁一直把中国当成一个发展中国家,而实际上中国已经成为全世界消费者最挑剔的市场。

三、缺乏创新,区隔模糊

"头屑去无踪""如丝般柔顺""有汰渍,没污渍""笑容如钻石般闪耀"等品牌传播语在消费者心智中仍有认知。但这些消费者熟知的大众品牌逐渐被认知为老一代产品,同时,也由于缺乏创新,品牌开始延伸推出新产品,结果只会让品牌自身定位变得模糊。以洗发水为例,最初海飞丝定位去屑,飘柔定位柔顺,潘婷定位营养修复,3个品牌明显区隔。可近年来这3个品牌创新表现不足,开始走捷径通过品牌延伸推新品。海飞丝推出丝质柔顺洗发露,飘柔推出柔顺去屑洗发露,潘婷推出乳液修复去屑洗发露,不但没有起到创新拉动的作用,反而使彼此的品牌传达变得混乱。

资料来源:里斯品类战略.销售与市场[J].2019(5).

思考:讨论宝洁应该如何改变才能转变现有状况。

案例2 大润发连锁商超,如何适应零售新时代

伴随社会经济的迅速发展,大型连锁超市实现了长足发展,一大批优秀的大型连锁超市在零售企业市场中扮演着越来越重要的角色。经过对发达国家发展经验的学习、借鉴,我国零售企业在极短时间内便实现了对零售业的有效革新,然而依旧有大量国际大型零售企业,

诸如沃尔玛、家乐福等进驻我国零售市场,由此对我国零售企业带来极大冲击。我国市场中各大零售企业必须适应市场发展需求,逐步优化调整自身经营发展模式,致力于在市场中占据有利位置。零售企业要实现健康稳定发展,就势必要处理好市场营销策略这一关键问题,其很大程度上影响着企业的经营发展成效。由此可见,对大润发连锁商超的市场营销进行研究探讨,具有十分重要的现实意义。

一、大润发超市市场营销现状

大润发超市市场营销现状主要表现为:其一,标准化的服务流程。每一位顾客进入大润发超市后,其所享受的服务流程基本相同,且服务流程大致为进入超市后先"停车",接着根据"指引",然后"进店存包",到"购物推车",再到"接受咨询服务",最后到"走出超市",针对一些有需求的顾客大润发还提供了乘坐大润发自发班车回家的服务。其二,标准化的运营管理流程。不管是哪家大润发超市,包括与上流供应商的合作、产品采购、产品入库等各项运营管理流程都是统一标准的,也不会由于超市位置的不同而不同。其三,标准化的管理培训。大润发管理培训有着严格、特定的模式,不仅十分规范,而且由上至下的管理服务理念是全面落实、始终统一的,规定的管理培训流程不会由于个人的不同而不同。其四,标准化的采购。在后台产品采购方面,会结合不同地区的实际营销特征开展采购,但是通常在基本品采购方面均是秉承统一的采购流程及原则。

二、当前大润发超市市场营销面临的挑战

(一)同行业竞争日趋白热化

近年来,我国零售企业市场竞争变得越来越激烈。一、二线城市零售市场饱和,连锁商超战场纷纷转移至三、四线城市,大型连锁超市不断开设,同行业竞争日趋白热化。行业领头羊沃尔玛、家乐福、华润万家等连锁商超均是大润发强劲的竞争对手。

(二)电子商务对大润发超市的冲击

近年来,我国电子商务实现了迅猛发展,2017年上半年,我国电子商务交易规模达到13.35万亿元,其中,网络零售市场交易规模达到3.1万亿元。电子商务交易规模逐年扩大,为我国国民经济增长创造了全新的增长点。电子商务如今对零售、农业、旅游、教育、医疗等行业产生了越来越深刻的影响,并不断推动着传统行业的转型升级。大润发作为一家大型连锁零售企业,在经营发展中倘若不对自身经验发展模式予以优化调整,一定程度上势必会被电子商务所取代。电子商务迅猛发展背景下,不仅为零售企业带来了诸多机遇,同时也对它们提出了极大挑战。

(三)移动互联网背景下消费模式的转变

截至2017年12月,我国网民规模达到7.72亿人,手机网民规模达到7.53亿人,移动互联网飞速发展对消费者消费行为带来极大影响,其重点影响着消费者的消费决策过程。网上购物越来越为人们所青睐,该种购物方式方便快捷,仅需消费者在网上选定商品、确定购买数额等,便可完成网上交易。

资料来源:包钢.大润发连锁商超的市场营销研究[J].中国市场,2019(21).

思考:请结合上文资料,展开线上、线下调研,撰写调研报告,论述大润发连锁商超在当今环境下,如何适应零售业的新变化。

 **项目驱动任务实训**

情景营销设计

项目实训目标 1:基础知识
使学生能够结合消费者市场特点,运用市场调研理论进行市场分析。

项目实训目标 2:辩证性思考
培养学生市场调研、市场分析的能力。

学生角色:
营销活动策划方案团队成员,制作营销活动策划方案,负责市场分析、市场定位工作。

项目任务:

1. 制作市场分析文案。

学生以小组为单位,根据企业背景,对消费者市场进行细分,分析消费者特点,确定服务的消费群体,制定市场定位策略,在市场分析报告的基础上,制作一篇图文并茂的市场定位文案,需包含标题、正文等内容。

2. 进行市场分析文案展示汇报(不超过 10 分钟)。

延伸讨论:如何结合年轻消费群体的特点做好中国传统产品的市场定位工作?

项目要求:

1. 普通话标准,口齿清晰,表达流利,声音洪亮,节奏适中;无明显的停顿、磕巴;在规定时间内团队 2 人以上共同完成展示陈述任务。

2. 团队衣着整洁,在汇报过程中表情自然大方,注意基本的礼仪,文明用语。

项目背景:百年老店"同升和"

实训日志

思政考评要点

态度考评	课堂出勤,参与课堂讨论的积极性,成果展示中的主动性、思政性
知识考评	课前作业和预习任务完成的质量,课中讨论或展示成果时对理论的分析和理解的正确度,课后实训报告分析中理论的结合度
思政考评	课堂互动中表现出来的集体荣誉感、爱国情怀和积极向上的人生态度;课后实践作业调研过程中表现出的责担当、顾全大局、创新精神;实践报告内容体现出的任务反思和集体意识等
能力考评	课中小组讨论中展现出的组织能力;课后实训作业过程中体现出的团队合作能力、人际交往能力、抗挫能力、语言沟通能力;实训报告内容展现出的分析问题、解决问题的能力等

项目四 市场选择分析

项目四
市场选择分析

知识目标
1. 了解市场定位的原则及策略。
2. 掌握消费者市场细分依据的方法。
3. 掌握目标市场选择的模式及策略。

能力目标
1. 具备市场分析及市场细分的能力。
2. 能够选择合适的目标市场并提出市场定位策略。

素质目标
1. 具有集体荣誉感、爱国情怀和积极向上的人生态度。
2. 具有责任担当、顾全大局、创新精神、工匠精神。
3. 具有反思意识和集体意识。

对应岗位认知

思维导图

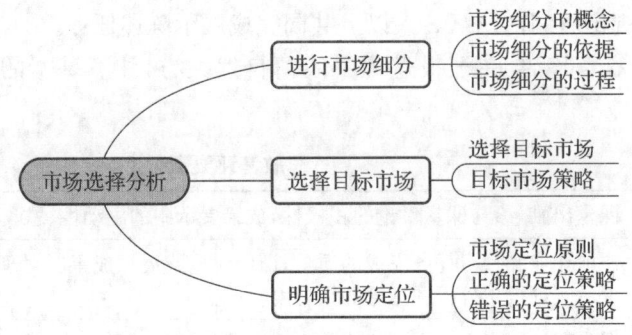

任务一 进行市场细分

任务引入

王斌通过市场调查,对海南市场有了一定的了解,正当他准备大刀阔斧地开拓市场的时候,却发现海南的服装市场有众多的竞争者,而海南受天气、风俗、文化等因素的影响,在服装市场上各个竞争者都具有自己的特色,如果他贸然进入,不仅不能占领市场,还可能引起已有企业的猛烈攻击。

任务: 如何对海南市场进行市场细分?

项目四 市场选择分析

 任务分析

市场细分是指在消费需求差异性的前提下,以消费需求中的某些特征或变量为依据,把消费群体区分为不同需求的两个或两个以上的消费群体。企业只有在充分了解自身产品特色和市场状况的情况下,找出市场稀缺的份额,才可能有的放矢,避免同别的企业硬碰硬。

知识对接

一、市场细分的概念

(一) 市场细分含义

世界上任何一家企业都无法完全满足整个市场的需求,也不能随时随地满足任意消费者的具体需要。面对消费者的消费心理、购买习惯等各方面的差别,对于同一款产品的消费需求也极有可能差异很大,而企业又受到资源、人才、技术等制约,不可能让同一款产品去满足所有的消费需求。因此,企业要通过一段时期的市场营销调研,了解消费者需求构成,依据一定标准将消费者区分成若干群体,做到对市场的有效细分。市场细分是企业目标选择的前提,好的市场细分会给企业市场开拓带来事半功倍的效果。

(二) 市场细分的条件

1. 市场细分的前提——消费者的需求具有异质性

在一个拥有众多消费者的市场,如果所有消费者对某一种产品的需求是完全相同的,即无差异需求时,那么市场无须进行细分。但是,如果消费者的需求不同,那么每一种有特色并拥有一定消费者群体的需求都可视为一个细分市场。企业的市场营销部门如果能有针对性地满足具有不同特色的消费群体需求,则是最为理想的。但这种情况在现实情况中确实是极难实现的,因为这需要受到许多营销因素(如企业预期利润目标)的制约和影响。一般情况下,营销人员会按照"求大同,存小异"的原则来归纳这些不同需求。

2. 市场细分的外在条件——企业资源的有限性和市场竞争的客观性

地球上的任何国家都需要通过国际贸易来改善本国经济环境。同理,任何企业都存在着资源的有限性,而有限的资源是不可能满足消费者的所有需求的。另一方面,企业无时无刻不面对着市场竞争的压力,市场竞争的客观存在要求企业必须集中资源服务于目标市场。

 **相关链接**

"一带一路":深受欢迎的国际公共产品和国际合作平台

党的二十大报告指出,"共建'一带一路'成为深受欢迎的国际公共产品和国际合作平台",要求"推动共建'一带一路'高质量发展"。

目前,中国与147个国家和32个国际组织签署200余份共建"一带一路"合作文件,并且"一带一路"被写进联合国决议,已成为全球共识。这不仅加强了中国和周边地区和国家的经贸往来,更促进了国际宏观经济政策的协调,为全球发展注入稳定性。"六廊六路多国多港"主要架构正在形成,一批标志性项目取得实质性进展,亚吉铁路、阿联酋联邦铁路、中老铁路、雅万高铁等项目让世界瞩目。中国与"一带一路"沿线国家进出口总值由6.5万亿元增长至11.6万亿元,年均增长7.5%。截至2021年末,中国发起设立的亚投行已批准158个项目,累计投资总额达319.7亿美元,已成为重要的国际金融机构。此外,中国以市场驱动企业自主选择为基础,进一步提升人民币储备货币功能与计价货币功能。"共建'一带一路'这一重大国际合作倡议能够走深走实、行稳致远,最根本的原因在于其根植于中华历史厚土、顺应时代发展大势。"在合作理念上,中国始终坚持和而不同、互惠共赢的"交朋友"观念,弘扬和平、发展、公平、正义、民主、自由的全人类共同价值,通过自身切实有效的经验帮助发展中国家,同时不排斥任何发达国家加入。更重要的是,中国以实实在在的行动帮助周边国家弥补发展过程中存在的短板,也使"全面开花"的合作成果更具可持续性。

资料来源:中央纪委国家监委网站,2022年11月25日.

思考:"一带一路"形成的市场具有什么特点?我国在共建"一带一路"过程中取得了哪些历史成就?

(三)市场细分的原则

企业进行市场细分的目的是通过定位消费者需求差异,从而取得较大的经济效益。众所周知,产品的差异化必然引起生产成本和促销费用的增长,所以企业就必须权衡市场细分得益与市场细分所增成本。在企业进行市场细分时,需要遵循以下原则。

1. 可衡量性

划分各个细分市场的标准必须是可以衡量的,如以消费者购买力和市场规模划分市场,企业就必须通过调研掌握购买力和市场规模的基本数据,而如果这些细分标准很难衡量的话,那么就无法界定市场,也就无从下手进行市场细分。

2. 可营利性

企业行为是以营利为目的的市场行为,判断市场细分成功与否的标准是新选定的细分市场容量是否足以使企业获利。如果一次市场细分不能使企业盈利,那么这样的一次市场细分可以判断为失败的行为。

3. 可进入性

企业进行市场细分必须同企业自身状况相匹配,要量力而为。可进入性表现为信息进入、产品进入和竞争进入,如果企业要付出巨大代价或以牺牲整个企业来进入这个细分市场,那么这种营销活动就是不可行的。

4. 可区分性

市场能被细分是指在观念上能被区别,并且对不同的营销组合因素和方案都有不同的反应。

二、市场细分的依据

(一) 消费者市场细分依据

在对消费者市场进行市场细分时,必须要有一定的细分标准,而影响市场细分的因素主要包括地理因素、人口因素、心理因素、行为因素4类。

1. 地理细分

地理细分是指企业按照消费者所处的地理位置或自然环境状况而进行的市场划分,如按消费者所处的国家地域、行政地区、城乡分布、地形地貌特征、气候状况、城市规模、人口密度等来细分市场。例如,防暑降温、御寒保暖之类的产品通常按照不同的气候带细分市场;家用电器、纺织品之类的产品常常按城乡细分市场;基本生活必需品、日用消费品的生产厂家则喜欢利用人口密度来细分市场。

利用地理因素细分是最常用的一种细分依据,位置靠近能给企业带来极大的便利性,有时只需一次访问就能够走访所有地方。但也应该认识到,这一细分方式是一种静态的方法,也是比较粗略的细分方式,并不一定能反映同一地区消费者需求的差异性,因此,这就需要企业在此细分因素基础上,灵活应用其他细分因素。

营销实例

凉茶也分南北

据资料表明,凉茶饮料渗透率较高的市场主要集中于南方沿海经济开放型城市,且与居民消费水平息息相关,其中深圳最高,达到了69%,然后依次是广州、厦门和武汉。南方作为凉茶文化的发源地,无论是气候因素还是文化传统方面历来都是茶饮料消费的主要市场。尤其是广东作为我国经济最发达的省份,同时也是茶饮料生产与消费最集中的地域,更是饮料厂商竞争最白热化的市场。更为值得关注的是,作为南北交界的武汉,国内四大火炉之一,居民、学生消费人口大市,经济发展迅速,南北文化的交融包容性强,一直都是商家的必争之地。目前,几乎所有知名饮料厂家都在武汉开埠设厂,作为辐射全国的工业基地。

资料来源:高超.加多宝集团有限公司品牌策略研究[D].长沙:湖南大学,2013.

2. 人口细分

人口细分是指按人口统计因素来细分市场,这些因素包括顾客年龄、性别、家庭人数、职业状况、收入情况、受教育程度、民族分布、宗教等。人口细分因素与市场规模相关,这是现实生活中比较常用的细分标准,而且在具体细分过程中,企业并不是单一应用一种人口细分因素,可能会使用多因素细分。例如,一些公司运用年龄、性别细分因素,为不同年龄和不同性别的顾客群提供不同的产品,或者采取不同的营销手段;服装、化妆品等行业采用性别和收入细分法;汽车、船舶、金融及旅游等行业则按照收入情况和职业状况细分。

但要注意,利用人口因素细分的预测价值可能会越来越低。例如,两个同样年龄、同样家庭结构和收入的人,具有完全不一样的行为和态度,就可能会表现出不同的购买习惯、产品偏好,即使对广告也可能会做出完全不同的反应。

 **营销实例**

穆斯林手表的启示

以生产钟表而著称的日本精工株式会社,为了打开中东市场,派出专门调查组深入该地区调查研究,发现那里的教徒按时进行祈祷,便设计和生产出一种"穆斯林手表"。这种手表能把世界114个城市的时间转换成穆斯林圣地——麦加的时间,每天隔一定时间,鸣响5次,与教徒规定的每天5次祈祷的时间相同。该表投放阿拉伯国家市场后,备受当地人的欢迎,迅速占领了市场,精工也由此发了大财。

资料来源: 姜继兴. 穆斯林手表的启示[J]. 经济管理,1995(10).

思考: 精工手表是怎么打开中东市场的?

3. 心理细分

消费者消费状况很可能受到情绪、习惯、个性等心理要素的影响。心理细分就是指按消费者的心理特征进行市场细分,主要包括消费者的生活方式、性格、情绪、媒介影响方式、品牌偏好等。例如,某服饰按照生活方式细分,可能发现市场上有简朴装、时髦装等。

 **营销实例**

银行移动支付业务

近年来,移动支付作为新兴电子支付方式以其快捷方便的特点契合了大众消费心理,并深刻改变了大众的支付习惯。人民银行相关会议提出,要拓展移动支付应用场景,优化支付基础设施功能。

银行是重要的支付服务主体,其移动支付业务起步较晚,从近年的数据来看,银行的支付业务在使用频率上与第三方支付机构相比差距较大。第三方支付机构利用其客户资源优势逐渐改变了消费者的消费行为和支付习惯,相继抢占餐饮、商超、住宿等商业银行业务传统支付场景。在移动支付市场领域,商业银行与第三方支付机构的竞争进入白热化阶段。商业银行努力拓展移动支付业务,加强与特约商户、互联网企业、通信运营商合作,陆续推出聚合支付产品,以占据更多场景的移动支付市场份额,积极融入被第三方支付机构占得先机的生产生活场景。

思考: 请结合消费者的消费心理和消费行为,讨论银行机构移动支付发展面临哪些挑战?

4. 行为细分

行为细分是指按消费者在市场上的消费行为因素来进行市场细分,主要包括购买动机和使用动机、使用者状况、追求的利益、使用频率等。很多企业利用这种细分因素寻找市场机会,它们认为这一因素是构建细分市场的最好起点。例如,按用户进入市场的程度,可以将一种产品的顾客区分为经常购买者、首次购买者和潜在购买者等不同群体;按消费的数量来细分市场,可将许多商品的经常用户进一步细分为大量用户、中量用户、少量用户3个消费群体;根据用户对品牌的偏好状况,可以将一种产品的用户区分为单一的品牌忠诚者、几种品牌的忠诚者、无品牌的偏好者。

营销实例

宝洁产品的多样化

不同的消费者对同一产品追求的利益是不同的,偏好也不尽相同。产品的不同功效会满足不同消费者的利益需求。在美国市场上,宝洁拥有8种洗衣粉品牌,6种肥皂品牌,4种洗发水品牌和3种牙膏品牌。以洗发水为例,4个品牌皆有不同的定位,如飘柔的"柔顺头发",潘婷的"健康且富含维生素B5",海飞丝的"有效祛除头屑",维达沙宣的"使头发柔亮润泽"。通过这种将一个品牌同一种特殊产品的特性和功能联系起来的方式,宝洁不仅成功地加强了品牌在顾客心中的印象,而且在洗发水市场上取得了良好的声誉,有助于将来引进新产品的推广。

资料来源:高云燕. 宝洁公司的市场细分策略[J]. 科技情报开发与经济,2007(5).

(二) 生产者市场细分依据

在很多情况下,用来细分消费者市场的标准同样也可以用来细分生产者市场,如根据地理、追求的利益和使用率等因素加以细分。不过,由于生产者与消费者在购买动机与行为上存在一定的差别,因此,除了运用前述消费者市场细分标准外,还应该根据具体情况运用一些新的标准来细分生产者市场。

1. 用户规模

在生产者市场中,有的顾客购买量很大,而另外一些顾客的购买量则很小。企业必须根据顾客规模的大小来细分市场,并根据顾客细分的规模不同,制订不同的营销策略方案。例如,把顾客分为大、中、小的客户,对于大、中客户,应该直接联系、直接供应,在价格、信用等方面给予众多优惠倾斜;而对众多的小客户,则应该让产品进入商业渠道,由批发商或零售商去组织供应。

2. 产品的最终用途

产品最后一个环节的用途不同也是生产者市场细分的标准之一。例如,工业品用户购买产品一般都是以再加工为目的,对所购产品通常都有特定的要求,但对于超市等组织来说,很多商品则是直接售出。

3. 用户的购买状况

工业用户购买的主要方式包括直接重购、修正性重购及新任务购买。不同的购买方式的采购程度、决策过程等都不一样,因而可以将整个市场细分为不同的小市场群。

三、市场细分的过程

(一) 选定产品的市场需求范围

产品市场范围是指潜在的顾客群体规模大小。企业进入什么行业,准备生产什么,都应以市场的需求而不是产品特性来决定,并且产品市场范围应尽可能全面。例如,工薪阶层和白领阶层在购房过程中可能会因收入差别,而做出不同决策。

(二) 确定一种或两种以上的市场细分依据

1. 列举潜在顾客的基本需求

企业的市场营销部门应该聘请专家、有经验的职员通过"头脑风暴法"从地理、人口、心理和行为4个方面的标准出发,大致估算一下市场潜在的顾客有哪些基本的需求,如刚开始出现或将要出现的消费某种香水的需求。

2. 分析潜在顾客的不同需求

首先,对所列举的需求进行总结分类,按照不同依据对顾客进行分类;其次,设计调查问卷,进行市场调查;最后,对问卷进行统计分析,通过分析数据、资料划分顾客的不同需求差异,筛选掉潜在顾客的共同要求。

(三) 根据异质需求细分市场

企业找到差异性需求之后,就应该把差异性需求相对应的消费者细分标准或生产者细分标准作为市场细分因素。确定了所有的细分因素后,运用合适的细分方法,把市场划分为不同的消费群体或子市场,并结合各个子市场的用户特点赋予每一个子市场一定的名称,在分析筛选中形成一个简明的、容易识别和表述的细分概念。运用一定的统计方法,按对用户的购买行为影响程度的大小对变量进行降序排列,从而找出最合适的标准。

(四) 放弃那些较小且无利可图的细分市场

细分市场是为了找到能给企业带来发展壮大的得利渠道。排除重复细分市场、较小且无利可图的市场,可以让企业集中资源开发有利市场,寻求突破。

(五) 合并较小的与其他需求相似的细分市场

有时候一些较小的细分市场可能存在一定的相似变量,也就是存在一定的共性,如果能把这些细分市场合并,或者拆分内部需求差异较大的细分市场,把那些相似的市场合并,也可以为企业发展带来一个腾飞的机遇。

(六) 评价细分市场规模

企业进行了细分市场,并不是说就万事大吉了,还必须对细分市场进行相应评价。这时主要应考虑3个因素,即细分市场所达到的规模和未来发展前景、细分市场结构的吸引力、企业的目标和拥有的资源。

 模拟工作任务实操

假设你是王斌,请完成"任务引入"中的任务"如何对海南市场进行市场细分?"

实操步骤

① 了解王斌所在公司的情况,对该公司内部资源和能力进行分析,列明:有形资源:财务资源、实务资源;无形资源:技术资源、商誉、品牌、产品质量等;人力资源:员工的教育、技术和专业资格、员工报酬、员工流失率等。

② 了解海南气候特点、人文环境、风俗、文化和消费者地理、人口、心理和行为等因素。选定产品的市场需求范围、确定一种或两种以上的市场细分依据。

③ 进行市场细分,讨论哪些是较小且无利可图的市场,放弃那些较小且无利可图的细分市场。合并较小的与其他需求相似的细分市场。评价细分市场规模,形成市场分析报告。

任务总结

任务二 选择目标市场

任务引入

王斌在进行市场细分的过程中,发现市场有很多不同的消费群体,每个消费群体都可以作为一个营销点,那么他该如何选择一个合适的切入点呢?

任务:如何选择一个合适的目标市场模式及目标市场策略?

目标市场的选择是伴随着市场细分的过程的,是指企业营销活动所能够满足的有相似需要的消费者群体,即企业决定要进入的那些市场。王斌可以根据企业发展目标来考虑选择目标市场,并根据选择的模式制定相关目标市场策略。

 知识对接

一、选择目标市场

企业在划分好细分市场之后,并非所有的细分市场都具有同等的吸引力,企业也没有那么多资源来同时进入所有的细分市场。相反,企业必须选择进入既定市场中的一个或有限个细分市场,而选定的市场是最有营销价值的、最适合企业当前状况的子市场,即目标市场。选择目标市场,明确企业要为哪一类顾客服务,满足他们的哪一类需求,是企业在营销活动中的一项重要策略。一般情况下，企业选择目标市场可以有5种模式。

（一）市场集中化

这是指企业选择一个优质细分市场后，应集中所有力量进行营业推广。一些较小的企业一般利用这一模式来专门填补市场的某一部分。集中营销使企业深刻地了解该细分市场的需求特点，采用最合适的产品、价格、渠道和促销的营销策略，从而获得较好的市场地位和良好的声誉。但企业把所有资源投入到一个细分市场上，容易造成"把鸡蛋放在一个篮子里"的风险。在现实中，娃哈哈、乐百氏、康柏、三联书店等企业在弱小的时候都采取过这种模式，取得了较好的成绩。

（二）产品专门化

这是指企业集中生产单一种类的产品，并向所有消费者销售这种产品。例如，服装生产商向青年、中年和老年男性消费者销售某一低档衬衣，而不生产消费者需要的其他档次的服装。这样，企业在低档服装产品方面就能树立起较高的声誉。但这样也存在着一定的风险，如一旦出现其他品牌的替代品或服饰时尚的偏好变化，企业将可能面临巨大的威胁，甚至被其他企业抢占目前所拥有的市场。当然，在现实中，海尔冰箱、长虹电视、福特汽车、可口可乐等企业都利用过这种模式获得了巨大成功。

（三）市场专门化

这是指企业在市场细分过程中，当发现有一些特定顾客群具有同企业相一致服务范围，而且具有较大的发展潜力时，那么企业对这一特定顾客群将尽力满足他们的各种需求。例如，企业专门为老年男性消费者提供各种档次的服装，而对其他年龄段顾客则不予提供。企业专门为某一特定顾客群服务，能够建立良好的声誉，但是一旦这个顾客群的需求潜量降低和需求特点发生重大、突然的变化，企业可能要承担较大风险。

（四）有选择的专门化

这是指企业选择若干个细分市场，而每一个细分市场对企业的目标和资源利用都有一定的吸引力，但各个细分市场彼此之间可能存在很少或根本没有任何联系。这种模式能分散企业一定的经营风险，降低"把鸡蛋放一个篮子里"的风险，就算其中一个细分市场失去了吸引力，最后被迫退出这个市场，企业也还能在其他几个细分市场上盈利获益。

（五）完全市场覆盖

这是指当企业实力雄厚且为占据市场领先地位的时候，将采取这种模式，即力图用各类产品满足各种顾客群体的需求，即以所有的优质细分市场作为目标市场。例如，服装生产商为不同年龄阶段的顾客提供各种不同档次的服装。在现实中，IBM公司在计算机市场、可口可乐公司在饮料市场就曾利用过这种模式获益。

二、目标市场策略

企业在选定目标市场模式之后,还需要考虑选择何种目标市场策略,采取哪种方式进入目标市场,实现目标市场的有效性。目标市场策略包括以下3种。

(一)无差异市场营销策略

所谓无差异市场营销策略,是指企业把一类产品的共性看作整个市场的营销组合策略,不考虑单一细分市场的特殊性,只考虑满足这种共性。这是一种求同存异的营销策略,旨在通过大规模的生产和经营,产生规模经济效益,降低生产和销售成本。但由于不考虑不同国家风俗习惯、不同顾客需求偏好的差异,可能会丧失许多很好的市场机会。

这种策略的优点是大规模生产下的低成本。第一,单一产品线可以产生相对的规模经营效益,储存和运输也会相对方便和快捷,广告宣传及物流配送等都集中在一种产品上,有利于强化品牌的形象;第二,单一产品线可以减少生产、存货及运输成本;第三,无差异的广告计划能使企业在大量使用下而获得媒体一定的价格折扣;第四,不必进行市场细分化过多的营销研究与规划,只要专心经营好一种产品即可,这样可以降低相应的营销研究成本与管理费用。它的缺点是:实行无差异营销的直销商一般要针对整个市场,这一战略很容易让人模仿,而当同行中许多人如法炮制之后,可能会发生整体市场内竞争过度。

这一策略适用于刚起步的企业,可以在刚刚开发的新市场中采用无差异化营销,等到取得一定成功和发展后,再选择其他营销策略。

 营销实例

北方通化如何拿下南方市场——无差异市场营销策略

通化葡萄酒股份有限公司作为中国最早的葡萄酒生产企业之一,是具有80余年历史的老企业,很多人对于通化的老红梅葡萄酒记忆犹新。很多的消费者尤其是50、60、70后,甚至80后,对于老红梅葡萄酒有着很深的感情。作为1949年国宴用酒,1959年国庆十周年用酒,老红梅红透了大江南北,是几代人的味觉记忆。很多消费者在市场上寻找老红梅,就是为了找寻往日的记忆。

北方通化始终坚持民族的味道不能变,80年来,老红梅的山葡萄酒配方没有变,酿造方式和酿造工艺没有变,零售价不超过50元。目的就是固守原本的味道,让消费者能够找到旧时的口味,这就是迎合市场。老红梅单品每年销售4 000万元,这就证明了市场需要这款酒,北方通化也会以品质为先,继续坚守老红梅的味道。

资料来源:何为民.北方通化是如何拿下南方市场[N].华夏酒报,2019(A13).

思考:在目标市场选择过程中,除了具备专业知识,还需要具备哪些知识?

（二）差异性市场营销策略

差异性市场营销策略就是把整个市场细分为若干个子市场,针对各个不同的子市场,设计出不同的产品,制定相应的不同的营销策略,满足不同细分市场的顾客需求。例如,电脑生产商针对不同性别、不同收入水平的消费者生产出不同档次、不同颜色、不同价格的电脑产品来满足消费者的需求。

这种策略的优点是:能满足不同顾客的不同要求,有利于扩大营销范围,占领更大的市场,提升企业的声誉。它的缺点是:由于产品及促销方式等差异化,所以增加了管理的难度,提高了生产成本和销售费用。这种策略适用于一些力量雄厚的大企业,小企业选用时要慎重。

 营销实例

北方通化如何拿下南方市场——差异化市场营销策略

迎合当今国人不同的餐饮追求。

一是满足健康的餐饮需求。

随着改革开放不断深入,人们生活水平不断提高,中国消费者对健康养生的追求也在不断提高。如何让酒文化向健康养生方向转变、延伸,也是葡萄酒企业探寻的发展之路。

长白山有着极其丰富的野生山葡萄资源,营养价值丰富。研究表明,山葡萄原酒中白藜芦醇及各种微量元素的含量远远高于普通酿酒葡萄,尤其是镁、锌、硒、铬等重要功能性微量元素较高,保健功能更显著。所以,以山葡萄为主要原料的通化葡萄酒更符合当今国人的健康需求。

二是符合区域性的饮食偏好。

通化市与台州市建立了对口合作关系。近年来,通化的特产广泛销往台州市场。通化葡萄酒股份有限公司发现,台州作为海鲜为主的餐饮城市,海鲜应该搭配干白酒,但是当地消费者恰恰更喜欢干红酒,所以通化葡萄酒股份有限公司针对台州市场开发了北冰红干红山葡萄酒,受到了当地消费者的推崇,产品往往供不应求。而且,台州消费水平较高,中高端葡萄酒市场销售量很大,这对于生产企业是很好的商机。

三是与地方性的餐饮搭配融合。

通化葡萄酒以甜型酒为主,而我国云贵川湘一带喜食麻辣,甜型葡萄酒恰巧能够起到解麻解辣的作用。针对云贵川市场,通化葡萄酒股份有限公司开发了一系列的冰酒、甜酒、山葡萄起泡酒,和麻辣口味的菜系相得益彰。所以,通化葡萄酒股份有限公司的甜型酒在云、贵、川、湘一带市场销售情况非常好。

四是满足一定消费群体的餐饮喜好。

例如,女性消费者喜欢甜食,通化葡萄酒股份有限公司针对女性消费者开发了一款采用威代尔酿制的甜白葡萄酒,而且取了一个特别浪漫的名字——"爱在深秋"。这款产品具有丰富的花香和热带水果香气,非常受女性消费者的欢迎。据市场调查,品尝过这款酒的女性,90%以上都对这款酒情有独钟,所以这款单品每年销售都在3 000万元以上。

通化葡萄酒股份有限公司针对不同的餐饮需求,灵活地开发不同的产品。市场是关键,迎合了市场需求,企业才有更大的生存空间。

资料来源: 何为民.北方通化是如何拿下南方市场[N].华夏酒报,2019(A13).

思考: 在目标市场选择过程中,除了具备专业知识,还需要具备哪些知识及职业素养?

(三) 集中性市场策略

集中性市场策略是指在细分后的市场上,企业选择一个或少数几个优质细分市场作为目标市场,实行专业化的生产方式和销售模式。仅仅在个别少数市场上集中企业力量发挥优势,提高市场占有率,采用这种策略的企业应对目标市场有较深入的了解。一般情况下,大多数中小型企业常采用这种策略。

集中性市场策略的优点是:能集中企业优势力量抢占市场,有利于产品适销对路,降低成本,提高企业和产品的知名度。它的缺点是:可能存在较大的经营风险,因为这种战略的目标市场范围较小,品种较单一,如果目标市场的消费者需求和爱好发生了巨大变化,企业就可能因为应变不及时而陷入困境。另外,当强有力的竞争者的产品进入目标市场时,企业将要遭受到严重的影响。因此,许多中小企业为了分散经营风险,仍会选择一定数量的细分市场作为自己的目标市场。

营销实例

名副其实的"尿垫大王"

尼西奇股份公司在20世纪40年代末期曾面临破产的危险,但有一次,它从日本政府发表的人口普查资料中得到启发。它认为,日本每年大约有250万个婴儿出生,尿布是不可缺少的,如果每个婴儿用2条,全国一年就需要500万条,这是一个多么广阔的市场啊!像尿布这样的小商品,大企业根本不屑一顾,而小企业的人力、物力和技术尽管有限,但如果能独辟蹊径,必定有所作为。商品不在于大小,只要市场需要,同样能成为畅销货,做成大生意。基于这样的考虑,尼西奇股份公司当即做出了决策:专门生产小孩的尿垫。

然而,尼西奇公司首先遇到了打不开销路的困难。虽然尿布的市场十分广阔,消费者也很需要,但就是卖不出去。这是什么原因呢?原来,日本各地的服装批发商以经营四季时装为主,根本不把尿布放在眼里,如此造成了尼西奇公司的产销脱节现象。为了解决销路问题,尼西奇公司决心花大力气建立自己的销售网络。它们在东京、横滨等大城市建立了分公司和流通中心,在一些中小城市则建立了营业所,尼西奇总公司通过这些分支机构与日本322个大百货公司、106个零售团体、104家批发公司、3 135个超级市场、3 430家特约专业零售商店直接挂钩,建立起庞大的销售网,并通过这种销售网使尼西奇公司与每个家庭建立了联系。为了促销,它们还在销售中心和营业所聘请一些三十几岁带过婴儿的妇女担任销售宣传指导,为用户提供可靠的技术咨询。与此同时,公司也从她们那里定期收集用户对产品质量、性能、规格的意见,不断改进产品,进一步打开市场。为增强尼西奇尿垫的竞争实力,尼西奇公司精益求精地做产品,以扩大销售市场。尼西奇尿垫经历了3代,第1代产品与前几年中国市场上供应的婴儿尿布差不多,用一层布料做成,适应性差;第2代产品在外观上做了一些改进,除一层布料的尿布外,还将外面一层做成一条小短裤,有松紧带,从颜色上可分辨男女;第3代产品把尿布改为3层,最里层是棉、毛、尼龙的混合织物,外层是一条漂亮的小短裤,从而解决了吸水、透气问题。

就这样,经过几十年的努力,尼西奇公司依靠独特的经验理念,从不起眼的冷点着手,终于使小小的尿垫成为与丰田汽车、东芝彩电、夏普音响一样有名的商品。在日本婴儿所使用的尿垫中,每3条中就有2条是尼西奇公司生产的,使该公司成为名副其实的"尿垫大王"。

资料来源:万志强. 名副其实的"尿垫大王"[J]. 生意通,2011(6).

思考:尼西奇公司是如何成为尿布大王的?是什么因素促使其获得了成功?

总之,以上3种目标市场战略各有利弊。随着时代的发展,企业内部条件和外部环境的不断发展变化,企业在选择目标市场时,必须要考虑企业面临的各种因素和现实状况,如企业规模大小和原料的供应距离、产品类似性、市场潜力、竞争者状况等。经营者只有通过不断的市场营销调查和预测,掌握和分析市场变化趋势与竞争对手的状况,扬长避短,发挥自身优势,把握时机,采取灵活地适应市场态势的策略,才能在未来争取更大的经济效益。

模拟工作任务实操

假设你是王斌,请完成"任务引入"中的任务"如何选择一个合适的目标市场模式及目标市场策略?"

实操步骤

① 了解公司自身状况,对公司内部资源和能力进行分析。了解公司产品特点和未来的发展规划,确定目标市场选择方向。分析公司核心竞争力、主要盈利产品,确定可以进入的目标市场。

② 分析目标市场策略,了解无差异市场营销策略、有差异的市场营销策略、集中性市场营销策略的优缺点。

③ 结合公司产品特点和公司未来的发展规划,结合王斌所在公司情况,确定目标市场。

任务总结

任务三 明确市场定位

任务引入

王斌在完成目标市场选择以后,却发现并不是他选择了目标市场后把产品推入市场,消费者就一定会接受。这需要一个过程,而推动这个过程的第一步就是明确表达产品的市场定位。

任务:如何明确产品市场定位?怎样才能避免错误的市场定位,正确地进行市场定位?

任务分析

企业完成了目标市场的选择之后,通过调研方式了解目标市场的竞争状况,就要及时考虑进入目标市场的切入点了,以便树立企业独特的形象,而新形象与竞争者的区别是企业的市场定位问题。所谓市场定位,是指企业根据目标市场上竞争者产品所处的位置,针对消费者对该产品某些特征或属性的重视程度,塑造本企业产品独特的、能给人印象鲜明的个性或形象,并把这些个性或形象生动地传递给消费者,得以在市场上立足。

知识对接

一、市场定位原则

由于每一个企业经营的产品不同,面对的消费者也不同,所处的竞争环境也可能不同,因此市场定位所依据的原则也应有所不同。一般情况下,市场定位所依据的原则有以下4点。

(一)根据具体的产品特色定位

构成产品内在特色的众多因素都可以拿来作为市场定位所依据的原则,如产品中所含成分、使用材料、产品质量、贩卖价格等。在现实中,有很多产品利用自身与众不同的特色获得成功,如"泰宁诺"止痛药的定位是"非阿司匹林的止痛药",这一定位展现了它含有与以往止痛药有本质差异的成分。因此,世界上没有两片相似的树叶,如果不锈钢餐具与纯银餐具定位相同,那是令人难以置信的。在产品定位中,企业必须找准自身独有的特征,在营销过程中凸显这种不同的特色,吸引消费者的注意。

(二)根据不同的使用场合及用途定位

产品在不同的场合可能有不一样的用途,不管是老产品还是新产品的用途都不是一成不变的,企业需要通过调查及时了解产品的新用途,不断改变经营策略,重新塑造产品形象。例如,小苏打曾经被广泛地用在家庭的除臭和烘焙上,但随着时代的发展,逐渐由很多新的产品代替了小苏打的上述功能,而有的企业却开发出了它不一样的用途,如有的饭店把它当作了调味汁和肉卤的配料。又如,时代观念在发展,人们在最初购买月饼时也许仅作为家庭过节休闲食品,后来很多企业发现人们购买高档月饼并非自己食用,而是为了送礼,于是很多公司纷纷推出众多品牌、口味的月饼,将之定位为礼品。

(三)根据顾客得到的利益定位

产品提供给顾客的切切实实的利益是顾客最能直接感受和体验到的,企业也可以借此当作定位的依据。例如,现实生活中,很多男性喜欢喝啤酒,可往往会造成大腹便便的样子,这让喜爱喝啤酒的男性很为自身的外形苦恼。美国人米勒于1975年推出了一款低热量的

Lite牌啤酒,并将此定位为喝了并不会发胖的啤酒,迎合了那些经常饮用啤酒而又担心发胖的人的需要。又如,现实中很多女性都喜欢吃蛋糕,可是又为蛋糕所含的热量吓坏,因此,很多蛋糕店推出了低糖、无糖蛋糕吸引顾客。

(四)根据使用者的类型定位

企业经常将其产品指向某一种特定的使用者,以便依据这些顾客的看法塑造恰当、美好的形象。例如,美国米勒啤酒公司曾将一款"高生"啤酒定位为"啤酒中的香槟",居然吸引了众多不常饮用啤酒的高收入女性,后来经过调查又发现,其中占30%的狂饮者大约消费了啤酒销量的80%。于是,该公司迅速在广告中展示石油工人钻井成功后狂欢的镜头,以及年轻人在沙滩上冲刺后开怀畅饮的镜头,塑造了一个"精力充沛的形象",从而成功地占领美国啤酒狂饮者市场达10年之久。

总之,许多企业进行市场定位依据的原则并不止一个,而是同时使用多个原则,这样才能体现企业及其产品的形象,从而多维度、多方面地定位市场。

二、正确的定位策略

市场定位是一种设计公司产品和形象的有效行为,能使得公司明确相对于竞争者自身在目标市场中的地位。企业在进行市场定位时,应慎之又慎,要通过反复调查和研究,找出最合理的着手点。

(一)避强定位

古语道:"伤敌一千,自损八百。"企业面对强有力的竞争者,并非要硬碰硬地对战,而是可以将自己的产品定位于另一市场的区域内,使自己的产品在某些特征或属性方面与强势对手有明显的差异。这种策略可使企业迅速在市场上站稳脚跟,并在消费者心中树立起一定的形象。由于这种做法风险较小,成功率却很高,因此很多企业都采用这种定位策略。

乡村产业发展差异化定位——海口昌学村动漫小镇

2022年6月,通过海口市龙华区政府引入的产业公司流浪草动漫一年多的努力,并在龙桥镇政府的大力协助下,首批83位漫画家顺利进驻挺丰村委会下辖的昌学动漫古村,由政府作为"筑巢引凤"之用修建的创作大楼正式启用。截至目前,已经吸引近110位漫画家入驻,并引入了海南漫景文化旅游有限公司、裕膳门(海南)食品有限公司、海南尚行影视有限公司、武汉烛天动漫科技有限公司、上海懿芙广告有限公司和武汉优游互娱科技有限公司等41家成员公司。

动漫产业的兴起,让昌学村焕发活力。不仅为动漫行业小微企业创业、动漫产业链整合、文化金融、粉丝经济及流量开发利用、招商引资带动乡村振兴提供帮助。入驻的漫画家给村子带来了更多人气,一栋栋新修的建筑增添了现代文化气息,因动漫小镇建设而盘活的闲置农房、新增的就业岗位吸引许多外出工作的村民回到家乡,在家门口吃上"产业饭"。

挺丰村乡村振兴工作队队长吴坤林表示,截至目前,动漫主题集市、动漫主题农场、动漫主题生态餐吧、椰雕文化体验园、动漫便利店等业态逐步形成。希望将动漫小镇项目打造成为集知识性、娱乐性、社交性为一体的农村文旅景点,也成为人才聚集、产业兴旺、带动村集体经济共同发展的乡村振兴示范项目。

资料来源:海口昌学村动漫小镇已吸引近110位漫画家入驻.腾讯网.

思考:如何打造乡村振兴产业?

(二)迎头定位

市场竞争机会转瞬即逝,有时候企业要根据自身的实力和所处的地位,为占据较佳的市场位置及发展前景考虑,不惜与市场上占统治地位、实力最强或较强的竞争对手发生正面抗争,从而使自己的产品进入与对手相同的市场位置。由于竞争对手强大,所以这一竞争过程往往相当激烈和引人注目。但这种策略也能让企业及其产品能较快地为消费者认知,达到树立市场形象的目的。这种策略可能引发剧烈的市场竞争,存在较大的市场风险,因此,企业必须知己知彼,了解市场容量,正确判定凭自己的资源和能力是不是能同竞争对手平分秋色,甚至做得更优秀。

营销实例

面对面的战斗

康师傅的成功,仿佛是统一成功经历的大陆版本,由一碗方便面起家,通过食品业的多元化发展壮大。只不过,这是不同地点、不同角色演绎的另一段传奇。在内心深处,康师傅至今仍对统一心存感激。没有统一,康师傅或许就没有今天在大陆的业绩。自康师傅进入大陆的那一天起,就注定要与统一狭路相逢——相同的成长背景、相近的产品特性,又同在大陆打拼市场。在与统一的较量下,康师傅不但成为方便面的大赢家,同时在茶饮料、果汁饮料市场都已走在同行的前列。康师傅方便面的产能为目前有生产线100多条,2002年销售方便面60亿包,市场占有率40.6%;统一在大陆有方便面生产线50条,市场占有率约为17.9%。饮品方面,康师傅2002年销售11亿瓶,2003年期望达到18亿至20亿瓶;统一中国计划将6条生产线增加到12条,意欲抢夺20%的市场份额。

资料来源:王媛.康师傅肉搏统一:面对面的战斗[J].人民文摘,2013(2).

(三)重新定位

企业发布的新产品并不是每次都会受到消费者青睐,失败的原因可能有多方面,不能排除定位失败的原因。重新定位策略正是用于企业对这种销路少、市场反应差的产品进行二次定位。初次定位后,如果由于顾客的需求偏好发生转移,市场对本企业产品的反应冷淡,或者由于新竞争对手进入市场,选择了与本企业相近的市场定位,这时企业就需要对其产品进行重新定位。一般来说,重新定位是企业是摆脱经营困境、寻求新的活力的有效途径。

 营销实例

突出重围的罐装王老吉

罐装王老吉原有的定位模糊,产品诉求点不够突出。原来的广告概念是"健康家庭,永远相伴"。这个广告没有突出罐装王老吉的独特性,消费者不能从广告中看出它的差异性,以为罐装王老吉像王老吉其他系列产品一样,是一种治病的药茶。还有些消费者,如温州的消费者,将罐装王老吉与菊花茶之类的饮料相提并论。广告诉求的模糊性导致了消费者认知上的模糊,于是,不同的消费者对罐装王老吉存在不同的认识,有些人认为它是药,有些人认为是茶饮料。这种认知上的模糊性导致罐装王老吉陷入一种两难困境。

为了将产品打入市场,需要了解全国各地的消费者购买罐装王老吉的真正原因。公司经过缜密的市场调查后发现:广东消费者一般在吃烧烤或体育活动之后饮用红色王老吉,他们认为"吃烧烤时喝一罐,心理得到安慰""只要上火不是太严重,没必要喝凉茶铺的凉茶";在温州等地,消费者更担心上火,他们的饮用场合多集中在"外出就餐、聚会、家庭",认为可口可乐是"会上火"的危险品,而红色王老吉"不会上火";在北方和西部地区,由于中医文化的影响,人们对"上火"概念的认知度普遍很高,他们上火之后,往往要吃牛黄解毒片,但对药的忌讳让他们不会轻易去吃。

根据调查结果,产品再定位的调整策略如下。

1. 突出"饮料"诉求点。在第一阶段的广告宣传中,王老吉以轻松、欢快的形象出现,强调正面宣传,避免出现症状式的恐怖诉求,把罐装王老吉和保健品区分开来。同时,任何一个品牌定位的成立,都必须是该品牌最有能力占据的,即有据可依,如可口可乐说"正宗的可乐",因为它就是可乐的发明者。红色王老吉以"凉茶始祖"身份、神秘中草药配方、176年的历史等,也有能力占据"预防上火的饮料"的市场。

2. 强调"上火"概念,淡化"凉茶"概念。由于"上火"是一个全国性的中医概念,而不仅仅像凉茶概念那样局限于华南地区,这就打破了罐装王老吉地域品牌的局限。同时,罐装王老吉的直接竞争对手,如菊花茶、清凉茶等由于缺乏品牌推广,仅仅是低价渗透市场,并未占据"预防上火"的饮料定位;而可乐、茶饮料、果汁饮料等不具备"预防上火"的功能,仅仅是间接的竞争者。

3. 区分同竞争对手的市场定位。在市场上没有同类产品时,避免传播王老吉的悠久历史,把罐装王老吉和王老吉药业的产品区分开来,同时强调罐装王老吉"预防上火"的功能。在广告中,罐装王老吉常常同火锅、烧烤等容易上火的享乐活动挂钩,力图使消费者产生这样的印象:罐装王老吉是此类享乐活动的必备饮料。这就使罐装王老吉具备了可口可乐、康师傅茶饮料等所不具备的特性,成功地完成了罐装王老吉的市场区隔。

资料来源:陈建勋.重新定位,突出重围——罐装王老吉在全国迅速蹿红的营销分析[J].中国物流与采购,2005(7).

思考： 讨论罐装王老吉是如何突出重围的？讨论如何挖掘和宣传中国传统产品？通过阅读该案例，你在市场定位知识学习过程中得到了哪些启示？

（四）创新定位

创新定位是指寻找那些新的未被占领且有一定潜在市场需求的位置，然后填补市场上的这些空缺，生产市场上没有的且具备某种特色的商品。例如，日本的索尼公司曾经就利用这一定位，生产索尼随身听等一批新产品填补了市场上迷你电子产品的空白，并进行极大的创新，使得索尼公司的商品即使在战争时期也能迅速发展，最终成了世界级的跨国公司。但是，采用这种定位方式时，企业必须明确创新定位所需的商品在技术上、经济上等是否具有可行性，是否有足够的市场容量来接纳商品，能否为公司带来合理且持续的收益。

营销实例

定位与跨界创新

在互联网时代，到底是定位竞争还是跨界创新？按照传统的产业组织理论，企业在行业内的位置决定了其竞争优势。在"定位"方法论里，品牌创建于消费者的心智之中，每个成功品牌都应该在用户心中建立起独特的定位。百度、阿里巴巴、腾讯代表了国内互联网市场的发展，三者的"定位"泾渭分明。百度连接人与互联网、智能硬件、电商平台3个领域的生态圈；阿里巴巴连接人与商品；腾讯连接人与人。但事实上，百度不仅有搜索业务，阿里巴巴也凭借支付宝进入金融服务领域，腾讯更是依靠跨界创新思维来同阿里巴巴里展开竞争。例如，腾讯构建"腾百万"的"正面战场"，持续的互联网"红包"大战，就是腾讯生态系统对阿里巴巴生态系统的侵蚀。虽然跨界可能会侵犯别人的领地，但跨界可以促进创新。互联网企业的成长战略，除了"定位"，更重要的是如何保持和扩大用户"黏性"，一方面要把这些用户留在自己的平台中，另一方面还要让这些用户消费平台上的互联网服务和产品。

资料来源： 滕斌圣. 定位之后必有跨界[J]. 商界(评论)，2015(3).

思考： 定位与跨界创新之间的关系是什么？产品如何在市场定位过程中进行跨界创新？

新零售时代，市场的重新定位

三、错误的定位策略

当企业为其商品推出较多的特色点、诉求点时，可能会变得令消费者难以相信，并失去一个明确的、有效的定位。一般而言，一家企业要使得自身商品定位有效，必须避免下述4种定位错误。

（一）定位过低

有些企业的产品本身非常好，无论在质量、服务等方面都具有很大的潜力，可是在进行市场开发与定位的时候，只给消费者传达了一个模糊的印象，消费者无法真正地感觉到它有什么独特之处。消费者对这一类产品认识有限，最终选择了别的产品。

（二）定位过高

消费者可能对该产品了解得十分有限，但是企业却不遗余力地鼓吹自身产品的功效及有效点，使得消费者难以相信这种产品的特色、价格及功效等，最终对这一类定位产生怀疑。例如，很多保健产品在宣传时说能包治百病或预防疗效强大，让消费者产生了怀疑。

（三）定位混乱

企业可能出于市场多元化的目的，推出了众多的产品，可是这些产品在主题、特色方面变化太快，使得消费者产生眼花缭乱甚至混乱的感觉。由于主题、特色过多，反而让消费者并不能在第一时间抓住重点，从而失去了扩张市场的好机会。

（四）定位过宽

企业在定位产品时，定位太宽泛，过分强调大众化，不能突出产品的差异性，没有在消费者心中留下鲜明的、独特的市场印象，甚至让消费者产生山寨版产品的想法，从而失去这些顾客群体。

模拟工作任务实操

假设你是王斌，请完成"任务引入"中的任务"如何明确产品市场定位？怎样才能避免错误的市场定位，正确地进行市场定位？"

实操步骤

① 分析该公司具体产品的定位。结合王斌所在公司准备进入海南市场，讨论产品如何根据不同的使用场合及用途进行定位，根据顾客得到的利益定位，根据使用者的类型定位。

② 阅读课本，识别错误的市场定位策略，明确正确的市场定位策略。熟悉目标市场消费者购买行为特征。对王斌所在公司准备进入的海南市场消费者购买行为进行分析。

任务总结

知识测试

1. 市场细分的概念和条件是什么？
2. 市场细分的原则是什么？
3. 消费者市场的市场细分有哪些依据？
4. 组织者市场的市场细分有哪些依据？
5. 市场细分的过程是什么？
6. 什么是目标市场？它有哪几种模式？
7. 目标市场的市场战略有哪几种？

8. 谈谈无差异营销战略和差异性营销战略的异同。
9. 谈谈集中性营销战略的优缺点。
10. 市场定位是什么？企业进行市场定位有哪些原则？
11. 谈谈避强定位和迎头定位的区别。

案例分析能力测试

案例 1　华为云举办"2022 专精特新企业高质量发展论坛"，全面赋能专精特新企业融通创新

为了建设现代化产业体系，我国坚持把经济发展的着力点放在实体经济上，实施产业基础再造工程和重大技术装备攻关工程，支持专精特新企业发展，推动制造业高端化、智能化、绿色化发展。

随着专精特新中小企业聚焦主业、精耕细作，在提升产业链供应链稳定性、推动经济社会发展中发挥更加重要的作用，如何孵化培育创新型企业、加强产业化与融通协作也成为专精特新领域关注的重要课题。

2022年11月8日，在华为全联接大会期间，华为云举办"2022专精特新企业高质量发展论坛"。本次论坛以"融合至简·创新致远"为主题，各地专精特新相关政府组织机构与优秀专精特新企业高层齐聚一堂，围绕专精特新实践经验与未来机遇等内容展开探讨，共话如何助力专精特新企业、推动经济高质量发展。

会上，华为中国区副总裁、华为云中国区总裁张修征在开场致辞中指出：专精特新企业往往面临领导层面对不确定市场难以决策；研发部门研发周期趋长，试错成本高；自建IT系统，迭代适配困难，建设和维护投入攀高的问题。华为云依托与全国各地政府联合打造的150多个赋能云创新中心，为专精特新企业提供高效的融通创新对接平台。华为云已服务超5 000家专精特新企业，将自身软件开发、硬件制造、流程与IT、办公协作甚至差旅系统的变革经验和能力沉淀成为云服务，支持客户轻装上阵，快速提升生产效率、改进产品质量、加速新品导入、重构企业内外部用户体验，增强业务经营韧性。

一、政策服务齐发力，助力专精特新企业高质量发展

本次活动中，工业和信息化部中小企业发展促进中心处长童有好围绕专精特新企业发展背景、专精特新"小巨人"发展情况以及培育思路与举措3个方面，为观众带来系统性、全面性的政策解读。他介绍，为培育更多专精特新中小企业、实现高质量发展，相关部门从四方面发力：一是完善政策支撑体系，二是加大资金支持力度，三是不断创新培育举措，四是逐步优化培育环境。

为配合政府的专精特新产业培育政策，以ICT及制造业基因起家的华为将自身优势注入华为云，以"双轮驱动"产业策略来赋能和服务专精特新及中小企业。会上，华为云产业战略官张锐刚表示，专精特新企业在高质量发展的道路上，自身在成本、利润、研发、市场、合作等因素组成了推动自驱与核心竞争力"后驱"主轮，华为产业加生态则是专业驱动的"前轮"。我们在战略、研发、流程、市场、客户需求、供应链、产业生态、全球化及生产智造方面的数字化经验与能力,这些经验可以联结、分享和赋能给更多的企业,以帮助创新型中小企业成为专精特新,成为专精特新"小巨人",成长成更多的单项冠军、隐形冠军。面向各地特色产业集群,华为云也将携生态等供给数字资源,配合产业集群各地"十四五"规划发展重点,为产业集群提供专项赋能和联结,帮助更大规模的中小企业和专精特新企业解决发展路上的挑战、高质量快速数智成长。

招商证券投行委执行董事王黎祥演讲中提到,2021 年度专精特新上市公司平均 ROE 8.02%,显著高于主板、创业板、科创板的平均 ROE。目前,专精特新企业上市基本路径有 4 个重要节点:一是资产业务重组,二是股权激励,三是引入外部投资人(PE),四是新三板挂牌。从而走向成功 IPO。

二、数字化赋能,共话发展新路径

专精特新企业是我国中小企业的排头兵和领头雁,近年来大量专精特新企业积极谋求数字化转型,但人才、资金等多方面的困境将其堵在了数字化的半途。在这一情形下,低代码技术应运而生,凭借其简易、敏捷、高效的可视化应用开发特质,为专精特新企业构建全链路的数字化体系带来了机遇。

活动上,奥哲创始人兼 CEO 徐平俊受邀出席,并发表主题为《奥哲低代码,成就专精特新》的演讲。他表示,作为业内拥有最齐全的低代码产品矩阵企业,累计服务超过 20 万家企业组织,包括 60%的中国 500 强及众多行业标杆企业。奥哲旗下拥有 3 个系列 4 款核心产品:面向专业开发者的数字化引擎奥哲·云枢、流程管理引擎奥哲·H3BPM;面向数字化管理员的开发工具氚云;以及面向业务人员的数字化管理工具奥哲·有格。徐平俊从创新、稳健、面向未来、性价比等 4 个方面分享了自己的数字化观点:一是低代码可以灵活支持个性化业务需求,帮助企业实现敏捷创新;二是低代码可以集成现有 IT 系统资产,帮助企业稳健发展;三是低代码可以打通业务中台和数据中台,帮助企业建立面向未来的创新系统;四是低代码超具性价比,帮助企业实现真正的降本增效。

此外,合思·易快报创始人兼 CEO 马春荃也以《合思专注数字化费控 助力新时代专精特新》,为现场观众详细解读了费控报销行业创新的无须报销解决方案。在马春荃看来,财务世界正处于工业化和数字化重叠期,散乱慢是这个时期企业财务数字化显著特点,而专精特新小巨人企业因为处于高速发展期更散、更乱、更慢。无须报销解决方案是专精特新企业的费控标配,是达成降本增效及财务数字化转型目标的第一站。基于合思·易快报全链路 L4 级无须报销解决方案,企业可以实现从聚合消费、费用报销、导入验票、智能审批、自动支付、财务记账、数据归档的全链路数字化闭环。

走专精特新发展之路是迎接数字时代的关键入口。金蝶旗下的金蝶云·星空产品,作为高成长型企业 SaaS 市场领导者,市场份额及客户满意度遥遥领先,并入选 2021 年度国家中小企业公共服务示范平台,是"专精特新"企业的最佳合作伙伴之一。本次会上,金蝶云星空智能制造首席专家计晓军表示,经历长期的观察、实践和思考,星空沉淀出成长型企业数字化转型的实践方法论"五力成长飞轮",以可组装业务能力赋能专精特新企业重构"产品力、获客力、交付力、口碑力、收益力"成长新动能。

本次论坛在华为东莞松山湖基地落下帷幕,但华为云对当地专精特新企业的数字化赋能却不会停止。2021 年 11 月,"东莞市华为制造业数字化转型赋能中心"正式成立,以该中心为支点,华为云全面推动东莞制造业数字化转型进程,已累计服务东莞140余家制造业企业,其中包括云鲸智能、维斗科技、科视光学等多家专精特新企业优秀转型先锋,助力东莞成为全省乃至全国制造业数字化转型标杆城市,并通过持续开放技术创新能力,与更多的伙伴携手助力广东专精特新企业数字化转型和智能升级,推动东莞数字经济高质量发展。

资料来源:凤凰网,华为云举办"2022专精特新企业高质量发展论坛",全面赋能专精特新企业融通创新,2022年11月9日。

思考:结合案例内容,讨论新时代背景下,中小型企业如何做好市场定位?怎样才能成为专精特新企业跟上时代的发展?

案例2 电子竞技市场在中国的发展

WCG(世界电子竞技大赛)、《英雄联盟》世界大赛、《王者荣耀》职业联赛……,透过一场场混杂着网络游戏与智力比拼的时尚运动比赛,人们看到的不仅仅是互联网世界迸发出的全新竞技热流,更体味到了电子竞技领域制造出来的挑战激情,同时感触到了电子竞技赋予经济成长与转型的勃发动力。而在政策的给养与护航之下,已经走出小众市场且日益迈向规范的电子竞技也迎来了自己最好的时代。

中国的角色借助于互联网的劲吹之风,网吧如同雨后春笋般地在19年前的中国四面八方冒了出来,网吧的出现让《星际争霸》《反恐精英》等网络游戏活蹦乱跳地展现在了无数中国玩家的面前。这种游戏的强对抗性使得游戏的把玩者从一开始就进入了比赛状态,因此也可以将其看成是中国电子竞技的肇始。

最初的时候,电子竞技还只是一种民间体育与娱乐运动的传播形式,直到2003年被国家体育总局设立为正式体育项目,电子竞技才得以名正言顺地登上大雅之堂。之后的一年因为野蛮生长及基于可能对青少年带来负面影响的考虑,电子竞技虽然遭遇到了来自国家广电总局在电视台禁播的限制而一下子掉入冰窟,但官方并没有将大门完全关闭,各种电子竞技的民间赛事依然如火如荼地开展,及至踌躇满志的SKY(李晓峰)在2005年冬天独自踏上飞往新加坡的航班并最终在世界电子竞技大赛中力克群雄而捧到了冠军奖杯,电子竞技重新回到了国人集体关注的视野。次年SKY在WCG经典对决中再次夺魁,中国电子竞技在不断突破自我中由此被带入到了一个历史性的高峰。

全面地观察,无论是在全球还是在国内,电子竞技作为一种赛事的基本体系都已相当健全,其中既有世界性大赛,也有区域性比赛;既有综合性比赛,也有单项性角逐;既有职业联赛,也有常规比赛。总体来看,全球范围内著名的电子竞技大赛除了WCG外,还有ESWC(电子竞技世界杯)、WESG(世界电子竞技运动会)、CEST(中国电子竞技娱乐大赛)、CPL(英魂之刃职业联赛)、LPL(英雄联盟职业联赛)、CFPL(穿越火线职业联赛)与KPL(王者荣耀职业联赛)等,其中涉及的游戏产品有《英雄联盟》《王者荣耀》《反恐精英:全球攻势》、Dota2、《炉石传说》及《球球大作战》等。

资料来源:张锐.电子竞技市场的中国脚步[J].中关村,2018(8).

思考:请运用市场营销理论分析电子竞技产品、电子竞技比赛的特点及市场定位群体。

项目四　市场选择分析

项目驱动任务实训

情景营销设计

项目实训目标1：基础知识

使学生能够运用细分依据对消费者市场进行市场细分。

项目实训目标2：辩证性思考

培养学生分析和判断目标市场的能力,培养学生市场定位的能力。

学生角色：

营销活动策划方案团队成员,制作营销活动策划方案,负责市场分析工作。

项目背景:百年老店"同升和"

项目任务：

1. 制作市场分析文案

学生以小组为单位,根据企业背景,围绕"整合营销活动策划方案"中"市场分析"的具体内容,制作一篇图文并茂的市场分析文案,需包含标题、正文、封面等内容。

2. 进行市场分析文案展示汇报(不超过10分钟)。

项目要求：

1. 普通话标准,口齿清晰,表达流利,声音洪亮,节奏适中；无明显的停顿、磕巴；在规定时间内团队2人以上共同完成展示陈述任务。

2. 团队衣着整洁,在汇报过程中表情自然大方,注意基本的礼仪,文明用语。

实训日志

思政考评要点

态度考评	课堂出勤,参与课堂讨论的积极性,成果展示中的主动性、思政性
知识考评	课前作业和预习任务完成的质量,课中讨论或展示成果时对理论的分析和理解的正确度,课后实训报告分析中理论的结合度
思政考评	课堂互动中表现出来的集体荣誉感、爱国情怀和积极向上的人生态度；课后实践作业调研过程中表现出的责担任当、顾全大局、创新精神；实践报告内容体现出的任务反思和集体意识等
能力考评	课中小组讨论中展现出的组织能力；课后实训作业过程中体现出的团队合作能力、人际交往能力、抗挫能力、语言沟通能力；实训报告内容展现出的分析问题、解决问题的能力等

项目五

制定营销战略

知识目标

1. 了解不同市场角色企业的竞争战略。
2. 掌握市场营销战略制定的程序。
3. 掌握3种基本竞争战略。

能力目标

1. 能够合理分析企业竞争战略的优劣。
2. 能够参与制定企业的营销竞争战略。

对应岗位认知

素质目标

1. 具有公平竞争的意识,能够维护市场秩序。
2. 具有维护民族企业形象的意识,增强民族自豪感。
3. 具有创新精神,敢于实践。

思维导图

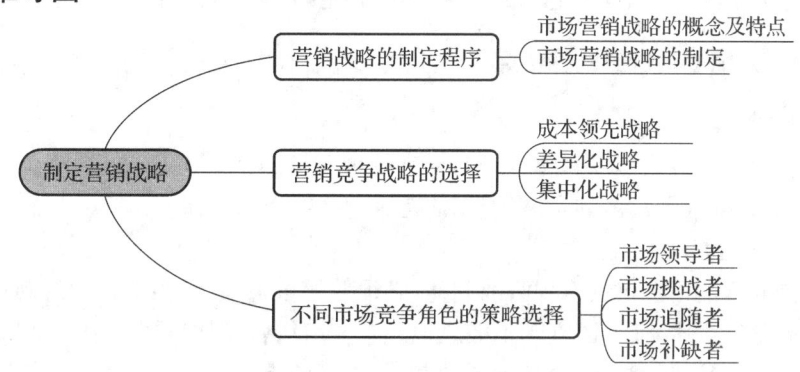

任务一 营销战略的制定程序

任务引入　王斌在进行完市场选择之后,又面临新的问题,因为他和他的团队对于究竟要在海南服装市场上做到何种程度,还缺乏一个纲领性的战略。如果王斌无法解决营销战略的问题,则可能无法与集团发展同步,并缺乏对未来发展的指导。

任务: 制订市场营销战略的工作计划。

任务分析

市场营销战略就是指企业市场营销部门在充分考虑本企业外部市场环境及内部资源状况等因素的基础上,确定目标市场,做出相适应的规划及为此而采取的重大措施。企业有了合适的营销战略,不仅能弥补发展规划的不足,而且能通过战略来选择有效的措施和手段。

 知识对接

一、市场营销战略的概念及特点

(一) 市场营销战略的概念

如果把企业比作一艘驰骋的帆船,那么战略就是它的目标。对于没有目标的帆船来说,汪洋中的任何风都可能是逆风。而制定营销战略,就是让企业通过对市场环境、法律政策、行业走势、竞争状况等方面的研究、分析和整合,优化企业资源,选择更好的发展方向和最优的竞争方法来获益。因此,企业要在动态的市场中求生存并发展壮大,不仅要迎合消费者的需求,还必须关注市场的各类变化。制定符合企业自身的市场营销战略,有利于应对激烈竞争,适应严峻的市场环境的挑战。

所谓市场营销战略是指企业市场营销部门在充分考虑本企业外部市场环境及内部资源状况等因素的基础上,确定目标市场,做出相适应的规划及为此而采取的重大措施。

(二) 市场营销战略的特点

1. 全局性

企业营销战略是以企业全局的未来发展与前景为研究对象,围绕企业整体发展脉络而制定的,它着眼于总体的发展,追求的是企业最终总体效果。

2. 长远性

企业营销不能仅仅看到眼前利益,必须兼顾未来发展,要从长远的观点来考虑如何有效地战胜竞争对手,使自己立于不败之地。企业市场营销战略的长远性是从时间维度考虑,着眼未来,在深谋远虑并立足长远的同时,兼顾当前市场。

3. 纲领性

在营销部门中,一切战术、方法都要适应、配合企业制定的战略。企业要让这一战略落实,就必须通过解释、分解、落实、评价等过程,才能最终变成具体的行动计划。

4. 竞争性

企业的营销战略在实施过程中必将面临激烈竞争及对抗,制定了战略并不是说战略就成功了,从制定到结束本身就是为了谋求改变企业在市场竞争中不利的状况,在未来的市场竞争中获得比较优势。

5. 应变性

市场本身具有变化性,如经济文化环境变化、自然灾害影响、物流运输的快慢等需要随时调整的现状。企业作为卖方，必须去适应这种变化。此外，市场中存在各种风险，成功的战略本身绝不是去逃避风险，而应该是迎难而上。

6. 稳定性

营销战略必须保持相对稳定，不能朝令夕改。它不是短期计划，也不是拍拍脑袋就能出现，试行几天就能成功的，它的成功包含着前期调查、中期实施、后期评价，因此一旦战略朝令夕改，就会给企业造成巨大的混乱与损失。

二、市场营销战略的制定

当今社会，企业间的竞争变得越来越剧烈，变化莫测的市场中，企业如何在竞争中占据一席之地，也成为众多企业在制定市场营销战略中不可忽略的问题。企业市场营销战略制定包含4个步骤：分析市场机会、选择目标市场、确定市场营销策略、市场营销活动规划。

（一）分析市场机会

在当下竞争激烈的买方市场中，有利可图的营销机会越来越少，企业必须对市场结构、消费者需求、竞争者状况进行调查研究，识别、评价和选择合适的市场机会。企业应该通过调研发现消费者现实的和潜在的需求规律，找出各种市场机会，并通过对各种机会的评估，发现最适合本企业的"企业机会"。对企业市场机会的分析与评估，首先是通过有关调研及营销部门经验资料，做出对市场结构的分析、消费者行为的认识和对市场营销环境的研究；其次，需要对企业自身的能力、市场竞争的地位、企业自身优势与劣势等进行全面、客观、合理的评价；最后，检查并确定市场机会与企业的宗旨、目标和任务的一致性。

（二）选择目标市场

企业对市场机会进行评估后，面临着要进入哪个市场或某个市场的哪个部分的选择，这就需要研究和选择企业目标市场。目标市场的选择是企业营销战略重要的一环。企业应该对进入的市场进行细分，在分析每个细分市场的特点、需求趋势和竞争状况的基础上，根据本企业的优势，选择自己的目标市场。

（三）确定市场营销策略

企业在营销战略的制定过程中，设置企业营销策略是关键环节。设置企业营销策略体现在市场营销组合的设计上。为了满足已确定的目标市场的需要，企业对自身可以控制的如产品包装、价格、广告、销售渠道等营销要素进行优化组合，重点应该考虑产品策略、价格策略、渠道策略和促销策略，即4P营销组合。

（四）市场营销活动规划

企业制定营销战略的最后一个程序是对市场营销活动的规划。企业战略的实施离不开企业人、财、物的分配整合，所以要有一个严密的体系来最终推动战略的实行，包括企业制订市场营销计划、建立强有力的营销组织、进行有效的市场营销控制。这3个方面是相互联系、相互制约的。市场营销计划是营销组织运行的指导,营销组织负责实施营销计划,而计划实施需要控制,才能保证计划得以实现。

麦当劳的市场营销战略制定

麦当劳作为一家国际餐饮巨头,由创始人雷·克洛克创始于20世纪50年代中期的美国。目前,麦当劳在全球快餐连锁领域是冠军。迄今为止,它在109个国家开设了2.5万家连锁店,年营业额超过34亿美元。

1. 市场细分。回顾麦当劳公司发展历程后发现,麦当劳一直非常重视市场细分的重要性,而正是这一点让它取得令世人惊羡的巨大成功。麦当劳的成功正是在市场细分上做足了功夫。它根据地理、人口和心理等要素准确地进行了市场细分,并分别实施了相应的战略,从而达到了企业的营销目标。

2. 目标市场选择。(1)市场评估。麦当劳在中国地区开设市场,其理念是"方便,年轻,活力,健康,时尚"。因此麦当劳的消费群体以年轻人为主。中国是一个人口大国,而且大中城市人口数量多,人口密度大,居住地点集中。目前中国青少年比重较大,青少年人群也是麦当劳主要的消费市场,其规模可见一斑。并且城市化进程的加快,让越来越多人能够接触到麦当劳,且有能力购买它。(2)市场选择。麦当劳主要以西式快餐为主,附加甜点、咖啡等。其锁定的主要市场为中高档市场,在中大城市繁华区设立连锁店,主攻青少年人群。不管是经营样式,还是市场选择、锁定人群,都是集中于"年轻化"这一个点。

3. 目标市场战略。麦当劳的新战略是扩大目标客户,主动地将目标客户群由传统的儿童、家庭定位向更有消费潜力的年轻一族身上延伸,这一行为的直接战略意图就是重新强化麦当劳统一品质、快速服务的品牌特质。坚持把注意力放在吸引孩子和青少年身上,坚持以西式快餐为主打,锁定市场,重文化、重品质、重服务,加强品牌核心竞争力。

4. 市场定位及策略。麦当劳的市场定位是提供快速、简便的用餐环境。麦当劳秉承"品质服务、清洁和物有所值"的经营原则,并坚持在中国建立完善的食品供应系统和人力资源管理及培训系统的理念,与本地共同发展、共同进步。

资料来源: 百度文库.
思考: 麦当劳是如何制定市场营销战略的?

 模拟工作任务实操

假设你是王斌,请完成"任务引入"中的任务"制订市场营销战略的工作计划"。
实操步骤
① 列出制订市场营销战略的工作计划的4个步骤:分析市场机会、选择目标市场、确定市场营销策略、市场营销活动规划。
② 根据前面所学的项目知识,可完成"分析市场机会"和"选择目标

任务总结

市场"。

③ "确定市场营销策略"和"市场营销活动规划"可在后续项目的学习中完成。

任务二　营销竞争战略的选择

任务引入

王斌所在的企业要想进入市场,不可避免要遇到竞争,那么在战略层面,王斌该如何选择呢?王斌在请教老师后发现,其实竞争战略有3种选择,即成本领先战略、差异化战略、集中性战略。

任务:根据公司实际情况和产品特点,选择符合本公司现阶段发展的竞争战略。

竞争永远是企业需要面对的难题,而好的竞争战略则是企业未来发展的助推器。基本竞争战略是由美国哈佛大学商学院的迈克尔·波特教授提出的,即成本领先战略、差异化战略、集中化战略,很多成功的企业都选择了其中一种或几种作为企业未来发展的战略。

一、成本领先战略

(一) 概念

成本领先战略又称为低成本战略,是指企业通过一系列有效途径降低成本,使企业的总体成本低于竞争对手的成本,或者是在同行业中形成最低的成本,从而获取市场竞争优势的一种战略。企业千方百计地希望降低成本,但又不可或缺地需要付出成本,一般情况下,企业降低成本包括取消产品中的花样成本、改进设计型成本、材料节约型成本、人工费用型成本、生产创新及自动化型成本。

企业实行成本领先战略有利于在竞争中有效地保护自己,并能对潜在的进入者产生较大的威慑力,使得企业在面对剧烈市场波动的情况下能比竞争者处于更有利的地位并做出调整。

(二) 适用条件

① 企业所处产业的产品基本上是标准化或同质化的,产品的差异化较少。
② 多数顾客使用产品的方式及偏好相同。
③ 企业能实现规模经济,并有较高的市场占有率。
④ 有进一步改进生产加工工艺技能的可能。

⑤ 企业能够严格控制一切费用,并千方百计地降低成本。

(三) 优点

① 企业形成低成本优势,能抵挡住现有竞争对手的对抗,实现拓展市场的目标。
② 企业利用低成本优势,吸引各类购买商购买产品,形成卖方市场,树立对替代品的竞争优势,抵御购买商讨价还价的能力,并能更灵活地处理供应商的提价行为。
② 企业的低成本战略,还具有一定的威慑力,对进入者形成进入障碍。

(四) 缺点

① 企业在实行此战略的过程中,降价过度可能引起利润率降低。
② 产业的潜入者和追随者不断地模仿,并通过学习形成后来者居上。
③ 长期的低成本战略,使得企业只关注成本,而忽略了其他软实力的发展,很可能使企业丧失对市场变化的预见能力。
④ 长期的不变化,可能让竞争者形成差异化,使得市场技术发生变化,降低企业资源的效用。

营销实例

娃哈哈的总成本领先战略

娃哈哈集团有限公司(以下简称娃哈哈),创建于1987年,目前为中国最大的食品饮料生产企业,全球第五大饮料生产企业,仅次于可口可乐、百事可乐、吉百利、柯特这4家跨国公司。

娃哈哈曾经的主要竞争对手早已日薄西山,而娃哈哈仍然风华正茂,业绩高歌猛进,原因到底何在?

一般而言,如果广告量大,羊毛出在羊身上,那产品的价格按理应比较贵,如果不贵,那利润应该不多才是。十余年来娃哈哈的各类广告累计投入三四十亿元,10年累计广告投放量位居央视所有广告客户前三位、国内企业第一位。但是,总成本领先战略让娃哈哈做到了广告、低价和利润的有机统一。

娃哈哈的总成本领先战略主要体现在3个方面。① 生产制造低成本——追求生产设备高效化,追求规模出效率,降低生产原材料成本;② 配送低成本——在每个产品的主要销售区域直接设生产分厂,就地就近生产,销售地和生产地距离500千米以内;③ 人力低成本——机构设置非常简单,管理层次不超过4层,高层仅董事长兼总经理一人,中层管理者(包括全国100个生产基地的总经理)仅100余人,正式编制的销售人员仅300余人。人力成本占娃哈哈总销售的比例不到1%,而该项成本的行业平均比例至少为3%,这意味着娃哈哈的人力成本控制的效率是同行的3倍以上!

资料来源:上学吧。
思考:娃哈哈能够打败竞争对手获得成功的主要原因是什么?总成本领先战略是否意

味着企业可以低价抢占市场份额？企业应该注意什么？

二、差异化战略

（一）概念

差异化战略，是指企业为了使自身产品与竞争对手产品有明显的区别，形成与众不同的特点而采取的一种战略。这种战略的核心就是取得某种对顾客有价值、有吸引力的独特性。

企业通过自己的独特性来区别于竞争对手的产品，并通过这种独特性吸引消费者购买产品，使得消费者忽略其他竞争对手的共性。要实现这一战略，主要有以下 4 种途径。

1. 产品属性的差异化

通过对产品本身特征、用途性能、一致性、耐用性、可靠性、易修理性、式样和设计等内外属性的改变，让消费者在使用企业产品时产生不一样的新鲜感。

2. 创新服务的差异化

改善自身服务，改变服务方式，在送货、安装、顾客培训、咨询服务等方面形成有特色的服务名片。

3. 人员的差异化

训练有素的员工能改善消费者的印象，能为企业传达正面积极的形象，能促使企业合理、有效的运转。例如，形成员工的礼貌、可信、可靠、反应敏捷、善于交流等方面的优势。

4. 形象的差异化

企业形象就是消费者对产品和企业的看法和感受，好的形象往往能形成好的口碑。塑造与众不同的形象，包括对名称、颜色、标识、环境、活动等的改变。

（二）适用条件

① 消费者对产品的需求和使用要求是多种多样的，即市场本身需求是有区别的，而企业可以有很多途径创造企业同竞争对手产品之间的差异，并且通过一段时间的努力，使这种差异被消费者认为是有价值的。

② 企业具有很强的研究及开发能力，研究人员有很强的创造性的眼光，而且企业研发部门、产品开发部门及市场营销部门等职能部门之间有很强的协调性。

③ 企业具有产品质量或技术领先层面的声望，企业在这一行业有悠久的历史，能形成一定的美誉度和知名度。

（三）优点

① 企业利用这一战略，能建立起顾客对企业独特产品的忠诚度，使替代品无法在性能上与之竞争。

② 对潜在进入者形成强有力的技术障碍和模仿障碍，也使企业在技术创新方面一直领先，有利于扩大市场占有率。

③ 随着企业实力的增强，差异化战略提高了企业对供应商讨价还价的能力，同时也削弱了购买商讨价还价的能力。一方面，使得购买商缺乏可与之比较的产品选择，降低了购买商对价格的敏感度；另一方面，通过产品差异化使购买商具有较高的转换成本，使其依赖于企业。

（四）缺点

① 如果企业产品与替代品差异化不大，而采用成本领先战略的竞争对手压低产品的价格，使其与实行差异化战略的企业的产品价格差距极大，则在这种情况下，一部分消费者为了节省费用，可能会放弃取得企业差异化的产品，转而选择物美价廉的产品。

② 当消费者变得越来越务实及老练，对产品的某些特征和差别体会并不强烈时，就可能发生忽略差异的情况，转而购买竞争对手的产品。

③ 当差异化产品发展到成熟期时，拥有技术实力的厂家很容易通过代价很小的模仿，减少产品之间的差异，从而占领市场，使企业差异化产品前期的研发打水漂。

④ 不适度、不节制的差异化不仅不能给企业带来更大收益，还可能造成资源浪费、消费者不信任、偏好转移等不利因素的出现。

基于小米手机案例的"饥饿营销"策略分析

截至 2011 年 8 月，我国手机行业最通用的销售方法还是门店商铺的直接售卖，借助网络等工具的销售方法基本上无人使用。于是，小米公司一鸣惊人，最先利用这一方式，借助官方网站进行销售。广大消费者很快便了解并接受由此种方式进行销售的小米手机，并且越来越多的人被小米手机的高性能、低价格所吸引。从此，小米手机迅速腾飞，并揭开了我国国产智能手机快速发展的帷幕。"饥饿营销"策略作为小米手机的主要营销模式开始被大众所关注，小米手机成为使用"饥饿营销"策略最有成效的品牌之一。

实施"饥饿营销"策略的背景。

1. MIUI 和"米聊"的一鸣惊人

小米公司成立之初就抓住机遇进军互联网，并决定先集中精力去开发自己的操作系统和通信软件，再进军手机市场。小米公司花费的巨大的人力财力物力没有白费，其开发的 MIUI 和"米聊"没过多久就受到大量消费者的喜爱，这个奇特的方法获得了同行的优质评价，为日后小米手机的热销埋下了伏笔。

2. 精确定位

小米手机以性能价格最优为金字招牌，其"为发烧而生"的宣传语家喻户晓，它精确地划分了自己的目标顾客（18 岁到 35 岁），由于这个年龄段的目标顾客对网络有一定的认识，比其他顾客更容易接受新奇的概念，极易成为小米的忠实粉丝。小米对顾客的精确划分有效地收获了自己的消费人群，从而为吸引潜在顾客、实施"饥饿营销"策略打下了牢固的基础。

3. 单人单号、网络直销

在进行了许多的准备工作之后,小米最终决定要公开销售手机,而它的售卖方法也不同于之前的门店商场销售。第一,消费者要在小米的官方网站获得一个小米账户,并且每个人只能拥有一个小米账户;第二,消费者用专有的小米账户通过互联网预定手机,实现了真正的一人一机;第三,消费者需要通过小米的官方网站购置小米手机,这也是当时独一无二的购置小米手机的方法。

然而,最近几年小米手机的销售量出现下滑的现象,这表明"饥饿营销"策略的推动作用在逐渐降低,不能够再强有力地促进商品的出售。

资料来源:刘志豪,房琳清,石仁波.基于小米手机案例的"饥饿营销"策略分析[J].中国商论,2022(02).

思考:1. 分析小米营销策略成功的原因。
2. 假设在泰国销售小米手机,小米手机在中国的销售策略是否可以采用?

 小·看板

"饥饿营销"策略的概念、内容及原理

1. "饥饿营销"策略的概念、内容

目前学术界对"饥饿营销"策略的定义有不同的解释,大家普遍接受的定义是:"饥饿营销"策略指的是产品生产者为了支配供给需求关系而有意降低商品的销售量,从而在市场上呈现出一种供给小于需求的"假象",其最终目的是保持较高的销售价格和利润。在现实生活中,"饥饿营销"策略还可以在营销实践中提升产品的品牌效应,树立具有更高价值的品牌形象。进一步来讲,"饥饿营销"策略不仅可以使那些具有一定市场知名度和竞争能力的产品在市场上被成功推广,而且能增加产品的市场份额,提高品牌价值。实施"饥饿营销"策略的核心是商品要对购买者有足够的诱惑力,让购买者体会到一货难求的紧张和刺激。

2. "饥饿营销"策略的原理——稀缺性原理

从经济学角度来讲,资源是有限的,而欲望是无限的,这两者之间的矛盾导致了经济活动的出现,它可以有效地协助人们进行稀有和不足资源的分配。稀缺性理论表明:竞争的产生来自资源的稀有,因此需要借助价格对供给需求之间的关系进行调控,价值由此产生。通常来说,在市场经济背景下,价格能够用作度量资源或产品的相对稀有性,也能够表现供给与需求的关系。当一些资源或产品恰好符合消费者的要求时,就形成了消费者对这些资源或产品的需求。

三、集中化战略

(一)概念

集中化战略又称为聚焦战略,是指企业的营销活动集中于某一类特定的消费者群体或某一地域市场上的一种战略。这种战略的核心是针对某个特定的消费群体或某个细分市场。一

一般情况下，企业的集中化战略包括产品线的集中化、消费者群体集中化、区域集中化等。

（二）适用条件

① 市场具有完全不同的消费群体，这些消费者或者有不同的需求，或者以不同的方式使用产品，而在相同的目标细分市场中，其他竞争对手也并无明显特征实行集中化战略。

② 企业的资源及营销能力等都不允许其追求广泛的细分市场，只能利用有限的资源针对某一细分市场。

（三）优点

① 集中化战略使企业能集中自身所有力量和资源有效控制战略实行，从而带来管理上的简便，让企业更能集中目标，一举成功。

② 企业将目标集中于特定的细分市场，可以更精细地调查研究与产品有关的技术水平、市场规模、消费者需求及竞争对手等各方面的情况，做到"知彼"。

（四）缺点

① 由于企业把所有力量和资源都投入一种产品或一个特定的细分市场，当消费者偏好发生转移，新的替代品出现时，就会发现这一细分市场的消费者需求下降，企业将会受到极大的冲击。

② 企业集中于某一细分市场，容易让竞争者看到市场前景，进而进入企业选定的目标市场，并采取更优于本企业的战略。

③ 随着市场发展，企业专注某一细分市场，产品销量可能变小，产品技术和要求也不断更新，从而造成了生产费用的激增，使得采取这一战略的企业成本优势逐渐减弱。

格力的集中化战略

格力是国内唯一一家坚持集中化经营战略的大型家电企业。面对空调市场混乱无序的竞争，一贯坚持集中化经营的格力，不仅产品已涵盖家用空调和商用空调领域的10个大类、50多个系列、500多种品种规格，成为国内目前规格最齐全、品种最多的空调生产厂家，形成了业内领先的主导优势，而且充分地显示了10多年来该企业的专业化技术积累、雄厚的技术开发实力和经济效益再增值的潜在能力。

格力的集中化战略，既有自己的特色和目标市场，又形成了较为完整的产品系列，充分显示出集中化经营战略的优势：专注于一种产品，有利于在特定产品领域树立良好的形象；集中现有资源进行空调产品的完善，能更好地做大、做强主业；战略目标集中明确，经济成果易于评价，战略管理过程易于控制，带来管理上的便利。但集中化战略也存在其劣势：当市场发生变化、技术创新或新的替代品出现时，企业会受到严重冲击；企业对环境的适应能力差、经营风险大，企业采用此战略应当有应变的准备，做好产品的更新改造工作。

如果说格力在经营上取得了骄人的成绩,那么首先是格力在发展战略上取得了成绩。这种成绩突出地表现在它们对集中化战略认识上的深刻、贯彻中的坚定和实践中的准确把握。

资料来源:百度文库.

思考:格力的集中化战略是如何体现的?这一战略有什么缺点,应当如何应对?你还了解采用集中化战略的其他民族企业吗?

3种营销竞争战略的对比

 模拟工作任务实操

假设你是王斌,请完成"任务引入"中的任务"根据公司实际情况和产品特点,选择符合本公司现阶段发展的竞争战略"。

实操步骤

① 分析海南服装市场供需状况,分析公司生产能力和研发能力、公司产品系列特点。

② 分别分析成本领先战略、差异化战略和集中化战略的适用条件和优缺点。

③ 综合以上分析,选择符合本公司现阶段发展的竞争战略,形成分析报告。

任务总结

任务三　不同市场竞争角色的策略选择

任务引入　　王斌在制定战略的过程中,还发现了一些问题,如海南服装市场本身存在着众多的竞争者,而企业在制定竞争战略的过程中,还必须考虑这些竞争企业的存在,然后制定出符合自身发展的战略措施。

任务:分析企业在海南服装市场的市场角色,并制定相应的竞争策略。

 任务分析

企业要制定相匹配的战略措施,就必须在制定战略的过程中,找准自己所处的地位。不同的市场角色,意味着可选择的竞争策略就不一样。不同的市场角色包括市场领导者、市场挑战者、市场追随者、市场补缺者,企业必须考量不同的市场地位可能带来的潜在机会和威胁。

 知识对接

一、市场领导者

市场领导者是指在相关产品或细分市场上市场占有率最高的企业。一般情况下;它在

价格调整、新产品开发、渠道覆盖和促销力量等方面处于霸主地位,拥有绝对话语权;它不仅是市场竞争的导向者,也是竞争者将要挑战、效仿或不得不回避的对象。

(一)市场领导者角色的特征

① 这一类企业在价格变动、新产品开发、分销渠道和促销力量等方面处于绝对主导地位,为同行业者所公认和推崇。

② 这一类企业是市场竞争的导向者,也是其他企业要挑战、效仿或躲避的对象。

③ 这一类企业在市场中的霸主地位是在竞争中自然形成的,并不是固定不变的,随着市场环境变化、企业内部的变化,它也可能被同行业者超越。

(二)市场领导者角色的应对策略

1. 扩大市场总需求量

企业市场占有率已经处于第一的位置,要想进一步扩张,其营销战略必须是扩大总市场,即增加消费者对产品的需求数量。这主要包括以下3条途径。

① 发现并开发新的用户。通过发现和开发新用户来扩大市场需求量,其产品必须具有足够吸引新的使用者的能力,拥有能增加购买者数量的竞争潜力。企业可以借助市场渗透、市场开发、地理扩展等策略来实现这一战略。例如,洁面乳公司可以利用市场渗透让并不喜爱这类产品的女性购买这一产品,利用市场开发让更多男性使用洁面乳,并向另一些国家进行地理扩展,推广洁面乳。

② 开辟产品的新用途。领导者企业往往最有能力根据市场的需求动态,在原有消费者群体基础上,通过开辟产品的新用途扩大市场需求量,赋予产品新的意义。例如,美国杜邦公司通过不断开发尼龙产品的新用途而获得了巨大成功。

③ 增加用户的使用量。如果企业在一定时期内无法开辟新市场、开发产品新用途,那么不妨尝试一下通过说服产品使用者增加使用量,这也是一条扩大市场需求量的有效途径。企业通常可以通过促使消费者在更多的场合使用该产品,如女性口红在家里、公司的使用,增加使用产品的频率,增加每次消费的使用量等策略来实现这一战略。

2. 保持现有市场份额

市场领导者企业必须时刻防备竞争对手的进攻和挑战,保护企业现有的市场阵地不被抢夺。最佳的战略方案当然是企业不断创新,以壮大自己的实力,同时还要抓住竞争对手的弱点主动攻击。即使企业当前处于积累时期,至少也应该使用防御性力量,坚守重要、关键的市场阵地。防御性战略主要包括以下几种。

① 阵地防御。企业为了保护主要市场,在其现有的市场周围要建造一些牢固的防卫性工事,以各种有效战略、战术来防止竞争对手入侵自己的市场阵地。这是一种静态的且较为被动的防御,也是最基本的防御形式。例如,某企业专注生产A产品,但也积极参与多元化经营,参与生产其他类产品。

② 侧翼防御。企业找准自身较弱的侧翼,建立一些作为防御的辅助性基地,用以保卫自己的侧翼,防止竞争对手乘虚而入。例如,微软公司发现苹果推出"图形操作软件"时,也立刻推出"视窗"操作系统软件与其对抗,从而有效保护了微软公司的侧翼。

③ 先发制人防御。当某一竞争对手的市场占有率达到对本企业可能形成巨大威胁的时候，企业就应该主动出击，对其发动强烈的侧面攻击，必要时还需采取连续不断的正面攻击，以保证企业的绝对领导地位。

④ 反攻防御。面对竞争者咄咄逼人的态势，如猛烈降价或促销攻势，企业应主动反攻入侵者的关键市场阵地，实现正面回击，或者是"侧翼包抄""钳形攻势"，达到自己的战略目的。

⑤ 运动防御。企业把自己的势力范围扩展到新的领域中去，未雨绸缪，而这些新扩展的领域最有可能成为未来防御和进攻的中心。市场扩展可通过市场的扩大化和市场多元化来实现。

⑥ 收缩防御。面对消费需求的下降，企业应逐步放弃某些对企业不重要的或疲软的市场，把力量主要集中于能为企业获取较高收益的市场。

3. 提高市场占有率

市场领导者不断刷新自身市场占有率，不断占领新区域，也是增加收益，保证自身成长和市场主导地位的途径之一。但企业在不断提高市场占有率的同时，还要考虑这一策略是否会引发反垄断的行为，以及会导致经营成本高昂、营销策略错误等。需要注意的是，提高市场占有率不一定能给企业增加利润，但如果具备这两项条件利润就可能会有所增加：第一，企业能够通过提高市场占有率来获得规模经济成本，形成行业中的最低成本，并且以比较低的价格销售产品；第二，企业在扩大市场占有率同时增加的产品质量成本，必须能通过价格来弥补。

 营销实例

BS 集团新型材料公司如何保有领导者地位

新型材料公司及其前身的 BS 集团 XL 公司，是国内第一家在炼铁高炉炉渣（以下简称高炉水渣）这类次生资源中随着主产品产量增长而产生增长的废弃物或副产品的应用领域做出大文章的公司。使用高炉水渣生产的磨细矿渣微粉（以下简称矿粉）产品，属于建材胶凝原料，应用到建筑行业，具有相当高的社会效益和经济效益。

自 2000 年年末矿粉产品大规模进入市场以来，在公司的主要目标市场——上海市，一直占据市场占有率和美誉度第一的位置，是该行业内名副其实的市场开拓者和领导者。2008 年下半年起，新型材料公司的第三条流水线将建成投产，届时将达到近万吨的年产量，公司产品逐步进入了市场成熟期。

与此同时，效仿者不断涌现。自 2000 年起，上海周边的张家港、南京、马鞍山等地的同类产品不断进入上海。虽然总体的产品市场供给和需求总量均在增长，但是现代物流运输服务业的快速发展，使新型材料公司原有的在上海及周边千米圆径范围内的市场不断被瓜分。由此，前几年的那种以地理位置自然划分销售市场的局面被逐渐打破。

此外，在产品主要用户市场（上海地区的预拌商品混凝土搅拌站）方面，2008 年上半年开始的市场低迷，向其上游的原料供应商施加了更多的采购成本和销售资金回笼方面的压

力,要求产品降价和延期付款的呼声愈来愈高。这对公司的产品价格和资金链运作造成一定的负面影响。

因此,如何在产能扩大、市场竞争激烈、行业波动加剧、经济普遍陷入低谷的情况下,继续保持市场领导者的地位,以获得企业自身应有社会效益和经济效益,以及继续担当行业领头羊的角色,发展和建立更加完善的矿粉产品产业游戏规范,将是企业需要思考的两大内容。

资料来源:朱海栋. BS 集团新型材料公司的市场领导者战略研究[D]. 上海:复旦大学,2009-04-08.

思考:BS 集团新型材料公司面临哪些市场挑战?谈谈产品和服务创新对于公司保持市场领导者地位的重要性。

二、市场挑战者

市场挑战者是指那些与市场领导者处于同一行业,并处于第二、第三及位次更低的企业,如美国汽车市场中的福特、软饮料市场中的百事可乐等企业。这一阶层的企业选择战略时要极其小心,一方面,如果选择追随市场领导者,攻击弱小企业,可能会减少直接面临市场冲击的风险,还可以尽量模仿领导者的生产、营销方式,减少前期投入;另一方面,如果选择挑战市场领导者,则可能在对抗中获得巨大收益,当然也可能面临极大风险。

(一) 确定营销战略目标和要挑战的对象

大多数市场挑战者的战略目标都是积极提高市场占有率,从而达到提高投资收益率及利润率的目标。挑战者在明确战略目标的时候,必须明确谁才是主要竞争对手。一般来说,挑战的对象可以有以下几个选择。

1. 攻击市场领导者

这是一种既有风险又具有巨大潜在价值的战略,一旦成功,挑战者企业的市场地位将会发生翻天覆地的变化,因而极其具有吸引力。但企业也应该注意,在采用这一战略时,应十分谨慎,必须周密策划以提高成功的可能性。并非所有的挑战者都具备挑战的能力,必须满足3个基本条件:一是挑战者必须拥有一种持久的竞争优势,如成本优势、创新优势等;二是挑战者要有某种途径抵消领导者部分或全部的其他固有优势;三是具备某一些阻碍领导者报复的办法,至少能使领导者不愿或不能持续地对挑战者实施报复。

2. 攻击与自身势均力敌的企业

企业应该抓住有利时机,向那些与自身相差不大的企业发动进攻,把竞争对手的顾客统统吸引过来,获得它们的市场,扩大自己的市场份额。这种战略风险较小,如果能通过几次成功的兼并扩大市场份额,甚至有可能改变企业当前的市场地位。

3. 攻击实力更弱的企业

挑战者还可以调查并发现那些经营困难的中小企业,并通过兼并、收购等方式,获取这些企业的市场份额,从而壮大自身的实力。

(二) 选择进攻策略

企业一旦选定了需要进攻的对象,就必须考虑以何种策略来进攻。这些策略主要包括以下5种。

1. 正面进攻

这是指市场挑战者通过集中所有优势力量向竞争对手的主要市场发动进攻，即针对竞争对手的强项。采用这种策略，挑战者必须在提供的产品服务、广告覆盖、价格调整等主要方面有大大超越竞争对手的优势，不然采取这种进攻战略就存在失败的可能性。

2. 侧翼进攻

这是指市场挑战者集中优势力量进攻竞争对手的弱点而非强项。采用该战略，挑战者可采取"声东击西"的做法，假装进攻正面，实际攻击侧面或背面，打竞争对手一个措手不及。这一策略主要包括两点：一是地理性侧翼进攻，即在某一地理范围内对竞争者力量较弱的地区发动进攻；二是细分性侧翼进攻，即寻找那些还未被领导者企业覆盖的商品和服务的细分市场并迅速填补这些空缺。

营销实例

王老吉的侧翼进攻

王老吉作为饮料行业的挑战者，采用了侧翼进攻的战略方式。通过多年的销售，王老吉进一步研究消费者对竞争对手的看法。研究发现，王老吉的直接竞争对手，如菊花茶、清凉茶等由于缺乏品牌推广，仅仅是低价渗透市场，并未占据"预防上火的饮料"的定位。而可乐、茶饮料、果汁饮料、水等明显不具备"预防上火"的功能，仅仅是间接的竞争。王老吉根据自己产品特点，创造了一条中间道路。将本身既不如凉茶又不如饮料的缺点变成了优点，让消费者有目的地购买自己的产品。

资料来源：豆丁网.

思考：王老吉的侧翼进攻给了你哪些启示？

3. 围堵进攻

这是指市场挑战者施展全方位的、大规模的进攻策略。市场挑战者要拥有优于竞争对手的资源，能够向市场提供比竞争对手还要多的质量更优、价格更便宜的产品，并确信这一围堵计划能够成功时，方可采用这一策略。例如，日本精工手表就曾对美国手表市场采用围堵进攻战略并获得了成功。

4. 迂回进攻

这是指市场挑战者有时也可以避开与竞争对手的对抗，采用迂回进攻获得优势。具体做法有3种：一是实行产品多元化经营，发展某些与现有产品关联度低的产品；二是实行市场多元化经营，把现有产品打入新市场；三是发展新技术产品，并取代技术落后的产品，从而获得成功。

5. 游击进攻

这是指以较小型的、间断性的进攻方式干扰竞争对手，使竞争对手的士气衰落，并不断削弱它们的力量。企业一般针对较大的竞争对手采用这一战略，通过对大企业的某些角落发动游击式的促销或价格进攻，逐步削弱竞争对手的实力。这一策略的特点是不能依仗个别战役决出战局的最终结果。

三、市场追随者

位居次级的企业并不都会向市场领导者挑战,因为领导者在一次次较大的对抗中往往会有更好的持久力,除非挑战者的攻击能够取得必胜局面,否则最好追随领导者的脚步。所谓市场追随者就是指那些安于次要地位,不热衷于挑战的企业。一般情况下,一些实力不强的中小企业更愿意采用市场追随者战略。

(一)市场追随者的特征

在一些资本密集的同质性产品的行业中,如钢铁、石油和化工行业中,市场追随者战略是大多数企业的选择,这是由行业和产品的特点所决定的。这些行业的主要特点有以下几点。

① 产品的同质程度较高,而产品的差异化和形象的差异化都较低。

② 由于行业同质性较高,服务的质量和标准都有所趋同。

③ 这一行业的消费者对价格的敏感程度较高,而行业中任何企业的价格调整都可能引发价格大战。

④ 大多数的企业都准备在这一行业中长期经营下去。

在这一战略格局下,企业之间保持着相对平衡的态势,不采用或慎重采用从对方的目标市场中拉走消费者的做法。由于在行业中形成了这一格局,大多数企业跟随市场领导者脚步,各自的势力互不干扰,能自觉地维持这一共处局面。

(二)市场追随者的应对策略

追随者企业必须知道如何保持现有的市场份额,并且要懂得如何争取拥有新消费者的市场份额。每一个追随者都必须努力经营它的目标市场。市场追随者战略并非是被动的应对,而是要确定一条不会引起竞争性报复的成长路线。因此,市场追随者的应对策略分为以下3点。

1. 紧紧追随

追随者企业要在尽可能多的细分市场或营销组合策略中模仿领导者,追随者企业并不激进地妨碍领导者企业,减少直接冲突与对抗。有些追随者甚至还可能被叫成寄生者,它们在刺激市场方面很谨小慎微,仅仅希望靠市场领导者的投资生活。

2. 有距离的追随

追随者企业与领导者企业保持一定差异,但又在一些主要市场、产品创新、价格水平、分销系统上追随领导者企业,市场领导者也十分欢迎这种追随企业,因为领导者企业发现它们对自身的市场计划较少干预,而且乐意让这些企业占有一定的市场份额,以便使自己免遭垄断的指责。一般情况下,小企业应用这一策略促进自身发展。

3. 有选择追随

这类企业在一些方面紧跟领导者,但有时又有自己独特的地方。这类企业可能具有较高的创新性,但又能避免同领导者企业直接竞争,并在有较多好处时追随领导者的战略。

市场追随者企业虽然占有的市场份额比领导者企业低,但它们可能赚更多的钱。它们成功的关键点在于主动地细分或集中市场,有效地研究和开发市场,看重盈利而不看重市场份额。

四、市场补缺者

在市场经济发展中,人们总是非常关注那些成功的企业,而往往忽略每个行业中存在的那些小企业。在现实中,正是这些不起眼的企业,在大企业的市场夹缝中求得生存并成长壮大,这些小企业就被称为市场补缺者。所谓市场补缺者是指选择某一特定且较小的细分市场的位置,提供精细、专业化的服务,并以此作为经营战略的企业。这一市场位置又被称为补缺基点,企业多找几处补缺基点将对企业发展有巨大的促进作用。

(一)补缺基点的特征

① 补缺基点要有足够的市场潜力和购买力,并有利润增长潜力。
② 补缺基点对一些主要竞争对手并不具有强烈吸引力。
② 企业有能力占有补缺基点,并有足够资源、信誉对抗竞争者的威胁。

(二)市场补缺者的应对策略

市场补缺者一般是小企业,资源、能力有限,所以必须集中所有力量应对补缺基点的消费需求,并能提供专业化的市场营销策略。它主要有以下几点选择。
① 企业应专门致力于为某一类最终用户提供服务,形成最终用户专业化。
② 企业应专门致力于分销渠道中的某一些层面,形成垂直层面专业化。
③ 企业应专门为那些被大企业忽略或忽视的用户提供服务,形成顾客规模专业化。
④ 企业应只对一个或几个主要客户提供服务,形成特定顾客专业化。
⑤ 企业应专为国内外某一地区或地点提供服务,形成地理区域专业化。
⑥ 企业应只针对生产一大类产品,形成某一种产品或产品线专业化。
⑦ 企业应专门按客户订单生产预订的产品,形成客户订单专业化。
⑧ 企业应专门生产经营某种质量和价格的产品,形成质量和价格专业化。
⑨ 企业应专门提供某一种或几种其他企业没有的服务,形成服务项目专业化。
⑩ 企业应专门服务于某一类分销渠道,形成分销渠道专业化。

企业通过不断开发适合特殊消费者的产品,开辟出众多的补缺市场,而每当企业开发出这样的特定市场后,依据产品生命周期阶段的特点扩大产品组合,扩大了市场占有率,达到了扩大企业补缺市场的目的。但是,如果有新的竞争者参与,就应该努力保住其在特定市场的领先地位,保护这一补缺市场。因此,作为补缺者选择相应市场补缺基点时,应多选择几处补缺基点以分散风险。总之,小企业只要善于经营,随时关注市场上被大企业忽略的那些细小的部分,通过专业化经营,精细化的服务,总有机会获利并成长壮大。

项目五　制定营销战略

 **营销实例**

不同市场竞争角色的策略选择

成功的"市场补缺者"——维珍集团

从 1970 年至今，维珍集团成了英国最大的私人企业，旗下拥有 200 多家大小公司，涉及航空、金融、铁路、唱片、婚纱，甚至避孕套，俨然半个国民生产部门。布兰森曾经说过，如果有谁愿意的话，他可以这样度过一生：喝着维珍可乐长大，到维珍唱片大卖场买维珍电台上放过的唱片，去维珍院线看电影，通过 virgin.net 交上一个女朋友，和她坐维珍航空去度假，享受维珍假日无微不至的服务，然后由维珍新娘安排一场盛大的婚礼，幸福地消费大量维珍避孕套，直到最后拿着维珍养老保险进坟墓。当然，如果不幸福的话，维珍还提供了大量的伏特加以供选择。

红白相间的维珍品牌在英国的认知度达到了 96%，在"英国男人最知名品牌评选"中排名第一，在"英国女人最知名品牌评选"中位列第三。但是，维珍产品在所处的每一个行业里都不是名列前茅的老大或老二，而是一只"跟在大企业屁股后面抢东西吃的小狗"。这正是维珍的老板布兰森本人所期望的。

维珍总是选择进入那些已经相对成熟的行业，给消费者提供创新的产品和服务。可以说，在它进入的每一个行业里，维珍都成功地扮演了市场补缺者和品牌领先者的角色。

资料来源：道客巴巴．

思考：维珍集团在每一个行业里都能获得成功，其制胜的法宝是什么？谈谈产品和服务创新在市场补缺策略中的重要性。

 模拟工作任务实操

假设你是王斌，请完成"任务引入"中的任务"分析企业在海南服装市场的市场角色，并制定相应的竞争策略"。

实操步骤

① 分析海南服装行业的竞争现状，了解主要竞争对手的状况。

② 根据海南服装行业特征和本企业特征，确定本公司在当前市场中所扮演的角色。

③ 分析本公司的竞争优势和劣势，制定适合公司竞争角色的策略。

任务总结

 **知识测试**

1. 市场营销战略的概念是什么？它包含哪些特征？
2. 企业如何制定市场营销战略？
3. 迈克尔·波特教授提出的基本竞争战略包含哪几个方面？
4. 比较低成本战略、差异化战略、集中化战略的优缺点。

5. 举例说明哪些企业比较适用低成本战略。
6. 什么样的企业被称为市场领导者?它具有哪些特征?
7. 市场领导者为了保住自己的市场占有率,可以采取哪些有效策略?
8. 市场挑战者如何确定战略目标和挑战对象?
9. 举例说明在现实中哪些企业曾利用侧翼进攻取得成功,并谈谈你对侧翼进攻策略的理解。
10. 谈谈市场挑战者和市场追随者的异同。
11. 市场补缺者在选择补缺基点时应考虑哪些方面?

案例分析能力测试

案例1 华为公司市场营销战略的变化

回顾华为公司的发展历程,它从一个只有6个员工、注册资本20 000元的国内无名小企业成长为如今可以与思科、爱立信等国际巨头企业分庭抗礼的国际知名企业,得益于华为公司清晰的战略思路及适时的战略定位。在不同的时期,华为公司的战略定位均不同,在华为公司成长初期,华为公司坚持专业化战略。当时的华为,坚持只做通信设备产品,并曾拒绝生产手机终端(如小灵通)。为了能集中精力做好公司的主流业务,华为公司还将一些非核心的业务进行外包(如设备安装、设备调试、设备维护、数据恢复等一些非高技术要求的环节)。正是因为华为公司坚持专业化战略的道路,使企业从弱到强,勇往直前,尽可能地集中人、财、物来专攻通信市场,从而取得技术突破,战胜竞争对手。

在成长初期的专业化战略取得一定成效后,华为开始把目光投向国际市场。1996年,华为确定了全球化战略,开始进军国际市场。华为公司的国际化不仅让华为的品牌逐渐被国际企业所认可,更让全世界都为华为感到震惊。与国内市场开发战略一样,在国际市场战略中,华为还是坚持"先易后难,逐个突破"的营销战略。华为总裁对其拓展海外的员工是这么说的:"为了活下去,我们必须主动进攻,10年之后,世界通信行业三分天下,华为将占一分。"坚持,使华为又一次赢得了战果,华为产品进入俄罗斯市场并取得了俄罗斯客户的认可。1999年8月,华为公司在老挝和也门正式中标,迎来了华为公司在国际市场零的突破。2006年7月,华为总裁任正非在日本签订承建网络的协议,这为华为研发创造了一个良好的平台,同时也让华为真正意识到电信运营市场和终端市场的前景。也就在这个时期,华为的战略定位开始进入一个新的调整阶段,华为开始与电信运营商合作。2011年8月,华为公司推出了"云服务"平台和首款云手机Vision,同时还推出了全球首款7英寸Android平板电脑,使"云+端"在这两款产品上得到了全面的集中体现。

资料来源:廖娅妮. 华为公司市场营销战略研究[D].成都:西南交通大学,2014-06-01.
思考:华为公司运用了哪些营销战略?

案例2 蒙牛传奇——借力打力

蒙牛与伊利,两家奶业巨头同处西北边陲重镇呼和浩特,尽管蒙牛的诞生比伊利晚10

多年,但蒙牛还是在短短的4年内奇迹般地长大,从进入市场时在同行业排行第1 116位,到2002年以1 947.31%的成长速度被商界誉为"成长冠军",站到了可以与伊利相提并论的位置。4岁的蒙牛是如何后来居上的?又是如何从后来居上的角色成长为中国乳业老大的挑战者的?

一、虚拟联合,借力社会资本

自诞生起,蒙牛的老总牛根生就非常注重借助外部力量发展壮大。传统思维是先建工厂,后建市场;蒙牛是逆向思维,"先建市场,后建工厂"。于是,"虚拟联合"诞生了:1999年,蒙牛把区内外8个中小型乳品企业变为自己的生产车间,盘活了7.8亿元资产,经营了冰激凌、液体奶、粉状奶3个系列40多个品种的产品,使蒙牛产品很快打入全国市场,当年销售收入达到4 365万元。半年时间,蒙牛在中国乳品企业销售收入排行榜中,由千名之末蹿升至第119位。"蒙牛现象"一时成为经济界备受瞩目的一个亮点。牛根生说,在计划经济下,企业就是生产车间的同义语,而当今做企业,可以先建市场,后建工厂。像这样一个品牌拥有者,运用自己的品牌优势、市场优势、科技优势,将许多企业联合到自己的名下,只进行资本运营,不发生资金转移,这种联合方式就是"虚拟联合"。2000年,蒙牛一面扩展"虚拟组织",一面杀了个"回马枪",创立自己的"根据地",高起点建起了具有国际先进水平的17条冰激凌全自动生产流水线和22条液体无菌奶生产流水线。蒙牛有了自己的工厂后,"虚拟联合"不仅没有收缩,而且进一步延伸。目前,参与公司原料、产品运输的600多辆运货车、奶罐车、冷藏车,为公司收购原奶的500多个奶站及配套设施,近10万平方米的员工宿舍,合起来总价值达5亿多元,没有一处是蒙牛自己掏钱做的,均由社会投资完成。通过经济杠杆的调控,蒙牛整合了大量的社会资源,把传统的"体内循环"变作"体外循环",把传统的"企业办社会"变作"社会办企业"。

二、品牌和产品,从借势到抢势

牛根生是一个非常讲究策略的人。在蒙牛羽翼未丰的时候,他暂时收起了自己的野心。从品牌上,甘当老二,依附于伊利,借势于伊利。蒙牛巧妙地通过"甘当内蒙古第二品牌"的品牌宣传和"中国乳都"等概念的推出,叫响了蒙牛自己的品牌。创内蒙古乳业第二品牌的创意是这样诞生的:内蒙古乳业第一品牌是伊利,这事世人皆知。可是,内蒙古乳业第二品牌是谁?没人知道。如果蒙牛一出世就提出"创第二品牌",这就等于把其他所有竞争对手都甩到了后边,一起步就"加塞"到了第二名的位置。这个创意加上蒙牛的实力,蒙牛一下子就站到了巨人的肩膀上,这光沾大了,势借巧了。

牛根生从一开始就将蒙牛定位于乳品市场的建设者,努力做大行业蛋糕,而不是现有市场份额的掠夺者。他有一句"名言":提倡全民喝奶,但你不一定喝蒙牛奶,只要你喝奶就行。在产品上,一开始蒙牛采取了避实就虚的策略,老大的主力产品是高端的利乐纸盒包装(利乐包),蒙牛就生产低一个档次的利乐枕塑料袋包装;老大的主战场在一线大市场,蒙牛就从二、三线市场做起,俨然一个跟随者的角色。蒙牛在积蓄自己的力量,等待着"牛气冲天"的那一天。

在今天的冷饮和乳品市场上,蒙牛已是伊利的强劲对手,两家企业的产品形式、价格、市场定位都有很大的趋同性,彼此之间早已展开了正面的竞争。

资料来源: 道客巴巴。

思考:① 蒙牛发展初期处于市场角色的哪一种?

② 蒙牛采取什么战略举措来实现快速发展?案例中你获得哪些启发?

项目驱动任务实训

情景营销设计　　　　　　　项目背景:百年老店"同升和"

项目实训目标 1:基础知识
使学生能够分析并选择适合企业发展的营销竞争战略。

项目实训目标 2:辩证性思考
培养学生对比分析不同营销战略的能力,培养学生灵活运用营销策略的能力。

学生角色:
企业营销团队成员,负责企业整体营销战略分析。

项目任务:

1. 制定"企业整体营销战略分析报告"。

学生以小组为单位,根据企业背景资料,结合前期市场调研,制定一份"企业整体营销战略分析报告"。报告主要分析:① 企业的基本竞争战略;② 明确企业的市场角色,并提出相应的竞争策略。

2. 进行"企业整体营销战略分析报告"展示汇报(不超过 8 分钟)。

项目要求:

1. 分析报告要求语言通顺,无错别字,条理清晰。
2. 展示汇报要求表达流利,逻辑清晰,注意基本的礼仪,文明用语。

实训日志

思政考评要点	
态度考评	课堂出勤,参与课堂讨论的积极性,成果展示中的主动性、思政性
知识考评	课前作业和预习任务完成的质量,课中讨论或展示成果时对理论的分析和理解的正确度,课后实训报告分析中理论的结合度
思政考评	课堂互动中表现出来的集体荣誉感、爱国情怀和积极向上的人生态度;课后实践作业调研过程中表现出的合作精神、创新精神和大局观;实践报告内容体现出的任务反思和集体意识等
能力考评	课中小组讨论中展现出的辩证能力;课后实训作业过程中体现出的团队合作能力、人际交往能力、抗挫能力、语言沟通能力;实训报告内容展现出的分析问题、解决问题的能力等

项目六

制定营销战术——产品策略

知识目标

1. 了解新产品开发的方式及程序。
2. 理解产品整体概念,理解品牌、包装和新产品的含义。
3. 掌握产品生命周期不同阶段的营销决策。
4. 掌握品牌、包装的设计和策略。

能力目标

1. 能独立或协助他人制定品牌策略和包装策略。
2. 能独立或协助他人进行品牌设计和包装设计。

素质目标

1. 具有较强的法律意识,知法守法,懂得用法律维护自身利益。
2. 具有创新精神,敢于实践,推陈出新。
3. 热爱祖国,具有民族自主品牌意识。
4. 具有较强的生态意识、成本意识,崇尚简约包装,杜绝过度包装。

对应岗位认知

思维导图

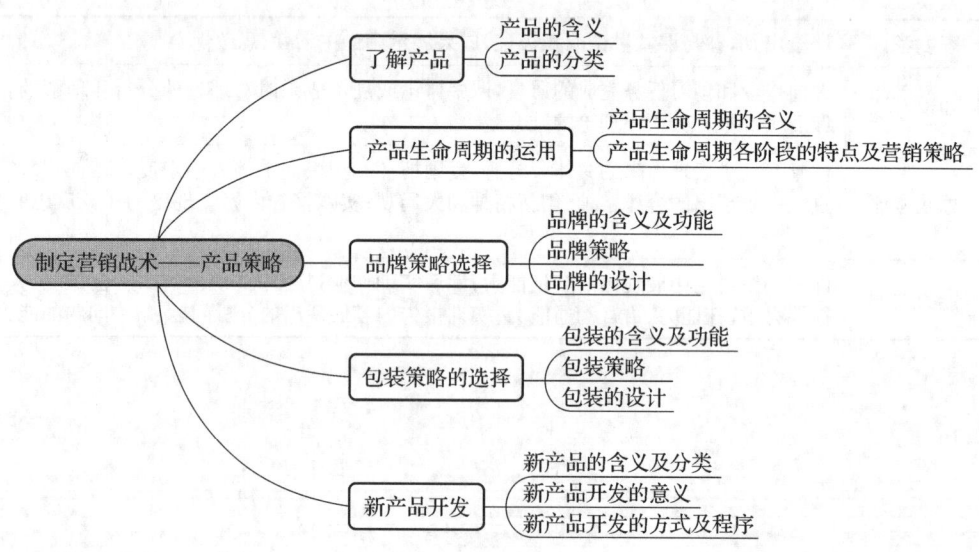

任务一　了解产品

任务引入　　公司准备在海南开设连锁经营店,主要经营中高端男装。王斌在制定企业市场营销战略时发现,设置企业营销策略是关键环节,主要体现在市场营销组合的设计上,重点考虑产品策略、价格策略、渠道策略和促销策略。但是王斌对产品及产品策略的知识了解不够,于是他请教了市场营销部的前辈。前辈建议王斌先通过查阅相关资料对产品的概念有深入理解,并熟悉产品的一般分类,再研究公司适用何种产品策略的问题。

任务:分析公司中高端男装的产品整体概念。

任务分析

企业产品的概念很广泛,既包括有形产品又包括无形的劳务。企业对产品的把握不仅仅停留在产品的基本功能和形式上,还应该考虑消费者期望得到的配套产品和延伸产品等。产品根据不同标准有多种分类,各类产品有其各自的特点。

知识对接

一、产品的含义

产品充斥在人们的日常生活中,有人创造并生产产品,有人购买并消费产品。产品在公众的认识中,一般仅限于物质形态上,包括产品的样式、性能和质量等。但是,从现代企业营销的角度来看,产品这一概念所囊括的范畴极其宽广而丰富。

本书中,产品是指能够提供给市场的,用于满足人们的某种需求的任何东西。所以说,产品不仅包括实物(如手机、食品),还包括无形的服务(如理发、金融服务)、场所(如旅游景点)、组织(如艺术团体)、人员(如体育运动员)、思想(如广告创意)等。

以上描述的产品为广义的产品概念,即产品整体概念。现代市场营销学认为,以消费者的需求为标准,产品整体概念可划分为5个层次,如图6-1所示。

第1层,核心产品。这是指该产品能给消费者带来的基本效用和利益,是产品的基本功能。从本质上讲,每一件产品生产出来都是为了满足消费者的某种需要,这种需要可能是生理上的也可能是心理上的。例如,人们购买汽车是为了代步,人们去做美容是为了使自己更美丽,人们去旅游是为了放松心情,等等。因此,企业在进行产品开发和销售的过程中,应关注消费者的不同需求,根据需求的差异性来实现产品差异化。

第2层,形式产品。这是指消费者所能观察到的产品的具体形态,是产品的基本形式。形式产品体现了产品的外观形态和主要特征,包括了产品的品质、式样、特性、商标及包装

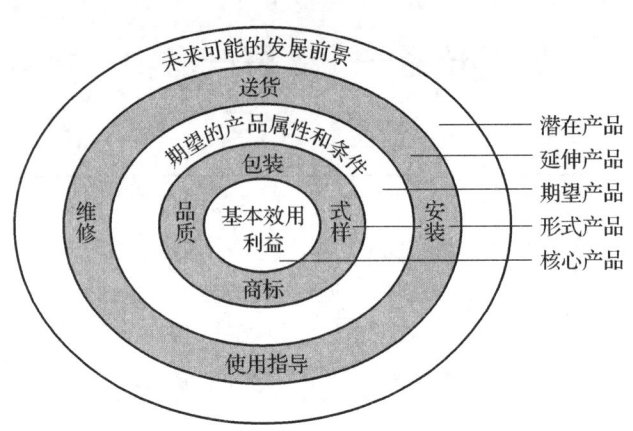

图 6-1 产品整体概念

等,是消费者识别和选择某一产品的主要依据。例如,消费者可以根据外形来区分苹果的种类,根据商标来区分肯德基和麦当劳的汉堡等。产品的有形部分是吸引消费者的最直接因素,只有其具有足够的吸引力,消费者才会选择购买、消费某个特定的产品。因此,企业应在产品的有形部分多花心思,不仅要体现产品的核心部分,还要别出心裁,通过改良外观和提高质量的手段来满足消费者的审美需要和经济性需要,继而提高产品的销量。

第 3 层,期望产品。这是指消费者在购买、消费某一产品时,所期望获得的与该产品相关的配套属性和条件。通常情况下,消费者在购买某一产品时,会根据自身的收入水平、生活习惯、以往的消费经验或营销者的承诺等,对将要购买的产品形成一定的期望。例如,酒店的客人在购买"住宿"这一产品时,期望得到一次性洗漱用品、床铺、电视、网络、热水等全套的产品。又如,餐厅的顾客在进行消费时,不仅仅关注食物产品,还期望得到清洁的餐具、优雅或轻松的用餐环境、贴心的服务、折扣或返利等全套产品。在消费者看来,这些期望是理所当然的,如果企业在提供产品时没有提供这些消费者所期望的产品,消费者就会非常不满意。而只有当所提供的产品能够满足甚至超过消费者的期望时,消费者才会感到满意甚至惊喜。因此,企业应准确把握消费者的期望产品,给消费者提供满足甚至超出他们期望的一整套产品属性和条件,以提升消费者的满意度。在此基础上,企业才能进一步培养消费者的忠诚度。

第 4 层,延伸产品。这是指消费者在购买产品时所附带获得的各种期望之外的利益。例如,消费者购买热水器,企业提供免费送货上门服务、免费安装服务,承诺一定期限内免费上门维修等。又如,消费者购买手机时,商家免费贴膜、免费安装软件等。在消费者期望范围外的这些延伸产品往往会给消费者带来惊喜,提高消费者的满意度。因此,企业可以适当增加产品的延伸部分,这样不仅能增加产品的吸引力,提高产品竞争力,还能引发消费者的口头免费宣传,给企业带来更好的市场效益。

第 5 层,潜在产品。这是指随着科技水平的提高,市场现有的产品可能会在将来发展成为未来最终产品的一种潜在状态。例如,彩色电视机未来可能发展成为电脑终端机。企业在进行产品研发时应时刻关注产品可能的演变趋势和发展前景,才能在未来抢占新产品的市场先机。

综上所述，广义的产品包括有形产品和无形产品。产品整体概念反映了以消费者需求为核心的现代市场营销观念。产品价值的大小由消费者决定，消费者需求的满足程度决定了一个企业及其产品的市场竞争力。企业应始终密切关注消费者需求的变化情况，适时推陈出新，不断转移市场竞争的焦点，才能适应新的市场竞争态势。

二、产品的分类

科学的产品分类是制定市场营销产品策略的前提基础。根据不同标准，可以对产品进行如下分类。

（一）根据产品是否具有物质形态划分

根据产品是否具有物质形态，可以分为实物产品和服务产品。

1. 实物产品

实物产品，又称有形产品，是指具有一定物质形态的产品。例如，工业生产中的钢铁、水泥、机械设备等，农林牧业生产中的粮食、木材、肉制品等，建筑业生产中的房屋、铁路等。其特点包括有形性、产销的独立性（即实物产品的生产和消费可以分阶段独立实现）、可储存性、耐久性、可移动性等。

2. 服务产品

服务产品，又称无形产品，是指不具有物质形态的产品。例如，餐饮业、旅游业、金融业、娱乐业和教育等。其特点包括无形性、产销的同时性（即服务产品的生产和消费需在同一时间完成）、不可储存性、多变性、服务提供商与消费者密不可分等。以理发店提供理发服务为例，该服务没有实物形态，理发师理发和消费者消费理发服务是同时发生的，这项服务无法储存起来以后使用，由于不同的理发师所带来的服务效果不同或同一理发师给不同消费者带来的服务效果不同，因此理发师与消费者之间需要进行密切沟通。

（二）根据产品的最终消费者划分

根据产品的最终消费者不同，可以分为工业品和消费品。

1. 工业品

工业品是指产品不是被消费者最终消费，而是由各种组织机构购买，用以维持其自身的生产和运作。例如，水泥厂生产出的水泥，通常是由其他以水泥为原材料的企业购买用于生产的。根据工业品在生产过程中转化为成品的比例大小，可以再细分为以下3类。

① 材料和部件，是指生产过程中完全转化为成品的那类产品，包括原材料、半成品和部件。例如，生产家具的木料、生产衣服的棉布、生产汽车的轮胎等。

② 资本品，是指生产过程中部分转化为成品的那类产品，包括装备和附属设备。例如，生产厂房及固定设备、生产工具及办公设备等。

③ 供应品与服务，是指生产过程中完全不会转化为成品的那类产品，包括操作和维修用品及服务。例如，润滑油、钉子、清洗厂房、修理打印机等。

2. 消费品

消费品是指被消费者最终消费,用来满足人们物质层面和精神层面需要的产品。例如,粮食是满足消费者生理需要的产品,书籍是满足消费者精神需要的产品。根据消费者的购买习惯,可以将其分为便利品、理性消费品、特殊品和非渴求品4类。

① 便利品,是指消费者频繁购买和使用的产品。这类产品通常价值较低,消费者在购买时仅花比较少的精力挑选。便利品可细分为日用品(如大米、牙膏、牙刷),非理性购买品(如偶像海报、小工艺品),以及应急用品(如雨伞、创可贴)。

② 理性消费品,是指消费者在购买时需仔细对比才能做出最终购买决定的产品。这类产品通常价值较高,消费者需要对其性能、价格、品牌等多方面进行审慎分析。例如,消费者在购买房屋、汽车或电子产品时,通常会花很多时间和精力对产品的各方面进行了解,货比三家,最终才做出最优选择。

③ 特殊品,是指特定消费群体能识别的特定品牌或独具特色的产品和服务。消费者对这类产品通常比较熟悉,但是他们对产品有特殊的要求或偏好,愿意花较多的时间和精力去选购产品。例如,具有收藏价值的收藏品(如古董、邮票)。

④ 非渴求品,是指消费者对其不熟悉,或者缺乏购买欲望的一类产品。非渴求品包括新的非渴求品和常规非渴求品。新的非渴求品通常是一些新上市的产品,消费者对此类产品还不熟悉,企业可以通过加强新产品的促销工作来说服消费者接受新产品;常规非渴求品通常是消费者长期以来不感兴趣的产品,如墓地墓碑、人寿保险、百科全书等。但是这类产品并非一直都是非渴求品,企业需要进行有效的宣传来激发消费者对该类产品的购买欲望。

 小·看板

非渴求品

什么是非渴求品?非渴求品又称非寻求品,是消费者不知道或虽然知道但一般情况下也不会主动购买的商品。传统的非渴求品有人寿保险、工艺类陶瓷及百科全书等,刚上市的、消费者从未了解的新产品也可归为非渴求品。当然,非渴求品并不是终生不变的,特别是新产品,随着消费者对产品信息的了解,它可以转换为其他类别的产品。非渴求品的特征表现为:一是非渴求品的设计是着眼于广大消费者的,而不像特殊品仅为某些特殊爱好者或特定需求所设计;二是消费者对非渴求产品不熟悉,又缺少去熟悉或认识的动力;三是即使消费者对非渴求品比较熟悉,但需求动机不强烈,一般缺少主动购买的习惯。

随着消费需求逐渐个性化、时尚化和体验化,非渴求品固有的产品特性导致其消费表现力不足,陷入营销困境。非渴求品营销工作的重点在于如何让消费者对产品从"非渴求"转变到"主动寻求购买"。可以从以下两个方面着手:一是将"体验"元素植入各生产消费流程(包括产品构思设计阶段、产品生产和制造阶段、市场推广阶段、消费使用阶段),为消费者打造多方位的消费体验;二是将文化和知识传播贯穿于非渴求品营销全过程,拉近与消费者的距离,在学习、参与、成就等的激励下,将会使消费者体验到消费的主权性和乐趣。

资料来源:赵枫.非渴求品怎样走出营销困境[J].销售与管理,2008(12).

思考：如何进行"非渴求品"营销？

模拟工作任务实操

假设你是王斌，请完成"任务引入"中的任务"分析公司中高端男装的产品整体概念"。

实操步骤

① 理解产品整体概念所包含的内容。

② 调查海南消费者对中高端男装的全方位需求。

③ 运用产品整体概念，列明中高端男装的核心产品层、形式产品层、期望产品层、延伸产品层和潜在产品层特点。

任务总结

任务二 产品生命周期的运用

任务引入

在掌握了产品的基本概念和分类后，前辈告诉王斌，产品都有其生命周期，处于不同阶段的产品所适用的营销策略不尽相同，所以建议王斌先分析集团的男装产品处于生命周期的哪个阶段，再据此分析公司可以采取哪些策略。

任务：分析公司中高端男装产品所处的产品生命周期阶段，并制定相应的营销策略。

任务分析

产品从投入市场到最终退出市场，通常经历投入、成长、成熟和衰退4个阶段。对于刚刚接触营销的人员来说，应当首先分清产品所处的生命周期阶段，分析产品和市场的特性，再在此基础上分析其适用的营销策略。

知识对接

产品生命周期各阶段特点和营销

一、产品生命周期的含义

随着时间的推移，任何产品在市场中的销售和获利能力都会发生变化。这一变化过程类似生命体的诞生、成长、成熟和衰亡的过程，因此我们可以说产品也具有生命周期。

产品生命周期，是指产品从进入市场开始，到被市场淘汰最终退出市场为止的整个过程。这里所说的产品的生命周期是市场概念而非技术概念。例如，随着通信技术的不断发展，人们不再使用BP机进行通信，而改用电话、手机或电脑，BP机退出市场，其产品生命周期已经终结。

二、产品生命周期各阶段的特点及营销策略

市场营销学中,产品生命周期与生命体生命周期一样,可以分为4个阶段,分别是投入期、成长期、成熟期和衰退期。通常以产品销售额来体现产品生命周期,如图6-2所示。每个阶段都具有不同的市场特点,企业应根据自身产品的市场特点判断其处于生命周期的哪个阶段,并采取针对性的营销策略。

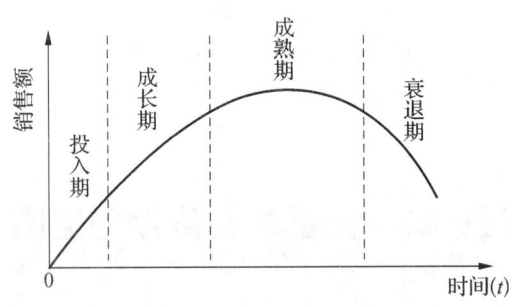

图6-2 产品生命周期曲线

(一)投入期

投入期,又称产品导入期,指产品经过研究开发、试销等前期准备环节后,正式进入市场的阶段。

1. 投入期的市场特点

① 小批量、高成本。在这一阶段,市场上只有少数几家甚至只有一家企业拥有新产品制造的技术,产品投入市场还处于试探期,产品生产规模不会太大,没有实现规模经济。而且,新技术尚未成熟,生产也尚未稳定,次品率相对较高,产品设计随时可能变动,技术不断更新改进,这些都会提高产品的成本。

② 促销费用高。作为刚进入市场的新产品,消费者对其并不了解,购买欲望较弱。为此,企业必须采取多种途径对新产品进行宣传,提高其知名度,吸引潜在消费者的注意力,让消费者了解新产品并愿意购买和使用。通常,这一阶段企业需要投入的促销费用会达到整个产品生命周期的最高点。

③ 利润低,定价高。由于生产批量小,制造成本高,广告宣传费用高,而且市场销售状况不稳定,所以企业利润通常较低,甚至入不敷出。因此,企业通常需要制定较高的产品价格才能弥补较高的成本投入。

④ 市场竞争不太激烈。在这一阶段,产品的市场前景还难以把握,除了少数的先导企业进入市场,其他企业还处于观望期,所以市场竞争并不太激烈。因此,先进入的企业在这一时期应注重提升品牌影响力,稳定客户群体,积极开拓并占领市场,抢占市场先机。

2. 投入期的营销策略

投入期的营销策略主旨是尽可能快地使消费者接受新产品。在这一阶段,企业要强调一个"快"字,加大力度做好产品宣传和促销工作,提高新产品的影响力和吸引力,迅速扩大

新产品销量,尽量缩短产品投入期,从而尽快进入成长期。

企业从产品的价格和促销两个方面着手,有 4 种策略可供选择,如图 6-3 所示。企业应当根据不同市场环境选择相适应的策略,借以打开新产品市场。

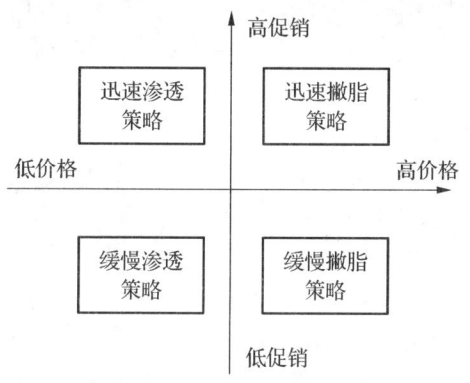

图 6-3　投入期的 4 种营销策略

① 迅速撇脂策略——高价格、高促销的组合策略。高价格是为了尽快收回产品的制造成本和宣传成本;高促销是为了迅速提高产品的知名度,尽快打开市场销路。此处所说的高促销,是指企业针对新产品进行大量的促销活动。例如,大规模广告宣传,或者通过赠送样品诱导消费者使用等。

对应的市场环境是:潜在市场规模较大;大部分潜在消费者对新产品不甚了解;目标消费者对新产品有强烈的购买欲望并愿意支付高价;潜在竞争威胁大,企业需尽快树立新产品的品牌形象。

② 缓慢撇脂策略——高价格、低促销的组合策略。高价格是为了使企业获得更高的收入;低促销是为了减少产品成本投入。因此,企业采取这一策略是为了能投入尽可能低的成本以求更高的利润。

对应的市场环境是:市场规模有限;大部分消费者对新产品有一定的认知;目标消费者对新产品有强烈的购买欲望并愿意支付高价;潜在竞争威胁小。

营销实例

互联网背景下消费者的价格判断更加清晰

如果说在互联网营销出现之前,产品价格几乎由企业所主导的话,那么,企业一旦开始利用互联网进行营销之后,便不再能够左右产品价格,而是必须以消费者能够接受的价格来决定价格的高低,并以此为据进行产品的生产和销售,即消费者成为商品销售价格制定的主导者。这就要求企业必须了解消费者对同类产品特别是本企业产品可以接受的合理价格、有竞争力价格及最高价格。这在互联网发达的今天,企业通过网络调查,便可轻松获得消费者对价格的接受程度,针对不同层次的用户制定满足其不同价格接受的产品,在此基础上再开始生产产品。消费者为产品价格的制定提供了重要依据,使企业能够在生产前就掌握了

消费者对价格的接受底线,真正实现了生产、销售、消费的一体化。例如,美国一些汽车公司先由求购者自选汽车配件,关键环节乃至型号、用材、价格、需求时间等,再为消费者设计私人定制汽车,实现了市场营销模式的创新。具体而言,企业应对价格策略进行创新。一是确立基于消费者价值导向的产品定价指导思想,即企业利润实现由依赖于企业自身定价向市场定价的转变,由消费者购买产品向实现消费者心理感受的转变,亦即由企业价值导向的程序:产品→成本→价格→价值→消费者向消费者价值导向的程序:消费者→价值→价格→成本→产品转变,并将知识成本、创新成本构成影响价格制定的因素。二是明确基于消费者价值导向的产品定价方法操作步骤:第一步是消费者价值概念化;第二步是理解消费者价值关键驱动因素;第三步是计算消费者需求的最终接受价格;第四步是将产品价值传达到给消费者;第五步是开发确立消费者价值的途径。

资料来源: 赵永胜. 互联网背景下企业市场营销创新研究[J]. 技术经济与管理研究,2020(4).

思考: 请结合具体实例分析,如何基于消费者价值导向进行产品定价方法创新。

③ 迅速渗透策略——低价格、高促销的组合策略。低价格是为了尽快地使尽可能多的消费者接受新产品;高促销是为了迅速把产品信息传递给消费者,刺激消费者的购买欲望。因此,企业采取这一策略是为了在尽可能短的时间内抢占市场,获得最高的市场份额。

对应的市场环境是:市场规模大;大部分潜在消费者不了解新产品;目标消费者对新产品的价格比较敏感,价格弹性大,不能抬高产品价格;潜在竞争威胁大;随着新产品生产和销售规模扩大,单位生产成本会下降,即使价格较低但仍有获利空间。

④ 缓慢渗透策略——低价格、低促销的组合策略。低价格是为了吸引更多的消费者;低促销是为了降低产品的经营成本,以获得较高的产品利润。因此,企业采取这一策略是为了以较低的成本稳健地扩大市场份额。

对应的市场环境是:市场规模相当庞大;大部分消费者已了解新产品;目标消费者对新产品的价格比较敏感;存在潜在竞争,但威胁不太大。

(二) 成长期

成长期是指产品经过投入期的宣传已有一定知名度,开始进行批量生产,销量也快速增长的阶段。

1. 成长期的市场特点

① 大批量、低成本。在这一阶段,企业生产产品的相关技术逐渐成熟,生产能力加强,加之市场需求规模快速扩大,企业开始扩大生产规模。大批量生产形成规模经济,导致单位产品生产成本锐减。低成本往往给企业创造了降低价格的空间。

② 促销费用低。产品投入期的促销活动已经为产品建立了较高的知名度,消费者对产品已经有所了解,企业不再需要投入大量的促销费用。这一时期的促销费用通常是为了维持并提高产品的品牌知名度及消费者对产品的信心。

③ 企业利润迅速增加。随着产品销量迅速增加,售价相对稳定,加之产品生产成本和促销成本下降,企业从中获取的利润也迅速增加。

④ 市场竞争加剧。由于产品销量迅速扩大,产品有利可图,所以更多企业纷纷进入市场,并生产同一产品。大量企业开始抢占市场,导致市场竞争逐渐加剧。

2. 成长期的营销策略

成长期的营销策略主旨是尽可能延长产品的成长期,维持产品销量的增长趋势。在这一阶段,企业要强调一个"稳"字,稳定产品品质,稳定产品市场,以及稳定分销渠道,保证企业能在稳中求发展,逐步发展壮大。

企业在成长期可采取的策略如下。

① 提高产品品质,增加产品特色。在这一阶段,企业不能因为追求短期利润最大化片面地扩大产量,而忽略产品品质的提升。在市场竞争不断加剧的时期,企业应该不断从质量、样式、包装、售后服务等方面改进产品或新增一些产品特色,以保持产品的魅力,从而在市场竞争中始终立于不败之地。例如,肯德基的汉堡经常推出新的口味、可口可乐的包装上印有一些流行语等。

② 通过广告宣传树立消费者对产品和企业的信赖度。在成长期,企业的广告宣传已经不局限于产品的基本介绍,而是侧重于产品的特色。这不仅能深化原消费者对产品的认识,提高消费者的品牌忠诚度,而且能够诱导潜在消费者实施品牌转换。

③ 探寻拓展新市场。随着市场竞争不断加剧,企业应探寻产品尚未涉及的领域,进军新的细分市场,以此避开市场的激烈竞争带来的负面影响。此外,企业应适当开发新的市场区域,增加销售网点,以便消费者购买产品。

④ 根据竞争情况适时调整价格。企业应时刻关注竞争对手的市场策略,以便及时了解市场状况,并根据市场竞争状况适时采取降价或折扣的方式吸引更多消费者购买本企业的产品。

（三）成熟期

成熟期是指该产品的市场已经达到饱和状态的阶段。

1. 成熟期的市场特点

① 产量最大,成本最低,销量缓慢上升并趋于稳定。在这一阶段,消费者对本企业产品的偏爱程度渐趋稳定,产品市场需求量逐渐趋于饱和,产品产量和销量缓慢增长达到最高值,并基本稳定于此水平。

② 企业利润缓慢增长达到最高点,然后逐步下降。由于产品销量增长速度放缓,企业生产逐渐超过市场实际需求,市场开始出现供过于求的状态,产品价格被压低,企业利润相应开始缩水。

③ 市场竞争相当激烈。由于一大批企业在成长期进入市场,各种品牌、各种款式的同类产品不断出现,导致整个市场产品供给过度,而消费者市场有限,无法消化这些多余的供给。很多企业为了在市场中分得一杯羹,开始纷纷采取低价策略吸引消费者,激烈的价格战由此拉开序幕。

2. 成熟期的营销策略

成熟期的营销策略主旨是尽可能延长产品成熟期,注重创新。在这一阶段,企业要强调一个"创"字,积极进行市场改革,积极推进产品改革,积极改良产品营销手段。通过这些举措,为销量和利润找到新的增长点,从而扩大企业利润。

① 积极进行市场改革。在成熟期,原来的产品市场已趋于饱和,所以企业应该积极

开辟新市场,寻找新的消费者。具体策略有:开拓新的市场区域,把企业的部分生产和销售转向其他省市甚至转移到国外;发现产品的新用途,这是在不对产品做任何改进的情况下得到的。通过挖掘产品的新用途,使产品从成熟期转入新的成熟期,企业可不断从中获利。

 营销实例

苹果公司的产品创新策略

苹果公司始终坚持产品的不断创新。2007年7月,苹果公司推出 iPhone,随后每年推出新一代 iPhone,正是 iPhone 系列手机成就了苹果这个伟大的公司,使其成为世界文明创新的典范。

iPhone 在核心产品方面的创新,主要表现在全屏触控、多点触摸,短信组织创新,虚拟键盘3个方面。

1. 全屏触控、多点触摸功能。这个功能是从人的感官上来设计的。要缩放一张图片,只需要一个可量化的动作即可,如手向下或向上拖动一段距离。iPhone 的这个创新设计将对虚拟物体的操作变得真实化,更亲切、友好,体现了以人为本的思想,它从用户角度出发,考虑了使用者操作时的感受。

2. iPhone 对短信的组织方式做了一点小小的改变,它把短信按联系人进行组织,打开某个联系人的短信,显示的是机主和该联系人的对话记录。一问一答的显示方式,聊天的感觉既亲切又舒服。

3. iPhone 使用全键盘,并且设计一个虚拟键盘显示在屏幕上,当手指放到某一个键上时,这个键就会凸显出来,以防止误操作。这样的设计实现了用户的便捷操作。

此外,iPhone 在形式产品方面的创新,主要表现在 iPhone 时尚的外观设计符合形式美的规律,还符合人体各项功能的要求。

资料来源:道客巴巴.

思考:成熟期的策略重点是什么?如何理解"创新是企业常青的基础"?

② 推进产品改革。在成熟期,市场中的产品同质化特别严重,企业应该在原产品的基础上做出某方面的改进,以此吸引新的消费者购买,从而增加产品销量。具体策略有:质量改进,如增加新的功能、延长产品的耐久性等;特色改进,如提高产品使用的安全性,使产品的使用更便捷;式样改进,通过产品外形的变化吸引消费者购买。

③ 改进产品营销手段。企业可以通过降低价格、扩大销售渠道、增加销售网点、完善售后服务、组织公关活动等手段来促进产品销售。

(四) 衰退期

衰退期是指产品已经不适应消费者需求,逐渐被市场淘汰,最终退出市场的阶段。

1. 衰退期的市场特点

① 产品销售量急剧下降。衰退期的产品已经跟不上消费者新的需求,消费者的兴趣已

经转移到新的产品或新的替代品上,由此导致产品的销量急剧下降。

② 生产萎缩,利润持续减少。由于产品销量急剧下降,企业开始削减产量。竞争导致的低价,加之销量锐减,导致企业所获得的利润迅速下滑,部分同行无利可图,转而投资其他行业,或者是停止生产被迫退出市场。

2. 衰退期的营销策略

衰退期的营销策略主旨是辨别产品,慎重淘汰。在这一阶段,企业要强调一个"转"字,放弃衰退产品,将企业资源转向新的产品、新的市场,寻求新一轮的市场发展。

企业在产品衰退期可采取的策略如下。

① 立即放弃,转向新产品。如果企业在产品进入衰退期前就研发出新的替代品,而原产品的继续销售会影响新产品的发展前景,则企业应立即放弃原产品。或者,该企业拥有其他产品市场,投入原产品的资金能够迅速转移,则企业也可以考虑立即放弃原产品。

② 逐步放弃,有序转移。如果企业立即放弃原产品会带来巨大损失,或者是资金转移需要比较长的时间,则企业应该制定时间表,逐步放弃原产品。或者,企业已开发了新产品,但其进入市场需要较长时间,则企业可逐步放弃原产品,并引导消费者消费新产品。

③ 继续经营,自然淘汰。企业没有主动放弃原产品,而是选择继续经营直至该产品市场完全衰竭。选择这一策略的企业的主要目的,是想在竞争者相继退出市场的时候接收更多的顾客,从中获取利润。但是这样企业往往面临着较大的风险,一般只有具备很强竞争力的企业才会做此选择。

 模拟工作任务实操

假设你是王斌,请完成"任务引入"中的任务"分析企业中高端男装产品所处的产品生命周期阶段,并制定相应的营销策略"。

实操步骤

① 分析公司中高端男装的市场特点,如产量、生产成本、销量、利润率、市场竞争程度等。

② 根据产品的市场特点,判断中高端男装产品处于产品生命周期的哪个阶段。

③ 根据产品所处的生命周期阶段,制定具有针对性的营销策略。

任务总结

任务三　品牌策略的选择

任务引入

在王斌完成对男装产品生命周期的研究分析后,前辈告诉王斌,品牌是企业产品销售取得成功的关键因素。王斌发现公司现有品牌知名度较高,但是所有产品都共用一个品牌。王斌可以采用公司原有的品牌,也可以专门为海南地区中高端男装系列产品设计一个新品牌。

任务：如何制定合适的品牌策略，并进行品牌设计？

 任务分析

品牌对企业和消费者而言都有极其重要的作用，企业进行产品营销时应当注重品牌的创立和维护。对于尚未创立品牌的产品，营销人员应当根据产品特性和企业状况选择合适的品牌策略。如果企业决定自己创立新品牌，则应根据企业产品的特点设计出独具特色的品牌。

 知识对接

一、品牌的含义及功能

（一）品牌的含义与组成

1. 品牌的含义

根据现代营销学之父菲利普·科特勒对品牌的定义，品牌（brand）是指消费者借以识别产品或服务的一个名称、符号、设计或它们的组合。大多数产品都有自己的品牌，品牌的主要目的是将本企业的产品和服务同竞争对手加以区分。同时，品牌还是联系产品与消费者的重要纽带，是企业争夺和维系客户关系的有力武器。

2. 品牌的组成

生活中我们所熟知的品牌通常由以下 3 部分组成。

① 品牌名称（brand name）。品牌名称是品牌中可以用语言文字表达出来的部分，通常是词语、字母、数字或它们的组合。例如，可口可乐（Coca-Cola）、联想（Lenovo）、中国移动（China Mobile）等。

② 品牌标记（brand mark）。品牌标记是品牌中难以用语言文字表述出来的，但能起到很好地识别效果的部分，通常为符号或图案等。例如，海尔的海尔兄弟图案、麦当劳的 M 标志、苹果（Apple）的缺了一口的苹果等。

③ 商标（trademark）。商标是品牌中依法注册并获得批准，并受法律保护的部分。法律保障商标的注册人对注册商标拥有专有权，可以独自获取商标带来的收益或对商标进行处置。

 小·看板

品牌和商标有什么区别

不少人把商标和品牌等同起来，其实还是有区别的，品牌的范畴比较大，商标的范畴比

较小,而且有些品牌不一定注册商标。下面简单介绍一下二者之间的区别。

1. 对象不同:商标是品牌中的标志和名称部分,品牌是一个综合的象征,也包括了商标这一部分。

2. 范畴不同:商标属于法律范畴,品牌属于市场概念。商标更多表现在如何合法地申请、合法地使用、宣传,品牌则是帮助更好地销售,建立消费者的忠诚度。

3. 所有权不同:商标握在企业的手上,品牌更多是在客户的心中。商标所有权是企业所有,品牌是在消费者的头脑中。

4. 法律保护不同:商标能够得到法律保护,而未经过注册获得商标权的品牌不受法律保护。

广义的"品牌"是具有经济价值的无形资产,用抽象化的、特有的、能识别的心智概念来表现其差异性,从而在人们的意识中占据一定位置的综合反映。品牌建设具有长期性。

狭义的"品牌"是一种拥有对内对外两面性的"标准"或"规则",是通过对理念、行为、视觉、听觉四方面进行标准化、规则化,使之具备特有性、价值性、长期性、认知性的一种识别系统总称。这套系统也称为CIS(corporate identity system,企业形象系统)。

商标是一个专门的法律术语。品牌或品牌的一部分在政府有关部门依法注册后,称为"商标"。商标受法律的保护,注册者有专用权。

资料来源:一品知识产权,东莞商标注册.

思考:公司创立的品牌需要注册商标吗?如果不注册商标可能会出现什么问题?

(二) 品牌的功能

品牌是企业同消费者建立联系的桥梁,对企业和消费者都有重要的作用。

1. 对企业的功能

① 帮助企业树立形象。一个优秀的、具有相当知名度的品牌,能为企业做出很好的宣传。消费者通过使用该品牌的产品逐渐形成对该品牌的信赖,从而培养起消费者的品牌忠诚度。一些企业注重通过品牌塑造企业的个性,体现企业文化。例如,"苹果(Apple)"这个品牌,消费者对它的印象是高端、精细、保密性好以及不断创新等,正是这些特点为苹果公司带来了一批忠实"粉丝",并吸引着很多潜在的消费者。

② 有利于企业进行宣传,降低营销成本。当某品牌的知名度足够大时,市场中大部分消费者都已经对其很熟悉,广告宣传和促销活动能得到更多消费者的回应。此外,消费者之间也会互相了解和推荐各个品牌,这种免费的宣传节约了企业很大的宣传成本。例如,肯德基通常只在推出新产品的时候进行广告宣传或是促销活动,而消费者对此都是热情满满,因为他们都了解并信任这个品牌,对其新产品抱有很大期望。

③ 给企业带来增值。品牌是企业的一项无形资产,增加了产品的附加值,从而给企业带来了增值。同时,消费者对品牌有一定的信任度和追随度,一旦认准了某一品牌,则对其价格的敏感度会相对下降,企业可以借此制定相对较高的价格,给企业带来高额的利润。例如,海尔家电的价格一般比同类产品高,但这对其客户群体影响不大。

2. 对消费者的功能

① 便于消费者区分同类产品。品牌通常具有很强的辨识性,代表了该产品的一些特

性,因而消费者通过品牌就能从繁杂的产品中选出自己中意的产品。例如,人们在购买手机时要面对 iPhone、三星、华为等多个品牌,每个品牌代表了不同的产品特性、不同的文化背景、不同的设计理念、不同的心理目标,消费者可以根据自身的需要或是对某一品牌的信赖度来进行选择。

② 便于消费者监督管理产品质量。品牌与产品、企业相挂钩,消费者根据品牌可以明确哪家企业应对产品负责。这不仅能保障消费者权益,也能够实现社会公众对产品和企业的实时监督。

二、品牌策略

企业在制定品牌策略时应分 3 个层次来考虑。

(一) 企业是否使用品牌

通常而言,使用品牌对产品有很大的积极作用,而绝大多数产品也都使用了品牌。但是,对某些产品来说,品牌并不会对商品的识别和销售产生多大影响,所以为了降低成本,就不使用品牌。

不使用品牌的产品一般包括:完全同质的产品,如水电、煤炭等;消费者习惯不凭品牌购买的产品,如白糖、蔬菜、水果、肉等;未经加工的原料,如沙子、棉花、面粉等。但是,随着生产工艺的不断发展,或者消费者购买习惯的变化,一些原本不需要品牌的产品也开始使用品牌,如红富士苹果、精装的大米面粉等。

(二) 采用自有品牌还是中间商品牌

传统来看,品牌通常是企业自有品牌。但是随着现代商业的发展,中间商也形成了自己的声誉,尤其像家乐福、沃尔玛这类大型超市。有时候,消费者对所要购买的商品并不了解,这时一个很重要的参考因素就是中间商品牌,即产品是在哪个商店销售的。因此,企业应当对比分析自有品牌和中间商品牌哪个的市场信誉更好,更能吸引消费者购买,从而做出相应的决定。

但是,企业应当认识到选择中间商品牌会面临的一些问题:企业利润相对较少;不利于自有品牌的发展;不利于与消费者沟通。

(三) 对统一品牌和个别品牌的抉择

一个企业通常有多种产品,这些产品可以只用一个品牌,也可以用多个品牌。对此,企业有以下几种策略可以选择。

1. 统一品牌策略

对于企业生产的全部产品,不论产品之间有无差异,均使用同样的品牌销售。采用统一品牌策略,一方面方便企业进行品牌推广和管理,降低相关成本;另一方面有利于消费者接受新产品。

但是这一策略的使用应满足两个条件:该品牌已有一定的市场影响力;使用同一品牌的产品应具有相同或相似的质量水平、价格区间和目标市场。此外,企业应确保同一品牌下的每类产品都不会出现问题,否则会影响其他产品的声誉,产生雪崩效应。

2. 个别品牌策略

企业生产的每一类产品分别使用一个品牌,即一个企业存在多个品牌。采用个别品牌策略,一方面是为了开发不同地区、不同档次的产品市场,扩大市场占有率;另一方面是为了避免统一品牌策略的雪崩效应。但是这一策略也存在缺点:企业需要进行多品牌营销,费用相对较高;品牌多,品牌价值分散,不利于树立企业整体形象。

3. 统一和个别相结合的品牌策略

该策略分为个别的统一品牌策略和统一的个别品牌策略。前者将企业生产的产品进行大分类,不同类别产品用不同品牌;后者是将个别产品的品牌与企业名称联合使用,使企业生产的产品与企业建立品牌联系。

三、品牌的设计

品牌的设计是技巧与艺术相结合,不仅要体现出产品特色,具有一定的寓意,而且还要求美观新颖,具有一定的风格。关于品牌的设计有以下几点要求。

不同品牌策略的选择会带来什么效果

(一)名称应易读易记,具有亲和力

品牌名称会频繁使用于经营者与消费者之间,或者是消费者与消费者之间的沟通,所以一定不能太复杂。许多大众所耳熟能详的品牌,其名称都是短小精悍的,如"美的"空调、"双汇"火腿肠、"宝马"汽车、"七匹狼"男装、"长城"干红等。同时,品牌名称的亲和力也显得很重要,会给消费者带来心理层面的安慰和满足,如"舒肤佳"能给人一种清爽洁净的感觉。

(二)能暗示企业或产品特色

许多品牌在命名时会体现出产品的主要特性,使消费者能够迅速了解产品,并且方便记忆。例如,"冷酸灵"体现出牙膏的抗过敏性,"迅雷"体现出下载速度很快,"永久"体现出自行车很耐用等。

(三)整体造型美观,构思新颖

人们总是追求美的东西,品牌也不例外,美观大方的品牌不仅能够给消费者带来视觉享受,而且能使顾客产生信任感。

(四)适用性广,为公众所接受和喜爱

品牌名称和标志的设计除了考虑精炼美观,还要特别注意不同地区、不同民族消费者的文化价值观念的不同。尤其当产品进入国际市场的时候,企业应了解当地的历史文化、风俗习惯、民族禁忌、心理特征、宗教信仰等因素,并据此调整品牌设计。

 **营销实例**

国潮在各领域的应用

"国潮"的崛起激活国产品牌对其产品进行创新升级,扩大消费者人群,抓住市场机遇。中国李宁、老干妈服饰、泸州老窖香水、56个民族旺仔罐头等,越来越多国潮产品符合年轻消费者青春鲜活、时尚个性的特点,同时也将中国传统文化融入生活。服装方面,李宁成为国内首个登上纽约时装周的运动品牌,此后也多次亮相国际时装周,用中国元素点亮了国际舞台;Dolce & Gabbana、GUCCI、Valentino等国际奢侈品牌接连推出带有龙纹、祥云、仙鹤、青花、中国结、旗袍剪裁等中国元素的服装饰品。产品广告方面,大白兔、周黑鸭、泸州老窖等老品牌都在天猫国潮推出了让人耳目一新的新产品,故宫、颐和园、各大博物馆等中国文化的载体也推出文创产品或跟商业品牌做联名。文化展会方面,"有间国潮馆"以中国文化为灵感来源,通过国潮产品及场景氛围的创意秀,演绎了"国潮"理念和内涵。馆内六大主题区域的展陈杂糅了传统与现代,混合了技术与艺术,力求为游客营造在光影中漫步、古今里穿行的超时空、跨次元的体验。

资料来源:周橙旻等.基于国潮文化的家具设计策略应用探析[J].家具.2020,41(05).

思考:好的品牌形象设计会给企业带来什么好处?你还知道哪些民族企业品牌形象标志?请和大家分享一下。

 模拟工作任务实操

假设你是王斌,请完成"任务引入"中的任务"如何制定合适的品牌策略,并进行品牌设计?"

实操步骤

① 分析公司现有品牌的使用情况,包括品牌知名度和品牌旗下的产品。

② 分析统一品牌策略和个别品牌策略的优缺点。

③ 根据海南男装产品特点和市场状况,选择合适的品牌策略。

④ 如果决定创立新的品牌,需要根据产品和市场的特点,设计新颖独特的品牌名称和品牌标志。

任务总结

任务四 包装策略的选择

任务引入 通过对其他竞争对手的观察,王斌觉得产品包装似乎也是一个值得关注的方面。但是,针对中高端男装产品,集团应采取什么包装策略?如何设计中高端男装产品的包装?这是王斌需要分析和解决的问题。

任务:如何选择合适的包装策略,并进行包装设计?

任务分析

产品包装具有很强的指引和诱导消费能力。企业应当综合考虑产品的特性、资金投入状况和消费者的需求等因素,选取合适的包装策略。企业在设计产品包装时,销售包装应注重美化产品,运输包装应注重保护产品。

知识对接

一、包装的含义及功能

(一)包装的含义

包装(packaging)是指为了保护产品,方便运输、携带,促进产品销售,而采用的技术方法、材料、容器和辅助物等的总称。从动态上来看,包装是施加一定技术方法,用容器、材料和辅助物等标识和装饰货物的操作活动。

除了少数特殊产品,如煤炭、原木、石子等,绝大多数产品都需要包装。产品的包装一般分为3个层次,即内包装、销售包装和运输包装。

① 内包装,是第1层次的包装,是指直接盛装产品的容器。例如,装有牙膏的软管、装有化妆品的瓶子、包有口香糖的锡箔纸等。

② 销售包装,是第2层次的包装,是指保护直接包装、美化产品外观的材料,通常是产品销售时的包装。例如,牙膏、化妆品的包装纸盒。

③ 运输包装,也称外包装,是指为方便产品储存、辨认和运输所必需的包装。例如,装有多盒牙膏的纸板箱就是运输包装。

(二)包装的功能

包装是产品的重要组成部分,对产品具有以下功能。

1. 保护产品

保护产品是包装的基本功能。包装保护产品从出厂到销售再到消费者使用的整个过程中不受损伤。这里所说的损伤包括破损变形、发生化学变化、变质、腐败、异物混入、污物污染、丢失、散失等。对于很多产品,包装的保护作用尤为明显,如牛奶、洗发水、化学物品等,如果没有包装进行保护,这类产品会很快丧失其价值。

现代市场营销中,保护产品还有另一个层面的含义,即保护产品不被假冒品侵权。企业通过高科技手段在产品包装上采用防伪技术,以确保产品不被其他假冒伪劣产品顶替,以此保护产品声誉,同时也保障了消费者权益。

2. 方便运输、销售和使用

产品的包装既要方便厂商运输装卸,也要方便中间商运输和储存,有时候还要考虑商家摆放货架的方便。在消费者购买和使用产品的过程中,包装应方便消费者辨别、携带、储存及使用。

3. 美化产品、促进销售

新颖独特、美观大方的包装能提高产品的吸引力,在众多商品中脱颖而出,刺激消费者的购买欲望。包装的材料、图案、标语、色彩等都展示了产品的特点,是"视觉上的推销员"。

4. 增加产品的价值

好的包装,往往能增加产品的价值。这体现在两个方面:一是能更好地保护产品或延长产品使用寿命,提高产品的品质,使消费者愿意支付较高的价格购买产品;二是高档包装能优化消费者对产品的评价,激发消费者的购买欲望,从而抬高产品价格。

二、包装策略

产品包装具有很强的指引和诱导消费能力,在产品销售中起着重大作用。企业在进行产品包装设计时,有以下策略可以选择。

(一)类似包装策略

类似包装策略是指对于企业生产的同一类型的所有产品,其包装上采用相似的图案、色彩、布局和材料等。

类似包装策略的优点是:一方面,便于消费者识别同一企业的产品,尤其是在新产品上市时,消费者对其不熟悉,此时采用类似包装能吸引消费者注意力,并能利用企业的声誉引导消费者购买新产品;另一方面,节约包装设计成本。针对不同产品,企业只需更改包装上的部分内容即可。例如,不同口味的"馋嘴猴豆干",其包装设计基本一样,只是颜色及口味的标注有所不同,这样可以节省企业在包装设计方面的投入。

但是,类似包装策略只适用于品质、价值接近的产品,如果差别很大的产品使用类似的包装,则会拉低高品质产品的档次,影响其定价和销售。

(二)组合包装策略

组合包装策略是指企业将其生产的几种有关联的产品组合在一起,包装在同一容器中销售。例如,把牙膏、牙刷组合包装,把铅笔、橡皮擦、削笔刀等组合包装,食品的大礼盒包装等,都属于组合包装。

组合包装策略的优点是:一方面,方便消费者购买产品,减少消费者挑选商品的时间;另一方面,企业可以借助老产品推销新产品。在企业推出新产品时,可以同老产品组合出售,使消费者在不知不觉中接受、试用新产品,从而打开新产品市场。例如,将新口味的酸奶与原有口味的酸奶包装在一起销售。

(三)再使用包装策略

再使用包装策略是指产品用完后,产品的原包装容器还可以用作其他用途。例如,精美的礼盒可以被用作储物盒、化妆品的喷雾瓶可以再次利用、各种形状的酒瓶可作为装饰物等。

再使用包装策略的优点是:一方面,包装容器一物多用,可以引起消费者购买欲望,尤其是一些美观精致的包装容器;另一方面,附有商标的包装物被消费者重复使用,无形中对产品品牌做了免费宣传。

但是,使用该策略应考虑成本问题,片面追求包装的再使用会提高产品成本,引起商品价格过高,从而影响产品的销售。

(四)分等级包装策略

分等级包装策略是指企业根据消费者需求不同和产品价值不同,将同一种产品分成若干等级,分别进行不同级别的包装。例如,同款糖果,根据消费者的不同需求可以分为散装、普通包装、礼品精包装等。再如,同样是红酒,根据其价值的不同,高档红酒包装精美,中低档红酒包装简略。

分等级包装策略的优点是:一方面,有利于消费者根据自身需求选购合适的产品;另一方面,包装与产品的价值相匹配,有利于产品定价和销售。

(五)附赠品包装策略

附赠品包装策略是指企业在产品的包装容器中附赠一些物品,从而引起消费者的购买兴趣,甚至引发消费者多次购买的欲望。例如,食品的包装内附赠系列卡片,集齐一套卡片即可兑奖,这就使消费者愿意多次购买产品,从而促进了产品销售。

(六)改变包装策略

改变包装策略是指企业放弃使用原有包装,设计并使用新包装,以全新的产品形象在市场上销售。

当某一产品由于同其他产品差异较小而影响其销售,或者产品质量遭受消费者质疑时,企业应在改进产品质量的同时改变原包装,重新树立新的产品形象。此外,企业应当留意其他企业同类产品包装的改变,适时更新包装材料和包装技术。

但是,企业也不能无缘无故或频繁改变包装,因为如果包装与消费者记忆中的不同,会造成消费者的疑虑,影响其选购产品。

 营销实例

6种包装策略的介绍

星巴克咖啡杯

星巴克的圣诞杯至今为止已经有22年的历史了。自1997年起,圣诞红杯便成为星巴克的标志之一,每一年圣诞季,都有不同的星巴克圣诞红杯相伴。2016年,星巴克一次性推出13个限量版,从13个国家的1 200份设计作品中挑选出来,还有两款是艺术家设计的。2017年,星巴克的白色圣诞杯,采用了手绘形式来表现艺术感,飞舞的白鸽、挂满彩灯的圣诞树、爱人手写的祝福、手牵手的温暖……一样的圣诞元素却又彰显出不一样的视觉感受。

2018年,星巴克以萌宠为主题,推出哈士奇、熊猫、麋鹿等造型的多款杯子。

除了圣诞限量杯之外,在不同的国家和地区、不同的节假日,星巴克也总会推出不同的花样杯子,也是广大星粉们的心头挚爱。季节限定款、城市限定款、联名合作款……当你走进星巴克的杯子世界,有的时候甚至会莫名恍惚,星巴克到底是卖咖啡的还是卖杯子的?现在的星巴克,杯子的力量甚至开始超越咖啡本身,不少人不再是为了买咖啡而顺带买杯子,而是为了收藏杯子而顺带喝杯咖啡。这就是星巴克包装设计的独特魅力所在!

资料来源:搜狐网.

思考:星巴克咖啡杯为什么备受消费者欢迎?你还见过哪些产品包装上的创新?分析奶茶包装与奶茶销售之间的关系,并举例说明。

三、包装的设计

企业选择合适的包装策略后,就需要根据产品特性对产品包装进行合理设计。一般情况下,销售包装的设计应注重美化产品,运输包装的设计应注重保护产品。

(一)销售包装设计

销售包装不仅对企业宣传和销售产品有很大作用,而且对消费者购买和使用产品有极大影响。其设计有如下基本要求。

1. 造型美观

包装应具有艺术吸引力,通过新图案、新造型、新材料等给消费者带来视觉上的享受,吸引消费者购买产品。同时,产品的造型应适应目标消费群体的喜好,如儿童产品的包装可以用卡通形象、商务型产品包装应简单大方、礼品包装应精美华丽等。

2. 与产品价值相匹配

企业应当根据产品自身的特点选择包装材料和方式,不能片面追求高品质包装。不同产品的品位、价值和顾客需求不同,企业可以据此决定包装的档次。例如,对于一些价值较高的珍藏品、艺术品、珠宝首饰等,包装应该精美上档次,能够衬托出商品的高贵、典雅和艺术性;而对于一些普通的日用品,消费者对包装的要求不高,包装应讲究实用性,尽量降低包装成本。

3. 显示产品的特点和风格

包装应当能够直接展示出产品的主要特色。很多产品,消费者在选购的时候更加注重其外观、形状、色彩等,对于这类产品,企业在设计包装的时候应考虑能够直接向消费者展示商品。要达到这一目的,企业可以选择透明的包装材料,或者用开天窗式的包装,或者在包装上印有商品的彩色图片或效果图。

此外,包装还应独具特色,不仅能在同种产品中脱颖而出,还能在消费者心中留下深刻印象,如王老吉的红罐包装。

4. 提升消费者信任度并指导消费

产品包装上的文字说明应当清晰明了,包含产品应体现给消费者的所有信息,以便消费者正确选购产品。例如,食品包装上对于原料的说明应详细具体,列明食品添加剂的具体化学成分等。

此外,对于一些经常被消费者质疑的商品,企业应在其包装上进行特别说明以增加消费者对产品的信任度。例如,大豆油包装上标明"非转基因大豆"、油脂类产品包装上标明"无胆固醇"、清真食品包装上标明"清真"等。

5. 适应消费者文化差异

当产品销往一些有特殊文化背景或者宗教信仰的国家或地区时,产品的包装设计应当适应当地消费者的风俗习惯。例如,不同国家或地区的消费者对颜色、图案的喜好不同,中国人觉得红色喜庆、金色高贵,墨西哥人忌讳紫色,加拿大人喜欢使用枫叶的标志,意大利人喜欢动物图案等。

6. 方便使用、保管和携带

设计销售包装的时候除了要考虑其艺术层面的要求外,还应考虑销售和使用的方便性。例如,圆柱形的饮料包装应考虑防滑,方便使用;大件的物品包装应增加提手,方便携带;分量较大的或易变质的食品包装应设计易拉封口,方便保管等。

营销实例

香奈尔5号香水——香水瓶成为艺术品

1921年5月,当香水创作师恩尼斯·鲍将他发明的多款香水呈现在香奈尔夫人面前让她选择时,香奈尔夫人毫不犹豫地选出了第5款,即现在誉满全球的香奈尔5号香水。然而,除了那独特的香味以外,真正让香奈尔5号香水成为"香水贵族中的贵族"却是那个看起来不像香水瓶,反而像药瓶的创意包装。

服装设计师出身的香奈尔夫人,在设计香奈尔5号香水瓶型上别出心裁。"我的美学观点跟别人不同:别人唯恐不足地往上加,而我一项项地减除。"这一设计理念,让香奈尔5号香水瓶简单的包装设计在众多繁复华美的香水瓶中脱颖而出,成为最怪异、最另类,也是最为成功的一款造型。香奈尔5号以其宝石切割般形态的瓶盖、透明水晶的方形瓶身造型、简单明了的线条,成为一股新的美学潮流,并迅速俘获了消费者。从此,香奈尔5号香水在全世界畅销80多年,至今长盛不衰。

1959年,香奈尔5号香水瓶以其所表现出来的独有的现代美荣获"当代杰出艺术品"称号,跻身于纽约现代艺术博物馆的展品行列,香奈尔5号香水瓶成为名副其实的艺术品。对此,中国工业设计协会副秘书长宋慰祖表示,香水作为一种奢侈品,最能体现其价值和品位的就是包装。"香水的包装本身不但是艺术品,也是其最大的价值所在。包装的成本甚至可以占到整件商品价值的80%。香奈尔5号的成功,依靠的就是它独特的、颠覆性的创意包装。"

资料来源: 中国包装网.

思考: 香奈尔5号香水瓶成功的关键点是什么?当今社会崇尚的简约包装适用于什么类型的产品?是否适用于奢侈品?

（二）运输包装设计

企业设计运输包装时，主要考虑的是运输包装的保护作用，即能够在产品流通过程中有效地进行保护，使产品能够安全、快速、高效地转移到最终消费者手中。通常情况下，对于运输包装的设计有以下几点要求。

1. 有效地保护产品

不同产品具有不同的物理特性和化学特性，在进行运输包装设计时应考虑如何才能最有效地保护产品，使其在运输过程中不损坏、不变质、不渗漏。例如，对于易碎的玻璃、陶瓷制品，应增加防震层，还应在包装上添加警示性标识"易碎物品，小心轻放"等。

2. 包装材料简洁轻便

运输包装材料不强调美化和增值功能，因而应当选择既耐用又简洁的材料。因为运输过程中通常以外包装的体积或毛重计算运费，所以企业应尽量减小包装的体积或重量，从而节约运输费用。

3. 力求标准化和规格化

为方便产品的运输和装卸，通常要求企业进行标准化包装。如果有行业标准，就应按标准包装；如果没有行业标准，则企业同种产品各批次的包装也应保持统一规格。

4. 运输标志简单醒目

运输包装上通常都有运输标志，又称唛头，其主要目的是方便运输公司辨别产品。因此，运输标志应简单醒目，方便查看和区分，使产品能够准确运达目的地。

模拟工作任务实操

假设你是王斌，请完成"任务引入"中的任务"如何选择合适的包装策略，并进行包装设计？"

实操步骤

① 分析中高端男装的产品特性、消费者需求和使用情况。
② 在考虑包装成本的前提下，选择合适的包装策略。
③ 根据包装策略，针对中高端男装产品，给出合理的包装设计建议。

任务总结

任务五　新产品开发

任务引入

通过市场调查，集团打算开发一些具备海南特色的男装产品。作为负责人，王斌需要考虑这些问题：集团应采用哪种方式开发新的男装产品？新产品开发包括哪些环节？

任务：选择合适的开发方式开发具有海南特色的男装产品，并制定新产品开发程序。

 任务分析

新产品开发对企业的发展具有重大促进作用,企业应根据自身技术研发水平和资金规模等情况选择合适的产品开发方式。新产品开发应遵循科学合理的开发程序,才能较好地降低风险。

 知识对接

一、新产品的含义及分类

(一) 新产品的含义

新产品是现代企业赖以生存与发展的主要条件。从市场营销的角度看,新产品涵盖的范畴极为广泛,只要是企业从未向市场提供的产品都属于新产品的范畴。也就是说,只要某一产品在功能或是形态上发生了任何改变,并因此给消费者带来新的利益,都可以认为是一种新产品。

可以从3个方面判断某一产品是否是新产品:首先,是否在结构、功能、品质等方面有明显的改进;其次,是否具有先进性、实用性和经济性;最后,是否是在一定范围内的市场上第一次出现的产品。

(二) 新产品的分类

根据产品研究开发过程中体现的产品新颖程度,将其分为以下几类。

1. 全新产品

全新产品是指企业在技术开发过程中应用了新原理、新技术和新材料,研发出的具有新结构和新功能的前所未有的产品。例如,汽车、手机的出现,完全取代了原有的马车、BP机。全新产品是全世界范围内科学技术发展的新突破,能推动全球科技和经济的发展,引领全新的市场。

2. 换代型新产品

换代型新产品是指企业使用新材料、新技术,对原有产品进行改造,从而产生的具有突破性改进的新产品。通常,换代新产品相对原有产品在结构、功能、品质、款式等方面能更好地满足消费者不断变化的需求,与时俱进。例如,第1代iPhone正式发售后,短短几年时间内,已多次实现产品升级换代,每次换代的新产品的性能更高,功能更齐全。

3. 改进型新产品

改进型新产品是指企业对原产品的结构、功能、款式、包装等进行优化,使其具有更好的产品特性,但在功能上没有发生本质性的改变。例如,纸巾从两层改进为三层、四层,打火机改进为防风打火机等。

4. 仿制型新产品

仿制型新产品是指企业模仿生产市场上已有的产品,并对其进行局部改造,成为新产

品，但其功能、结构与被模仿品基本相似。这是本企业范围内的新产品。例如，肯德基和麦当劳的汉堡进入中国市场后，中国的一些餐饮店也开始推出各种汉堡。

5. 系列型新产品

系列型新产品是指企业不改变原有产品，而是在原有的产品系列中增加新产品，其区别仅在于品种、口味、花色等方面。这类新产品能丰富原有的产品系列，吸引新的消费者群体，扩大产品的目标市场。例如，康师傅桶装方便面系列推出"老坛酸菜面"这一新口味。

二、新产品开发的意义

新产品开发对于企业和消费者而言都具有重大意义。

（一）企业生存发展的支柱

通过前面对产品生命周期的分析，我们认识到企业的长远发展与产品的不断创新有密切关系，只有持续不断地开发新产品，才能提升企业的核心竞争力，延长产品生命周期，并在激烈的市场竞争中生存和发展。

（二）企业竞争优势的源泉

科学技术的迅猛发展和人们生活水平的提高，促使消费者对产品的需求日趋复杂且多变。这给企业开发新产品提出了新的挑战，但同时也是一种机遇。企业能否快速掌握消费者需求的变化，并根据这种变化对产品进行改进，关系着企业能否在新市场中抢得先机，提高市场竞争力。

（三）提高企业经济效益和品牌价值

新的产品带来新的市场，扩大了目标消费者群体，同时还能带动原有产品的销售，提高企业的经济效益。产品的不断更新能使品牌保持活力，而且随着产品的品质不断提升，功能不断完善，品牌价值也会得到提升。

（四）塑造良好的企业形象

注重新产品开发的企业能在社会公众的心目中留下与时俱进、积极进取的形象，对企业整体形象的树立具有积极作用。反之，如果企业长期不推出新产品，就可能会被消费者淡忘，不利于企业形象的发展。

（五）满足消费者复杂多变的需求

消费者的需求总在不断变化，企业需时刻了解市场动态，准确把握消费者需求的最新状态，并据此不断开发新产品，才能适应这种多样化的产品需求。只有当新产品满足了消费者的新需求时，企业才能维持住消费者忠诚度，而不致被市场所淘汰，否则，当消费者需求得不到满足时，他们可能会转移目标，另寻其他产品。

三、新产品开发的方式及程序

（一）新产品开发的方式

新产品的开发不是简单地建立一个研发团队就能实现的。企业在决定进行新产品开发后，应当根据企业自身技术水平和财务条件，选择合适的新产品开发方式。选择适合企业自身实际的新产品开发方式不仅能提高开发成功的概率，还能降低研发风险。企业可选择的新产品开发方式有 4 种，即独创方式、协作方式、引进方式和改进方式。

1. 独创方式

独创方式是指企业自行设计、自行研制新产品。这是企业长期发展的最根本的途径。采用这种方式有利于形成企业的技术优势，使新产品更具有竞争力。通常情况下，选择独创方式的企业需要具备实力雄厚的研发队伍、深厚的技术平台及雄厚的资金支持，因此，大多数选择该方式的企业是资本、技术雄厚的大型企业。如果中小企业选择该方式，大多是开发一些不太复杂的产品。

2. 协作方式

协作方式是指企业同研发机构、高校共同合作开发新产品，实现产学研一体化。这种方式被很多企业采用，尤其是一些技术实力不强的企业通常会寻求这种协作方式。此外，一些比较复杂，涉及领域比较广泛的产品，如船舶、飞机，往往需要多家企业和研究机构之间的相互协作配合，取长补短，发挥群体优势，才能顺利完成新产品的开发。

3. 引进方式

引进方式是指企业通过引进国外已有的先进技术开发新产品。这是开发新产品的最便捷的方法。采用这种方式最大的好处在于，企业能够快速掌握新技术，赢得时间，抢占市场先机。但引进技术不利于企业自身研发队伍的建设，不利于形成自身的技术优势。

4. 改进方式

改进方式是指企业在现有产品的基础上，根据消费者需求的变化，调整、改进产品的功能、型号、材料等开发新产品。对于企业而言，这种方式对企业技术水平要求不高，费用较低，风险较小。但是，这只能作为短期内适应市场的一种调整，如果长期只对产品做改进，就会影响企业的发展速度。

营销实例

南京金龙客车制造有限公司——以产学研合作为突破口，打造新能源汽车产业高地

南京金龙客车制造有限公司（以下简称南京金龙）是江苏省新能源汽车产业的领军企业。成立于 2000 年，公司总部位于南京溧水空港经济开发区，占地面积 826 667 平方米（1 240 余亩）。

创新是始终贯穿南京金龙技术体系的生命力。2017 年，为了集中力量解决关键技术，实现核心技术突破，更大程度发挥技术与人才优势，南京金龙成立研究院，在电池、电机、电控的"三电"技术上寻求突破。通过合作和创新,全面提升区域新能源汽车电气化、智能化、网联化的技术创新水平,达到国际先进市场化应用的领先目标。

南京金龙研究院还加强与国内外研究机构在新材料、新能源和绿色建材等关键领域的交流和合作,充分利用外部创新资源。

同时,南京金龙客车制造有限公司高度重视产学研合作与协同创新,大力整合科技资源,强化产学研合作意识,建立产学研对接与交流机制,凝聚产学研发展合力,构建多方位产学研合作项目"布点"战略。

南京金龙与江苏大学深入合作,双方共同构建"国家地方联合工程中心";与江苏大学等高校共同构建"南京市新能源汽车公共技术服务平台";与东南大学等高校共同构建"南京市新能源汽车智能化工程技术中心";与东南大学、南京航空航天大学、南京理工大学、四川大学、上海交通大学等重点高校深入合作,联合申请国家、省市科技支撑与重点研发技术专项。通过项目实施,学校的科研成果能够快速与企业研发进程相结合,企业与学校进行深互动,企业定期安排技术人员到学校进行指导与交流,学校安排学生定期深入企业进行项目合作与实习,通过深度融合的互动合作模式;学校和企业形成"相互依托、科技互动、产学研深度融合"新模式;通过深度融合,极大地提高了企业在新能源汽车产业方面的研发能力,同时,完善了研发人员的组织架构,为后期的企业快速发展奠定了人才基础和技术基础,为我国的新能源汽车发展实现了有力推动。

资料来源: 中国产学研合作促进会.

思考: 南京金龙在新产品开发上采取什么样的方式?效果如何?谈谈产学研合作开发模式对民族企业发展的重要性。

(二)新产品开发的程序

企业开发新产品是一项风险较大的投资,为了降低风险,企业应遵循科学合理的新产品开发程序。新产品开发一般按以下7个步骤进行。

1. 调查研究

企业应时刻关注消费者的需求变化和竞争对手的产品变化,尽早发现新产品开发的契机。当企业决定开发新产品以适应市场时,应对市场开展系统性的调查分析,分别对消费者、竞争对手、营销人员、技术服务人员和科研人员等群体进行调研,进而提出新产品开发的总体方案,并形成可行性分析报告。

2. 新产品构思

经过前期的市场调研,企业已基本掌握市场需求情况及企业自身的条件。在此基础上,企业的营销团队和产品研发团队应相互沟通,并有针对性地提出科学合理的设想和构思。一般而言,一个好的产品构思对成功开发出新产品起到了关键作用。

新产品开发的构思主要来源于前期对市场和企业内部开展的调查研究。研究主要包括3个方面。

① 现有和潜在消费者的改进意见和新的产品需求。新产品设计主要为了满足消费者的新需求,维持或开拓新市场,所以企业应关注消费者需求的变化情况,以此为中心形成新产品开发的构思。

② 企业的销售人员和技术服务人员针对新产品的意见反馈。产品的销售人员和技术服务人员(尤其是售后服务团队)经常接触消费者,所以他们往往能够掌握消费者对产品改进和需求方面的最新动态。

③ 科研人员的专业建议。生产老产品的科研人员是对产品最熟悉的群体,他们掌握专业的知识和技能,了解技术的最新发展,因为他们的相关意见能使新产品的构思落到实处,而不至于天马行空。

3. 构思筛选

构思只是新产品开发的初步想法,这些想法最终能否实现,还有待深入研究分析,所以企业需要对其进行层层筛选和分析,不断完善,最终实现。

对构思进行筛选,主要是为了剔除一些与企业自身发展目标及现有资金技术水平不相符的构思。筛选可分为两个步骤:首先,制定一个合适的标准,淘汰不能达到标准的构思,保留达到标准的全部构思;然后,对剩下的构思进行详细的评价并进一步筛选。对产品构思的评价可以从营销能力、技术水平、管理能力、资金、生产能力、采购供应等方面进行综合分析。

4. 产品概念定位和商业分析

企业应将筛选后的构思与消费者的需求相结合,提出具体的产品设计方案,形成能够被消费者接受的、具体的产品概念。产品概念的定位包括目标市场的定位、产品价格的定位、产品竞争优势的定位等。

完成产品概念定位后,企业需要对新产品开发的效益进行全方位分析。企业针对新产品的概念,对其细分市场、市场潜力进行深入分析,并对新产品进行产品开发费用预算、销售预测、价格水平和盈利估值等,只有当新产品能给企业带来足够的收益时,企业才会进行产品开发。

5. 新产品设计

在完成产品概念定位并进行产品商业分析后,企业的研发团队即可开始着手进行新产品设计。在这一阶段,相关人员应完成从编写产品设计任务书开始直至确定产品结构为止的全部工作。新产品设计时,企业通常应遵循"三段设计"程序——初步设计、技术设计和工作图设计。设计完成后最终要形成详细的产品设计书面方案。

6. 试制和试销

根据制订好的详细的产品设计方案进行小批量生产。成功的新产品应能达到3点要求:产品是在正常生产条件下生产出来的,具有很强的普及意义;产品达到设计方案中要求的质量水平;生产成本在预算范围内。

小批量的样品制造出来后,企业可将其投入到有代表性的小范围消费者群体中,检验消费者对新产品的反应。小范围试销的目的是:通过消费者的反馈,了解可以在哪些方面对产品做进一步的改进;了解消费者对新产品的接受度,据此制定相应的营销策略。

7. 正式生产和销售

新产品试制和试销成功后,企业就可以开始批量生产,并正式投入市场销售。这一阶段,企业在选择时间、地点、渠道、方式等方面应特别注意,这关系到产品能否成功进入市场并被大部分目标消费者快速接受。企业应找准时机,选对营销组合,制订精密的营销方案,才能保证新产品顺利进入市场。

项目六 制定营销战术——产品策略

 **营销实例**

国潮文化现象及其四大趋势分析

一、国潮品牌的突出代表

国潮服饰：中国李宁；回力"回天之力"系列；安踏"静水流深系列"；颐和园联名；老干妈卫衣。

国潮美妆：百雀羚"气韵"；花西子"百鸟朝凤"；佰草集"东方瓷韵"；玛丽黛佳"国风复刻"。

国潮产品：网易严选"六合太平"；农夫山泉"2020鼠年生肖瓶"；健力宝；大白兔护肤品。

国潮文创："故宫博物院文创"；"陕西历史博物院"；"苏州博物馆"；"国家宝藏—你好历史"。

国潮影视：《大鱼海棠》《秦时明月》《哪吒之魔童降世》《斗破苍穹》《魔道祖师》《一人之下》《姜子牙》。

国潮文娱：《上新了，故宫》《国家宝藏》《中国诗词大会》《国乐大典》《国货智造局》。

国潮展会：《有间国潮馆》《今日头条——国潮上头条》《新国货潮极红主题展》。

二、国潮文化四大趋势分析

（一）老字号网红趋势

老字号是文化传承的缩影，有着悠久的历史及浓厚的文化沉淀，对于当代年轻消费者既能产生童年回忆的共鸣，又能对中国品牌的品质引以为豪。物质条件升级所引起的消费观念升级，让诸多老字号品牌有了重新展现鲜活生命力的机会，在老工艺的基础上进行技术创新，打破对传统品牌的刻板印象，紧跟互联网营销模式的热潮，老字号品牌以"网红"的形象重现，通过网络宣传、网络营销吸引大量消费者，实现老字号地再辉煌。

（二）非遗匠心趋势

在这个浮躁的时代，匠心匠魂尤为珍贵，匠心精神中体现的是精湛的工艺技术，更是工匠人精益求精的专业态度。非遗作为历史沉淀的瑰宝，需要传承与发扬。据天猫发布的消费大数据统计显示，近一年中国品牌在工艺技术上获得的专利数目大幅增长，且"非遗文化"相关的商品销量增幅达到了263.58%，具有匠心品质的中国国产品牌达到74个。非遗元素的创新设计在保证工艺品质的同时富含文化内涵，从精致细节中体现文化态度与民族凝聚力，通过文化传承及文化传播，让世界感受中国艺术的魅力。

（三）跨界联名趋势

跨界联名是指在新时代下文化创新的综合性产物。国产品牌之间通过合作再设计，推出联名款，展现设计力、创新力与文化底蕴，给消费者带来惊喜与好感。品牌间的跨界联名，能使国潮产品在上市前引发社会热度，刺激消费者的购买欲。品牌之间需把握产品的特性与内涵，把握不同行业的偏好，将双方优势与特点发挥出来，产品间形成互利互助的和谐再生，促进成功的跨界关系的建立。

(四)新东方美学趋势

新东方美学以中国悠久的历史文化为基底,充分汲取国际文化精髓,将东方艺术与西方文化交汇融合,通过艺术与设计、古典与现代、传统与时尚的文化碰撞,创造出符合现代审美的国际化中国产品,多元化地展现中国文化、中国艺术、中国魅力。国货潮牌以新东方美学为主题思想,展现当代年轻人的精神状态与文化追求,中国的传统文化逐渐融入生活,增强民族认同感。"国潮"不仅是一种审美意趣,更是一种生活方式。

资料来源: 周橙旻等.基于国潮文化的家具设计策略应用探析[J].家具.2020,41(05).

思考: 如何保持产品持久竞争优势?谈谈创新对企业可持续发展的重要性。

模拟工作任务实操

假设你是王斌,请完成"任务引入"中的任务"选择合适的开发方式来开发具有海南特色的男装产品,并制定新产品开发程序"。

实操步骤

① 分析公司自身技术水平和财务条件。

② 从独创、协作、引进和改进4种开发方式中选择合适的新产品开发方式。

③ 制定科学合理的新产品开发程序:调查研究、新产品构思、构思筛选、产品概念定位和商业分析、新产品设计、试制和试销、正式生产和销售。

任务总结

知识测试

1. 产品整体概念包含哪几个层次?
2. 产品生命周期各阶段的主要特征是什么?各阶段企业可以采取哪些营销策略?
3. 什么是品牌?品牌和商标的区别是什么?
4. 什么是包装?包装有哪些作用?
5. 什么是新产品?新产品开发的程序包括哪几个阶段?

案例分析能力测试

案例1 北斗系统今后可全球民航通用

2023-11-16 08:02

日前,包含北斗卫星导航系统(以下简称"北斗系统")标准和建议措施的《国际民用航空公约》最新修订版正式生效。这标志着北斗系统正式加入国际民航组织(ICAO)标准,成为全球民航通用的卫星导航系统。

北斗系统是中国着眼于国家安全和经济社会发展需要,自主建设、独立运行的卫星导航系统,也是联合国认可的四大全球卫星导航系统之一,已服务全球200多个国家和地区用户。北斗系统民航国际标准化工作是其全球民航应用的基础。ICAO需对北斗系统建设过程中所能达到的功能和性能进行验证,确认北斗系统满足提供全球民航应用的要求,以及与其他卫星导航系统的兼容互操作性等要求,最终根据验证结果,在其现有标准文件中加入北斗系统相关技术标准和建议措施。

民航局于2010年在ICAO第37届大会上正式提交了北斗系统进入ICAO标准的申请,并与中国卫星导航系统管理办公室共同组织北京航空航天大学空地一体新航行系统技术全国重点实验室等产学研用单位组成工作团队系统推进相关工作,十余年间历经28次工作会议、50余次技术讨论、提交百余份技术文件、答复问题2 000余项,经过ICAO技术专家组审查、空中航行委员会审查及理事会审议,最终成功推动北斗系统标准和建议措施加入ICAO标准。北斗系统成功通过ICAO相关技术验证,也充分证明了其提供全球各行业导航服务的能力。

民航局空管行业管理办公室相关负责人表示,这是中国民航首次以自身团队为核心,成功推进我国自主创新的复杂系统纳入ICAO标准,对于推动民航高质量发展和交通强国建设具有重要意义,相关国际标准化工作也为中国民航培养了一支专业、精准、高效的工作团队,为后续持续推进我国自主知识产权技术的标准制定积累了丰富经验。近年来,民航局积极部署推进北斗系统民航应用工作,建立了北斗系统民航应用专项工作机制,主要工作覆盖了北斗系统的国际标准化以及运输航空、通用航空应用等领域。此次北斗系统设计、运行团队和国内航空工业界代表对于国际标准化工作的全程参与,加深了各方对于北斗系统民航应用要求的理解,也将有利于推进北斗系统在民航领域的市场化、产业化、国际化应用。

资料来源: 中国民航局

思考: 1. 北斗系统可以服务哪些领域,与相类似产品相比具有什么特点。

2. 北斗系统进入ICAO标准对北斗系统的营业推广有什么作用。

案例2 新可乐创新的失败

1. 新可乐创新的背景

20世纪70年代中期以前,可口可乐公司占据了美国饮料市场80%的市场份额,是名副其实的第一名。然而随着百事可乐这个"后起之秀"的迅速崛起,可口可乐公司面临着巨大的挑战。两者的市场份额差距逐年缩小,可口可乐公司倍感焦急。

百事可乐把客户群体定位在年轻人身上,通过大规模动感时尚的广告吸引大批年轻消费者,抢占市场。百事可乐推出"百事可乐新一代""百事挑战"等大规模营销活动,还推出一个主题为"让你的口感做判断"的直播广告,矛头直指可口可乐。在百事可乐的凶猛攻势下,可口可乐逐渐被打上"传统""僵化""落伍"的标签,不得不开始着手应战。

2. 新可乐的诞生

在当时可口可乐公司的总裁罗伯特·郭思达的带领下,公司将注意力转移到调查研究产品本身的问题上来。为此,可口可乐公司开展了一次市场调研活动,代号为"堪萨斯工程"。通过在10个主要城市的调查,味道是导致可口可乐衰落的唯一重要的因素,已经使用了90多年的配方,似乎已经跟不上今天消费者的口感要求了。这一结果促使公司的决策者做出一个决定——开发具有更好口感的"新可乐"。

3. 市场对新可乐的抵制

很快研发团队推出了一款口感更柔和、口味更甜、泡沫更少的新可乐。可口可乐公司倾注大量的资金进行大规模的市场测试。起初,新可乐的市场反应还不错,公司领导者为此欣喜万分。郭思达兴奋地向全世界宣布:"最好的饮料——可口可乐,将要变得更好。"新可乐将取代老可乐上市。但是,这一决定遭到了很多消费者的抗议,很多原可口可乐的消费者表示难以接受可口可乐口味的改变。在他们心目中,90多年秘不示人的可口可乐配方代表的不仅是一种口味,更是一种传统的美国精神,这是不应该被放弃的。消费者的抗议声被越传越开,更多的忠于传统可乐的消费者纷纷站出来指责可口可乐公司。当时,可口可乐公司每天都会收到大量的斥责信件和电话,可口可乐公司为此专门开通了83部热线电话来安抚暴怒的消费者。面对如此激烈的批评,可口可乐公司的决策者们再次进行了市场调查,结果显示大部分消费者明确拒绝新可乐。消费者普遍认可经典可乐,而新可乐销量低迷,只占据2%的市场份额。

新口味可口可乐引起的这场市场风波持续了不到3个月的时间,最终还是以失败告终。尽管公司在推出新产品前进行了长达2年的市场调查,花费了400万美元,但还是失算了。《纽约时报》评论可口可乐公司更改饮料配方的新可乐创新是"美国商界一百年来最重大的失误之一"。

资料来源:牟焕森,郝玲玲.创新失败的案例及其意义研究——新可乐创新失败的分析视角[J].自然辩证法研究,2007(10).

思考:① 结合案例,思考新可乐创新失败的原因有哪些。
② 从新可乐决策的失误中可得到哪些启示?
③ 如果你是一名可口可乐公司的决策者,面对百事可乐的猛烈攻势,可以采取哪些措施来应对?

项目驱动任务实训

情景营销设计

项目实训目标1:基础知识
使学生能够进行产品管理和品牌管理。

项目实训目标2:辩证性思考
培养学生灵活提出相应的营销对策的能力,培养学生的创新思维。

学生角色:
制作整合营销活动策划方案团队成员,负责产品管理和品牌管理工作。

项目任务:
1. 制定"产品策略和品牌管理分析报告"。
学生以小组为单位,根据公司背景,制定一份"产品策略和品牌管理分析报告"。报告主要分析:① 分析产品所处的生命周期阶段,并提出相应的营销策略;② 分析本公司品牌现状和品牌竞争情况,制定符合企业发展的品牌策略。

项目背景:百年老店"同升和"

2. 进行"产品策略和品牌管理分析报告"展示汇报(不超过 10 分钟)

项目要求:

1. 分析报告要求语言通顺,无错别字,条理清晰。
2. 展示汇报要求表达流利,逻辑清晰,注意基本的礼仪,文明用语。

实训日志

思政考评要点

态度考评	课堂出勤,参与课堂讨论的积极性,成果展示中的主动性、思政性
知识考评	课前作业和预习任务完成的质量,课中讨论或展示成果时对理论的分析和理解的正确度,课后实训报告分析中理论的结合度
思政考评	课堂互动中表现出来的集体荣誉感、爱国情怀和积极向上的人生态度;课后实践作业调研过程中表现出的责任担当、顾全大局、创新精神;实践报告内容体现出的任务反思和集体意识等
能力考评	课中小组讨论中展现出的组织能力;课后实训作业过程中体现出的团队合作能力、人际交往能力、抗挫能力、语言沟通能力;实训报告内容展现出的分析问题、解决问题的能力等

项目七 制定营销战术——价格策略

项目七

制定营销战术——价格策略

知识目标
1. 了解影响企业定价的因素。
2. 理解价格调整及其影响。
3. 掌握定价方法及其运用。
4. 掌握各种定价策略及其运用。

能力目标
1. 能在一定情境下为企业制定合理的价格。
2. 能独立或协助他人制定合适的价格策略。

对应岗位认知

素质目标
1. 能够遵守规范价格行为,稳定市场价格总水平。
2. 能够采取正当的价格竞争策略,维护市场秩序。

思维导图

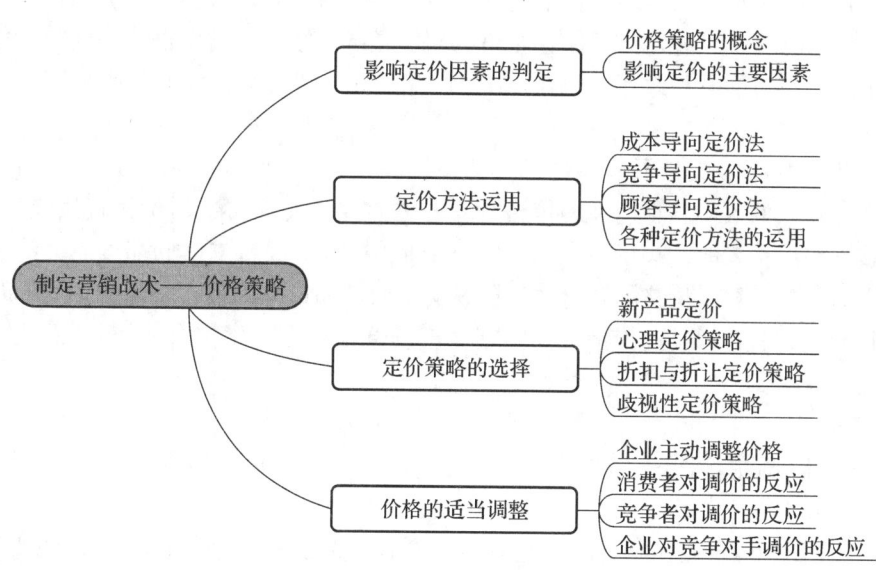

项目七 制定营销战术——价格策略

任务一 影响定价因素的判定

任务引入　王斌所在公司的产品即将进入市场,可是却面临定价的难题。如果定得太高,可能无人问津;如果定得太低,又与产品的的市场定位不符,同时影响利润率。

任务:分析影响海南地区中高端男装产品定价的因素。

 **任务分析**

菲利浦·科特勒在其《营销管理》中谈到价格策略时,第一句话便是"没有降价两分钱不能抵消的品牌忠诚"。价格直接关系着市场对产品的接受程度,影响着市场需求和企业利润的多少。在不断变化的市场环境中,价格策略变得越来越具有挑战性,只有结合影响因素制定合适的价格才是成功之道。

 知识对接

一、价格策略的概念

价格是企业进行市场营销非常重要的因素之一,价格的高低直接影响着消费者的购买行为及企业盈利目标的实现。科学而有效的市场价格策略既有利于吸引和保持消费者的消费,又能提高企业市场占有率,使企业获取最佳经济效益。所谓价格策略就是指根据购买者各自不同的支付能力和效用的情况,结合产品而进行定价,从而实现企业最大利润的定价方法。

在现实中,价格是购买者做出选择的主要决定因素,而在营销组合中,价格也是唯一一个能产生收入的因素。正确理解价格有着非常重要的意义:第一,价格直接决定消费需求,能直接影响消费者的购买行为;第二,定价要适中,定得过高或过低都可能会给企业产品带来不良的影响;第三,价格的高低会直接影响企业产品或品牌的市场定位;第四,价格影响销量并且能左右收益;第五,价格必须同其他市场营销组合要素整合使用,从而达到整体收益最大化的效果。

二、影响定价的主要因素

一般情况下,企业在制定产品价格的时候不仅要考虑企业内部的因素,还要考虑外部的因素。影响定价的主要因素主要包括以下6个。

(一)企业目标

在任何情况下,企业都会试图通过适当的定价来达到企业的总体目标,而合理的定价将直接影响着企业下一年目标的实现。这可以归结为企业对目标的不同定位。

1. 维持生存

企业在它的任何生命阶段都面临着一个基本的前提,那就是必须生存下去。企业在创业之初,可能面对激烈的市场竞争,要不断拓展市场业务,扩大市场份额,才能生存下去;当企业处于成长期时,如果面临市场产量过剩、消费需求变化、产品库存积压等问题,也要迅速回流资金,维持生存。因此,企业以这一目标为起点,就必须制定能使企业生存下去的合理的价格。

2. 本期利润最大化

如果在"利润＝价格×销量－成本"下,企业希望制定的价格能使本期利润提高,并形成最大化;而如果知道成本函数与需求函数,就能够利用"边际成本＝边际收益"这一经济学中的利润最大化原则获取最大收益。

3. 市场占有率

拥有更多的市场份额就意味着企业能拥有更多的客户,从而拥有更多的未来发展空间。企业如果以这一目标作为制定价格的依据,通常会用降低价格的方式实现最大市场占有率,提高企业市场份额。当然,企业要实现这一目标,必须具备一定的条件及实力,否则可能会陷入进退两难的境地。

4. 适应价格竞争

企业在市场激烈的竞争中,为避免企业自身受到伤害,造成自己占有的市场产生剧烈动荡,会以同类产品的市场价格作为参考依据,以低于、高于或等于竞争者的价格出售产品,并根据市场、竞争者的变动随时调整自身价格的策略。

5. 以维护企业形象为目标

好的企业形象不仅能得到消费者的认可,而且可以带来许多意想不到的惊喜,而价格的高低就直接关系着企业形象的好坏。企业如果以维持长久的良好形象作为定价目标,就必须使质量和价格相挂钩,还必须考虑和消费者情绪相适应的价格策略。

（二）商品成本

成本的高低决定着商品价格的底数。价格包括了所有单位成本和单位利润,而成本则包括固定成本和可变成本。固定成本是指在短期内不随企业的产量和销售收入的变化而变化的生产费用,如厂房租金、行政人员的薪金等,这些信息都可以通过一段时间的业务记录而得以掌握;可变成本是指随生产水平的变化而直接变化的成本,如生产用的原材料费、工人的工资等,企业如果不开工生产,可变成本就等于 0。成本和价格息息相关,成本越高,价格就越高,而这些耗费的成本只有通过价格得以补偿,企业的生产经营才能够继续进行下去。

（三）市场供求关系

在市场经济环境中,市场供求决定了市场价格,产品价格是在一定的市场供求波动下形成的。因此,制定产品营销价格时必须同市场供求状况相联系。在一定时期内,某一种产品的供求状况反映了供给总量与需求总量之间的关系,这种关系会出现供求平衡、供小于求和供大于求3种情况。

所谓供求平衡是指某种产品的供给与需求在一定时期内相等,在这一供求平衡状态下某种产品的市场价格被称为均衡价格;所谓供大于求是在假定供求和价格以外的其他因素不变的前提下,当某种产品的价格高于均衡价格时,该产品的需求量就会下降,供给量则会上升,从而形成供过于求;所谓供小于求是当某种产品的需求减少且供给增加的时候,价格便会跌落至均衡价格或其以下。以上3种情况无不表明着供求影响着价格。当某种产品供小于求时,则该产品的供给总量满足不了消费者的需求,产品价格就会上涨,形成了卖方市场;而随着价格的上涨,企业的资金和资源就会转向该产品的生产和销售,导致该产品的市场供给量增加,从而由卖方市场转换为买方市场,形成供大于求,而价格则自动回落。

(四) 竞争状况

一般说来,市场竞争越激烈,对价格的影响也就越大。按照竞争程度分类,市场竞争可以分为完全竞争、完全垄断和不完全竞争3种状况。

1. 完全竞争对价格的影响

在完全竞争市场中,企业只能被动地接受市场价格,各个卖主仅仅是价格的接受者而不是决定者。在实际生活中,完全竞争只是一种理论现象,因为任何一个企业的产品都存在着差异,加上国家政策的干预和企业不同的营销措施,完全竞争的市场现象几乎不可能出现,但是,如果出现了类似的完全竞争市场(如农产品市场),企业可以考虑采取随行就市的营销价格策略。

2. 完全垄断对价格的影响

完全垄断市场是指一种商品完全由一个企业所控制的状态。在完全垄断市场下,企业没有竞争对手,可以独家制定并完全掌控市场价格。在现实生活中,完全垄断只有在特定的条件下才可能形成,如发明创造。然而,由于政府的一些干预政策(如反垄断法)及消费者的抵制和商品间的可替代关系,一个企业完全垄断价格的局面一般不容易出现。但是,如果出现了完全垄断,企业可以根据实际情况制定一个可获得利润最大化的价格。

3. 不完全竞争对价格的影响

不完全竞争市场是一种在市场经济环境中普遍存在的竞争状态。在这种市场中,多数企业都能够积极主动地影响市场价格,而不是完全被动地适应市场价格。但企业也必须清醒地认识到,企业在制定营销价格时,应认真分析竞争者的有关情况,采取相应的营销价格策略。

(五) 政府政策

在当今世界,多数国家对企业定价都有不同程度的约束。产品定价时,企业应主要考虑国家指导性定价和市场调节定价这两种情况。

1. 国家指导性定价

这是指国家物价部门和业务主管部门通过规定定价权限与范围,指导市场价格制定和调整的一种企业定价方式。它包括以下3种。

① 浮动定价。这是指国家在规定商品的基准价格、浮动幅度和方向的前提下,由企业自主地在规定的范围内制定价格。

② 比率定价。这是指国家在规定商品的差价率、利润率及最高限价范围的前提下,由企业自行灵活地确定自己产品的价格。企业产品价格可以采用高进高出、低进低出或高进低出等多种形式,但不能超过政府规定的比率。

③ 行业定价。有时候为了避免同行业的企业在生产和流通中的盲目竞争,在国家一定的计划指导下,由同行营销者共同协商制定出商品的统一价格,并由协商者共同遵守并执行这一价格。这种定价能防止价格向垄断方向转化,有利于市场的有序竞争。

2. 市场调节定价

这是指以遵守国家政策和法规为前提,根据市场供求状况、竞争程度、顾客行为及企业自身的条件等要素的变化趋势,由营销者自己确定商品价格。这种定价方式主要适用于生产较分散、营销量较大、品种规格较繁多、供求情况较复杂、难以计划管理的产品,且主要遵从价值规律自发调节的产品。

市场调节定价有两种形式:一是协议定价,即买卖双方在不受第三者影响的情况下,相互协商而议定的产品价格;二是企业议价,即实行部分指令性计划价格产品的企业,在完成国家规定的任务后,超产的部分产品,企业根据市场状况自行确定其价格。这是国家为了增强某些企业的活力,提高企业劳动积极性而采用的一种鼓励性定价措施。

 小看板

政府指导价和市场调节价

《中华人民共和国价格法》规定我国实行市场调节价、政府指导价、政府定价3种定价形式,其中市场调节价在市场价格机制中占主导地位。

市场调节价是经营者自主制定,通过市场竞争形成的价格。市场调节价的定价主体是经营者,形成途径是通过市场竞争。企业自主定价,并非是可以任意定价、随意定价。在这里,企业自主定价是市场形成价格的前提,而市场对价格的最终形成起了决定性作用。正是由于集合在市场上的商品供给者和商品需求者所形成的两股不同力量互相影响而导致价格的形成,在这个意义上,经营者又是市场价格的接受者。

政府指导价是由政府价格主管部门或者其他有关部门,按照定价权限和范围规定基准价及其浮动幅度,指导经营者制定的价格。这是一种具有双重定价主体的价格形式,政府通过制定基准价和浮动幅度,达到控制价格水平的目的,经营者可以在政府规定的基准价和浮动幅度内灵活地制定调整价格。政府指导价既体现了国家行政定价强制性的一面,又体现了经营者定价相对灵活性的一面。

政府定价是由政府价格主管部门或其他有关部门,按照定价权限和范围制定的价格。政府定价具有强制性,属于行政定价性质。凡实行政府定价的商品价格和服务价格,不经价格主管部门批准,任何单位和个人都无权变动。

目前,不适宜在市场竞争中形成价格或者尚未形成竞争的极少数商品和服务项目实行

政府指导价或政府定价,例如,与国民经济发展和人民生活关系重大的极少数商品价格、资源稀缺的少数商品价格、自然垄断经营的商品价格、重要的公用事业价格、重要的公益性服务价格;适宜于市场竞争的绝大多数商品和服务项目,实行市场调节价,由经营者依法自主定价。

资料来源:华律网.

思考:举例说说日常生活中哪些商品和服务项目实行政府指导价?实行市场调节价的商品和服务,企业可以随意定高价或定低价吗?

(六) 消费者行为及消费心理

消费者的行为,特别是心理行为,是影响企业定价的一个很重要的因素。无论哪一类消费者,在消费的过程中,都会产生种种复杂的心理活动,而这一心理活动支配着消费者的消费过程。因此,企业在制定产品价格时,不仅应该迎合不同消费者的心理,还应该促使或改变消费者的行为,使其向有利于自己营销的方向转化。同时,还要主动积极地考虑消费者的长远利益和社会整体利益。

根据消费者消费心理的不同,一般可以将消费者分为以下3种类型。

1. 冲动和情感型

这一类消费者的购买由其情绪波动所支配,购买极其具有冲动性,即不稳定性。这一类消费者对商品价格并不是十分重视,主要关注商品的花色及式样等。因此,企业对于这些适销对路的商品,定价可以略高。

2. 理智和经济型

这一类消费者购买商品时往往会分析评价,并喜欢货比三家再进行购买,对于价格比较慎重。因此,企业应该依质定价。

3. 习惯型

这一类消费者对零售商或品牌等都产生了信任和偏爱。因此,企业定价可略高,但也应该注意,价格过高也许会造成消费者购买的转移。

模拟工作任务实操

假设你是王斌,请完成"任务引入"中的任务"分析影响海南地区中高端男装产品定价的因素"。

实操步骤:

① 分析公司的战略目标、产品成本等内部因素对海南地区中高端男装定价的影响。

② 结合前期的市场调研,从市场供求关系、市场竞争现状、政府政策、消费者行为和消费心理等方面分析海南地区中高端男装定价的影响因素。

任务总结

任务二　定价方法运用

任务引入

　　王斌在了解了定价影响因素之后,又面临选择定价方法的问题。定价方法的选择不仅关系着定价策略的成功与否,而且还一定程度上影响着企业竞争战略的成功与否。

　　任务:选择合适的方法对男装产品进行定价。

 **任务分析**

　　所谓定价方法,是指企业在特定的定价目标的指导下,依据对成本、需求和竞争等状况的分析,运用一定的价格决策理论,对产品价格进行相应计算的具体方法。在现实中,定价方法主要包括3种类型,即成本导向定价法、竞争导向定价法、顾客导向定价法。企业可以从其中选择一种或几种定价方法。

 **知识对接**

一、成本导向定价法

　　以产品单位成本作为最基本依据,再加上预期利润确定价格的成本导向定价法,是许多企业最常用,也是最基本的定价方法。成本导向定价法包括以下几种。

(一) 总成本加成定价法

　　在这种定价方法下,把所有为生产某种产品而发生的费用均计入成本的范围,计算单位产品的总成本,并按一定的预期利润率决定价格。它的计算公式为:

$$单位产品价格 = 单位总成本 \times (1 + 预期利润率)$$

　　例如,某产品的产量为2万件,所耗用固定成本3万元,变动成本2万元,预期利润率为10%。问单位产品价格是多少?可以做如下计算。

$$单位总成本 = (3+2) \div 2 = 2.5(元/件)$$
$$单位产品价格 = 2.5 \times (1+10\%) = 2.75(元/件)$$

(二) 目标收益定价法

　　这一方法又称为投资收益率定价法,根据企业投资的总额、预期的销量和投资的回收期等因素确定价格。它的计算公式为:

$$投资报酬额 = 总投资 \div 投资回收期$$

$$单位产品价格 = (总成本 + 投资报酬额) \div 预期的销量$$

例如,某产品预计销量 2 万件,所耗用总成本 5 万元,该产品总投资 40 万元,要求 5 年收回。问单位产品价格是多少?可以做如下计算。

$$投资报酬额 = 40 \div 5 = 8(万元)$$
$$单位产品价格 = (5 + 8) \div 2 = 6.5(元/件)$$

(三) 盈亏平衡定价法

在销量一定的条件下,企业产品的价格必须达到一定的水平才能做到收支相抵,不盈不亏。这一既定的销量称为盈亏平衡点,而这种制定价格的方法就被称为盈亏平衡定价法。采用这种定价方法必须能科学地预测销量,掌握固定成本及变动成本则是盈亏平衡定价的前提。它的计算公式为:

$$单位产品价格 = 单位固定成本 + 单位变动成本$$

例如,某产品总固定成本为 10 万元,变动成本为 5 万元,预计销售量为 3 万件。问单位产品价格是多少?可以做如下计算。

$$单位产品价格 = (10 + 5) \div 3 = 5(元/件)$$

二、竞争导向定价法

在竞争非常激烈的市场上,企业通过研究竞争者的生产条件、服务状况及价格水平等因素,并依据自身的竞争能力、参考成本和供需状况确定商品的价格,这种定价方法就是竞争导向定价法。它主要包括以下几种。

(一) 随行就市定价法

在完全竞争的市场经济条件下,任何一家企业都没办法凭借自己的力量在市场上取得绝对的优势,为了避免对抗特别是价格对抗带来的损失,大多数企业都会采用随行就市的定价法,即参考市场价格,将本企业的产品价格保持在市场的平均价格水平上,利用这种价格获得平均报酬。企业采用随行就市定价法,可以节省一定的调研时间,不必去全面了解顾客对不同商品价差的反应,也就不会引起价格的波动。

(二) 产品差别定价法

这种方法是指企业通过不同的营销努力,使同类同质的商品在顾客心目中树立起不一样的产品形象,从而根据自身的特点,选取低于或高于竞争对手的价格作为本企业产品的价格。正因为产品差别定价法是带有一定进攻性的定价方法,所以企业在开拓市场时可以采用这种定价方法。

小·看板

国外药品谈判的目标

2015年2月,国务院办公厅印发《关于完善公立医院药品集中采购工作的指导意见》,要求对部分专利药品、独家生产药品,建立公开透明、多方参与的价格谈判机制。谈判结果在国家药品供应保障综合管理信息平台上公布,医院按谈判结果采购药品。建立药品价格谈判机制,就是让药品价格的利益相关方对某一药品价格问题展开交流和讨论,以期达到一个双赢谈判结局的过程。

控制费用和鼓励创新通常是谈判主体关注的目标,不同国家各有侧重。美国、德国等国家采用支付参考定价的方法控制价格,参考价格参照的是具有相似诊疗效果一类药物的国内或国际平均价或最低价。西班牙采取控制销售额的方法,如果药品销售额超过了最高限度,生产商就必须降低药品价格或交还部分利润。英国以控制药品生产企业的利润为主。如果药品生产企业由NHS报销的利润额超过了药品价格管理方案中设定的最高标准,生产企业必须降低药品价格或者偿还超额利润给NHS。不同国家在不同的时候,谈判主体对药品体系的整体目标有所不同,在2008年金融危机之前,德国为了鼓励新药研发,在医疗改革中设定了一条创新条款,针对疗效特殊的新药取消了参考定价;但金融危机以后,为了削减卫生费用开支,控制药品费用,又恢复了参考定价。

资料来源:袁雪丹,傅鸿鹏.国外药品价格谈判机制对中国的启示[J].卫生经济研究,2015(11).

思考:结合国际经验,分析我国药品价格谈判机制。

(三)密封投标定价法

在很多国家或地区,许多大宗的商品、原材料、成套的设备与建筑工程项目的买卖和承包等,一般都会采用发包人招标和承包人投标的方式选择一定的承包者,从而确定最终的承包价格。一般来说,招标一方只有一个,处于相对垄断的地位,而投标一方可能有多个,并处于相互竞争的地位。标的物的价格最终由参与投标的各个企业在相互比较独立的条件下来确定。在所有买方招标的投标者中,只有报价最低的投标者才会中标,而它的报价就是承包价格。以上这种竞争性的定价方法就被称为密封投标定价法。

三、顾客导向定价法

现代市场营销观念要求企业的一切生产经营必须以消费者的需求为中心,并在产品、价格、渠道和促销等方面予以最充分的体现。而依据市场需求状况和消费者对产品的感官差异确定价格的方法被称为顾客导向定价法,或者市场导向定价法。这一方法主要包括以下几种。

(一) 理解价值定价法

"理解价值"是指顾客对某一种商品价值的主观评价。所谓理解价值定价法,是指企业以顾客对商品价值的理解度作为定价依据,运用各种营销的策略和手段,影响顾客对商品价值的认知,并形成对企业有一定效果的价值观念,最后再根据商品在消费者心目中的这一价值来制定相应价格。

 小·看板

国外药品的谈判价格

药品谈判涉及的价格大致分为两类:谈判价格和参考价格。

一、谈判价格

在国外,药厂和政府通常就出厂价、批发价、实际支付价格、最高限价等进行谈判。其中,出厂价是多数欧洲国家的谈判内容。在澳大利亚,大约95%的处方药由PBS报销。PBS根据谈判确定的支付价,外加10%的批发商利润10%药师的加成和药师的专业费用来支付。最高限价是政府机构和企业代表协商拟定的药品最高价格。在加拿大,专利药价格评估委员会(PMPRB)先和药厂商定药品的最高价格,这个价格不超过另外7个发达国家(法国、德国、意大利、瑞典、瑞士、英国和美国)的药品平均价格。在提高价格下,药厂可以和各个省市政府商讨更低的价格,但病人需支付省级价格和PMPRB价格的差价。

二、参考价格

多数国家使用参考价格作为确定价格的依据,参照的是具有相似诊疗效果一类药物的国内或国际平均价或最低价。在法国和爱尔兰,外部参考价格列入了价格协议中。在德国,参考价格由联邦委员会设立,委员会成员包括医师协会以及保险基金的代表。如果药品价格超过了参考价格,患者需要自己负担差价。但实际上供应商并不愿意把价格设定到参考价格以上,因为患者不希望自己负担费用,医生也不愿意开这一类药物,所以参考价格其实就成了最高限价。参考定价的缺点在于缺乏药品的具体信息(剂型、疗效等),同时各个国家的批发商、零售商加成以及税收也不一样,可比性不足。针对创新药物的价格谈判,相比国际参考定价,更宜采用基于价值定价的方法,因为每个国家都有不同的价值观和健康观,并愿意支付不同的价格。

资料来源: 袁雪丹,傅鸿鹏.国外药品价格谈判机制对中国的启示[J].卫生经济研究,2015(11).

思考: 结合国外其他国家药品定价方法,讨论如何创新我国药品定价方法?

(二) 需求差异定价法

这种方法是指商品价格的确定以需求作为依据,首先要强调适应顾客需求的不同特性,将成本补偿放在较次要的地位。利用这一定价方法,对同一商品在同一市场上制定两个或两个以上的价格,或者使不同商品价格之间的差额大于其成本之间的差额。这一方法的好处是可以使企业的定价最大限度地符合市场的需求,促进商品的销售,有利于企业获取最大的经济效益。

小·看板

需求差异定价法的形式

需求差异定价法存在以下几种形式。

形式一：以用户为基础的差别定价。它指对同一产品针对不同的用户或客户，制定不同的价格。例如，对老客户和新客户、长期客户和短期客户、女性和男性、儿童和成人、残疾人和健康人、工业用户和居民用户等，分别采用不同的价格。

形式二：以地点为基础的差别定价。它随着地点的不同而制定不同的价格，比较典型的例子是演唱会、影剧院、体育场、飞机等，其座位不同，票价也不一样。例如，体育场的前排可能收费较高，旅馆客房因楼层、朝向、方位的不同而收取不同的费用。这样做的目的是调节客户对不同地点的需求和偏好，平衡市场供求。

形式三：以时间为基础的差别定价。同一种产品，成本相同，而价格随季节、日期，甚至钟点的不同而变化。例如，供电局在用电高峰期和闲暇期制订不同的电费标准，电影院在白天和晚上的票价有别。对于某些时令商品，在销售旺季，人们愿意以稍高的价格购买，而一到淡季，则购买意愿明显减弱，所以这类商品在定价之初就应考虑到淡、旺季的价格差别。

形式四：以产品为基础的差别定价。不同外观、花色、型号、规格、用途的产品，也许成本有所不同，但它们在价格上的差异并不完全反映成本之间的差异，而主要区别在于需求的不同。例如，棉纺织品卖给纺织厂和卖给医院的价格不一样，工业用水、灌溉用水和居民用水的收费往往有别；对于同一型号而仅仅是颜色不同的产品，由于消费者偏好的不同，也可以制定不同的价格。

形式五：以流转环节为基础的差别定价。企业产品出售给批发商、零售商和用户的价格往往不同，通过经销商、代销商和经纪人销售产品，因责任、义务和风险不同，佣金、折扣及价格等都不一样。

形式六：以交易条件为基础的差别定价。交易条件主要指交易量大小、交易方式、购买频率、支付手段等。交易条件不同，企业可能对产品制定不同价格。例如，交易批量大的价格低，零星购买价格高，现金交易价格可适当降低，支票交易、分期付款、以物易物的价格可适当提高，预付定金、连续购买的价格一般低于偶尔购买的价格。

资料来源： 道客巴巴.

思考： 讨论需求差异定价法的优缺点。

（三）逆向定价法

这种定价方法是指企业在制定产品的零售价格和渠道价格策略时，并不是不考虑产品成本，而是重点考虑需求的状况，即针对消费者对该产品的价格敏感度和渠道商对这个产品在自己区域市场上的可承受度，分别采取不同的区域价格策略。这种方法的特点是价格能反映一定的市场需求状况，有利于加强和中间商之间的良好关系，从而保证中间商的正常利润，并使产品迅速向市场渗透。而且，还可以根据市场供需状况及时调整，形成灵活定价。

玛莎百货——以价格确定生产成本

玛莎百货(Marks & Spencer)集团是英国最大且盈利能力最强的跨国零售集团。玛莎百货在世界各地有2 400多家连锁店,自有品牌"圣米高"货品在30多个国家出售,出口货品数量在英国零售商中居首位。《今日管理》的总编罗伯特·海勒曾评论说:"从没有企业能像玛莎百货那样,令客户、供应商及竞争对手都心悦诚服。在英国和美国都难找到一种商品牌子像'圣米高'如此家喻户晓,备受推崇。"

玛莎百货要给客户提供的不仅是高品质的货品,而且是人人力所能及的货品,要让客户因购买了"物有所值",甚至是"物超所值"的货品而感到满意。因而玛莎百货实行的是以客户能接受的价格来确定生产成本的方法。为此,玛莎百货把大量的资金投入到货品的技术设计和开发,而不是广告宣传中,通过实现某种形式的规模经济来降低生产成本,同时不断推行行政改革,提高行政效率,以降低整个企业的经营成本。

资料来源:豆丁网.

思考:玛莎百货能取得成功的主要原因是什么?谈谈逆向思维在产品定价中的运用。

不同定价方法的对比

四、各种定价方法的运用

企业能利用的定价方法很多,应该依据不同的经营战略与价格策略、不同的市场环境和经济发展状况等选择不同的定价方法。

从本质上说,成本导向定价法是一种卖方定价导向,它忽视了一定的市场需求、竞争和价格水平的变化,并与一定的定价目标相脱节。要注意,运用这一方法定价是建立在对销量的主观预测的基础上,因而降低了价格制定的科学性。因此,在采用成本导向定价法的时候,要充分考虑需求和竞争状况,从而确定最终的市场价格水平。

与以上不同的是,竞争导向定价法是以参考竞争者的价格作为导向的,它的特征是价格与商品成本及需求不发生直接的关系。有时,商品成本或市场需求发生变化了,但竞争者的价格未变,就应该维持原价,反之,如果成本或需求都没有变动,但是竞争对手的价格变动了,那么就得相应地调整其商品的价格。当然,企业为实现自己的定价目标和总体经营战略,谋求企业的生存或发展,可以在其他营销策略的配合下,将价格定在竞争者价格的上下,并不一定非要求与竞争者的产品价格完全保持同方向。

顾客导向定价法是一种以市场需求为导向的定价方法,价格一般随着市场需求的变化而发生变化,不与成本因素发生直接的关系,与现代市场营销观念的要求相一致,这时企业的一切生产经营是以消费者需求为中心的。

模拟工作任务实操

假设你是王斌,请完成"任务引入"中的任务"选择合适的方法对男装产品进行定价"。

实操步骤

① 联合生产部门和财务部门,分析企业中高端男装的生产成本和利润率。

② 调查海南当地中高端男装市场平均价位、竞争对手的定价水平、消费者对中高端男装的需求度。

③ 对比分析成本导向定价法、竞争导向定价法、顾客导向定价法的优劣势。

④ 根据公司对海南中高端男装的整体营销策略,选择合适的定价方法进行定价。

王斌任职公司简介

任务总结

任务三 定价策略的选择

任务引入

王斌在制定海南地区中高端男装价格的过程中发现,公司在进行产品定价时可以根据不同的市场状况,选择各种各样的定价策略。产品进入新市场可以选择不同的定价策略。有时,产品定价还需要考虑消费者的消费心理。有时,公司为了促进消费者购买,会采取价格折扣和折让策略。面对不同顾客、不同时间和场所,公司还会制定不同的价格。

任务:根据不同的市场状况,为海南中高端男装产品选择合适的产品定价策略。

 **任务分析**

价格是企业竞争的重要手段之一,企业在根据不同的定价目标选择不同的定价方法后,还应该根据复杂的市场状况,采用相应的策略确定产品的价格。

 **知识对接**

一、新产品定价策略

(一) 撇脂定价策略

新产品在上市之初,将价格定得较高,在短期内可以获取厚利,尽快收回投资。这就像从牛奶中撇取所含有的奶油那样取其精华,故而这种策略称之为"撇脂定价"。

这种策略比较适合需求弹性较小的细分市场,其优点如下。

① 新产品上市时,消费者对其无理性的认识,使用较高的价格可以提高其身价,适合消费者求新的心理,有助于开拓自身市场。

② 策略较灵活,主动性大,商品进入成熟期后,价格可分阶段分步地下降,从而有利于吸引新的消费者来购买。

③ 产品价格高,能限制需求量增加得过于迅速,使其与一定的生产能力相适应。

这种策略的缺点是:这一策略获利大,不利于扩大市场,并可能很快招来竞争者,从而会导致价格下降。

 **营销实例**

苹果 iPod 的撇脂定价策略

苹果 iPod 是前几年较成功的消费类数码产品之一。第一款 iPod 零售价高达 399 美元,即使对于美国人来说,也是属于高价位产品,但是有很多"苹果迷"既有钱又愿意花钱,所以纷纷购买。苹果认为还可以"撇到更多的脂",于是不到半年又推出了一款容量更大的 iPod,定价 499 美元,销路仍然很好。

苹果对 iPod 这一新产品敢于采用撇脂定价策略主要是出于以下几点考虑。

第一,市场上存在一批购买力很强,并且对价格不敏感的消费者。

第二,这样的一批消费者的数量足够多,企业有厚利可图。

第三,暂时没有竞争对手推出同样的产品,本企业的产品具有明显的差别化优势。

第四,当有竞争对手加入时,本企业有能力转换定价方法,通过提高性价比来提高竞争力。

第五,本企业的品牌在市场上有传统的影响力。

资料来源: 豆丁网.

思考: 分析撇脂定价策略的优缺点。

(二)渗透定价策略

在新产品投放市场的时候,价格应该定得尽可能低一些,这样才能获得最高销售量和最大市场占有率。

这一策略适用于新产品没有显著特色,竞争激烈,需求弹性较大。其优点是:产品能迅速为市场购买者接受,打开销路,增加产量,并使成本随生产扩大而迅速下降;低价薄利,会使竞争对手望而却步,在一定程度上减缓竞争,获得一定的市场优势。

总之,对于企业来说,无论采用撇脂定价还是渗透定价的策略,都需要综合考虑市场的供需、竞争、价格弹性、产品的特性及企业发展战略等因素。

二、心理定价策略

心理定价策略是依据消费者的消费心理而采取的定价策略。它有以下几种。

（一）尾数定价策略

现实中，有许多产品的价格，宁可定为 0.98 元或 0.99 元，也不定为 1 元，这正是适应消费者购买心理的一种取舍，即尾数定价能使消费者产生一种"价廉"的错觉，比定为 1 元的反应更积极，从而促进销售。

（二）整数定价策略

与尾数定价策略不同的是，有的产品不定价为 99.8 元，而定为 100 元，同样也会使消费者产生一种错觉，即"便宜无好货，好货不便宜"的消费心理。现实中，很多奢侈品、高档品都采用这种定价策略。

（三）声望性定价策略

这一定价策略是指利用企业产品声誉定价。这一策略有两个目的：一是能提高产品的形象，以价格说明产品的名贵质优；二是能满足购买者的地位、身份欲望，适应了购买者的消费心理。

 **营销实例**

声望定价法运用实例

用于正式场合的西装、礼服、领带等商品，且服务对象为企业总裁、著名律师、外交官等职业的消费者，都应该采用声望定价，否则，这些消费者就不会去购买。例如金利来领带，一上市就以优质、高价定位，有质量问题的金利来领带绝不上市销售，更不会降价处理。给消费者这样的信息，即金利来领带绝不会有质量问题，低价销售的金利来绝非真正的金利来产品，从而极好地维护了金利来的形象和地位。

又如，微软公司的 Windows 98（中文版）进入中国市场时，一开始就定价 1 998 元人民币，便是一种典型的声望定价。德国的奔驰轿车售价 20 万马克。瑞士莱克司手表价格为 5 位数。巴黎里约时装中心的服装一般售价 2 000 法郎。我国的一些国产精品也多采用这种定价方式。

声望定价往往采用整数定价方式，其高昂的价格能使消费者产生一分价格一分货的感觉，从而在购买过程中得到精神的享受，达到良好效果。当然，采用这种定价法必须慎重，一般商店的一般商品若滥用此法，弄不好便会失去市场。

资料来源：百度文库.

思考：声望定价法满足消费者什么心理？什么样的商品才能采用声望定价法？

（四）习惯性定价策略

有时候，某种商品由于同类产品较多，在市场上形成了一种习惯价格。对已形成习惯价格的产品，即使生产成本降低，也不能轻易降价，产品降价会易引起消费者对品质的怀疑；即使生产成本增加，也不能轻易涨价，涨价则可能受到一些消费者的抵制。

三、折扣与折让定价策略

大多数企业为了鼓励顾客及早付清货款、大量购买或增加淡季购买,通常都会酌情调整其基本价格,而这一价格调整策略就叫作价格折扣和折让。

(一)现金折扣策略

这一定价策略是企业对及时付清账款的消费者的一种价格折扣。例如,"3/10,n/30"表示如果在成交后的10天内付款,就给予3%的现金折扣,但如果是10~30天以内,则没有折扣。现实中,许多企业都习惯采用该策略加速资金周转,从而减少收账费用及坏账。

(二)数量折扣策略

这一策略是企业给一些大量购买某类产品的用户在数量上或金额上的一种折扣,以此鼓励用户购买较多货物。大量购买能够使企业降低生产及销售等环节的成本费用。例如,顾客购买某种产品1 000吨以下,每吨400元;购买1 000吨以上,每吨390元。

(三)职能折扣策略

这一定价策略是指企业给予中间商一种额外的折扣,使中间商可以以低于目录的价格而获得。利用不同的折扣优待,能够调动中间商的积极性,但针对同一渠道的中间商必须提供同样的折扣优惠,才能保证公平。

(四)季节折扣策略

这一定价策略是指企业鼓励消费者在淡季购买企业产品的一种优惠减让,使企业一年四季的生产和销售都能保持相对的稳定。这种策略适用于季节性较强的企业。

(五)推广津贴策略

企业为扩大产品销路,向中间商提供一定的促销津贴。比如零售商为企业产品刊登了广告或设立专门的橱窗,生产企业除负担一部分广告费以外,还应在产品价格上给予一定的优惠。

营销实例

拼多多"百亿补贴"狂补"年货节",水果、数码、美妆等最高优惠50%

2021年1月19日,拼多多"年货节"进入高潮,平台"百亿补贴"推出新一轮加码狂补清单,包括iPhone12、雅诗兰黛小棕瓶、智利车厘子、丹东草莓等在内的众多国内外热门产品悉数迎来全网低价。"年货节"期间,平台将通过派发30亿优惠红包、狂补热门产品、品牌直播助力等多种形式,打造新年来首场购物狂欢活动,惠及水果生鲜、美味食品、美妆个护、数码家电等品类的数百万款产品。活动对不少热销年货水果也提供了大幅补贴。拼多多"年货节"期间,5斤礼盒装智利进口JJJ级车厘子仅售169元,折合每斤33.8元;原产地直发、顺丰包邮的2斤装丹东草莓只要36元,平台每单补贴数十元。

资料来源: 经济日报——中国经济网,2021年01月19日。

思考: 分析拼多多在"年货节"期间使用的价格策略。拼多多的"折价销售"是否属于正当的价格竞争?

四、歧视性定价策略

一般情况下,企业往往会根据不同顾客、不同时间和场所调整产品的价格,实行歧视定价,即对同一产品或劳务定出两种或多种价格,但这种差别不反映成本的变化。它主要包括对不同顾客群制定不同的价格,对不同的花色品种、式样制定不同的价格,对不同的部位制定不同的价格,对不同时间制定不同的价格4种类型。

企业实行歧视定价的前提条件是:一是市场必须是可以进行细分的且各个细分的市场的需求强度是不一样的;二是产品不可能转手倒卖,企业具有一定的垄断地位;三是高价市场上不可能或少有竞争对手削价竞销;四是这一策略不违法,也不会引起顾客的反感。

营销实例

亚马逊歧视定价实验的惨败

因为网上销售并不能增加市场对产品的总的需求量,为了提高在主营产品上的盈利,亚马逊在2000年9月中旬开始了著名的差别定价实验。亚马逊选择了68种DVD影片进行动态定价试验,试验当中,亚马逊根据潜在顾客的人口统计资料、在亚马逊的购物历史、上网行为及上网使用的软件系统确定这68种影片的报价水平。例如,名为《泰特斯》(Titus)的影片对新顾客的报价为22.74美元,而对那些对该影片表现出兴趣的老顾客的报价则为26.24美元。通过这一定价策略,部分顾客付出了比其他顾客更高的价格,亚马逊因此提高了销售的毛利率。

但是好景不长,这一差别定价策略实施不到一个月,就有细心的顾客发现了这一秘密,通过在名为DVD Talk的音乐爱好者社区的交流,成百上千的DVD顾客知道了此事,那些付出高价的顾客当然怨声载道,纷纷在网上以激烈的言辞对亚马逊的做法进行口诛笔伐,有人甚至公开表示以后绝不会在亚马逊上购买任何东西。更不巧的是,由于亚马逊前不久才公布了它对消费者在网站上的购物习惯和行为进行了跟踪和记录,因此,这次事件曝光后,消费者和媒体开始怀疑亚马逊是否利用其收集的消费者资料作为其价格调整的依据,这样的猜测让亚马逊的价格事件与敏感的网络隐私问题联系在了一起。

为挽救日益凸显的不利影响,亚马逊的首席执行官贝佐斯只好亲自出马进行危机公关,他指出亚马逊的价格调整是随机进行的,与消费者是谁没有关系,价格试验的目的仅仅是测

项目七 制定营销战术——价格策略

试消费者对不同折扣的反应,亚马逊"无论是过去、现在或未来,都不会利用消费者的人口资料进行动态定价"。贝佐斯为这次的事件给消费者造成的困扰公开表示了道歉。

不仅如此,亚马逊还试图用实际行动挽回人心,亚马逊答应给所有在价格测试期间购买这 68 种 DVD 影片的消费者以最大的折扣。据不完全统计,至少有 6 896 名没有以最低折扣价购得 DVD 影片的顾客,已经获得了亚马逊退还的差价。

至此,亚马逊价格试验以完全失败而告终,亚马逊不仅在经济上蒙受了损失,而且声誉也受到了严重的损害。

资料来源: 爱问共享资源.

思考: 亚马逊歧视定价实验为什么失败了? 企业在实行歧视定价时应当注意什么问题?

模拟工作任务实操

假设你是王斌,请完成"任务引入"中的任务"根据不同的市场状况,为海南中高端男装产品选择合适的产品定价策略"。

不同定价策略的选择

实操步骤

① 产品即将进入海南市场,这属于新产品定价,要分析市场竞争状况和公司综合实力,结合公司战略目标选择合适的新产品定价策略。

② 调查分析消费者对中高端男装的消费心理,根据消费者心理因素制定商品价格。

③ 调查不同季节服装产品的市场价格变动,分析消费者的行为和心理,对男装产品进行季节性折扣定价。

任务总结

任务四 价格的适当调整

任务引入

王斌负责的服装品牌在海南市场推广一段时间之后,就到了节假日,随着客流量的增多,王斌发现市场上有价格下降的趋势,所以王斌必须考虑价格调整对公司的影响。

任务: 分析节假日公司中高端男装产品降价的可行性。

企业在产品价格确定后,由于市场环境、竞争对手、企业实力等发生变化,往往会根据现实情况,对产品价格进行修改和调整以适应市场环境等的变化。

知识对接

一、企业主动调整价格

（一）降价

一般情况下，企业确定价格后并不会主动地降低价格，因为这样可能引起自身利润的降低。但是，企业在遇到以下情况的时候，则必须考虑降价。

① 企业的生产能力过剩或产量过多，库存积压非常严重，市场也出现了供过于求的现象，企业必须降价来刺激自身市场的需求。

② 面对竞争对手的"削价战"，企业不降价就可能失去用户或减少自身的市场份额，所以必须降价。

③ 生产成本的不断下降、科技的进步、劳动生产率的不断提高，随着这几种情况的出现，企业的市场价格也应下降以稳定并扩大市场份额。

（二）提价

企业一般也不会主动提价，因为这可能遭到顾客和经销商等的反对，但在以下情况下企业又不得不提高价格。

① 市场出现通货膨胀，物价普遍上涨，企业的生产成本也迅速增加，为保证企业利润，而不得不提价。

② 市场出现供不应求的现象，一方面买方之间出现激烈竞争，并争夺货源，为企业提价创造了有利条件；另一方面，短期企业无法增加供给量，提价也可以抑制需求过快增长，保持一定的供求平衡。

营销实例

科龙提价解读

2001年3月份，就在彩电市场大打价格战、空调降价的风声也越来越紧时，科龙却一反常态，宣布全面上调其冰箱的价格，在业界引起普遍的关注。科龙集团提价冰箱涉及20余款。尽管最高升幅达到8%，平均升幅4.5%，然而市场销售却并未因此降温，经销商打款提货的销势更旺。对于提价，科龙方面称有3个原因。

1. 品牌拉力。据权威评估机构最近公布的数据，科龙品牌价值达96.18亿元。科龙集团最近加强传播攻势，在中央电视台黄金广告时段投标成功，并投入5 000万元强化品牌传播，给其冰箱产品足够的拉力。

2. 好卖的产品当然提价。科龙、容声冰箱去年发起技术战，投下巨额资金，开发新品，两大品牌冰箱一、二月销售业绩比去年同期增长了15%，部分市场出现脱销、供不应求的状况,因此,科龙集团冰箱营销本部"顺应经济规律"对20余款新品提价。

3. 冰箱提价后,市场反应良好,提价自然要坚持。

资料来源:百度文库.

思考:提价策略的优缺点是什么?什么情况下可以使用该策略?

二、消费者对调价的反应

消费者对企业调整价格的反应是衡量企业调整价格成功与否的重要标准,所以企业一定要关注消费者可能出现的反应。

在面对企业降价的时候,消费者可能存在的看法包括:产品样式老旧了,不再时尚了,将会被新产品代替;产品有较大缺点,所以销售不畅;企业出现了财务困难,难以继续经营,所以急着脱手;价格还可能要进一步下跌,所以等待新的低价;产品质量下降了,所以企业要选择降价。

在面对企业提价的时候,消费者可能存在的看法包括:产品非常畅销,不赶快买就可能买不到了;产品非常有价值,买了就超值了;卖家想赚取更多利润,不能上当。

综上可以看出,企业无论降价还是提价都会遇到褒贬不一的评论,企业应该时刻关注市场变化,考虑消费者对不同价值的产品价格的反应。例如,消费者对价值高的产品、经常购买的产品的价格变动都较为敏感,而对于那些价值低、不经常购买的产品,即使每一单位价格变高,消费者也不会很在意。

三、竞争者对调价的反应

在一定的市场范围内,企业调整价格还要考虑竞争对手的反应。一般情况下,竞争对手对调价的反应有以下几种类别。

(一)同向式反应

企业提价,竞争者就涨价;企业降价,竞争者也降价。在这样一致的行为下,企业可能不太会受到重大影响,也不会导致严重的后果。企业如果能坚持合理的营销策略,将不会失掉市场和减少市场份额。

(二)反向式反应

企业提价,竞争者降价或维持原价不变;企业降价,竞争者提价或维持原价不变。这种相互冲突或相反的行为,对企业的影响很严重。在这种情况下,竞争对手的目的也非常清楚,就是乘机争夺市场份额。对此,企业应该进行市场调查分析,摸清竞争对手的具体目的,并要估计竞争对手的实力,最后了解市场的竞争格局。

(三)交叉式反应

众多竞争对手对企业调价反应不一,有同向的、有反向的、有不变的,情况非常复杂。企业在不得不进行价格调整时要注意提高产品的质量,并加强广告宣传及保持分销渠道畅通等。

 **营销实例**

物流行业价格战

近几年我国物流行业价格战持续,竞争激烈,处于行业格局变动的特殊时期,风险与机遇并存,企业面临稳定地位、逐步发展壮大,或者慢慢萎缩、最终被市场淘汰的结局。下面介绍我国2017—2019年物流行业中小企业被收购或出局事件。通过整理相关企业公告和其他媒体资料可知,2017年至2019年三年期间,我国物流行业少数优质企业被收购、多数终止业务。随着中小企业基本出清,龙头企业的市场份额继续提升。

企业	成立时间	事件时间	事件	结果
天天快递	1994	2017.1	苏宁物流收购天天快递100%股权	被收购
如风达	2008.4	2019.3	被深圳通用物流电子商务有限公司收购	被收购
国通快递	2003.12	2019.3	企业下发通知全网停工,全体员工放假	终止业务
全峰快递	2010.11	2019.4	2019年4月最后44辆卡车被拍卖	终止业务
优速快递	2009	2019.6	经大股东普洛斯撮合,被壹米滴答收购	被收购
全一快递	2000.3	2019.10	2019年10月公司宣布终止业务	终止业务
品骏快递	2013.12	2019.11	唯品会宣布旗下品骏快递业务终止	终止业务

此外新进入者的威胁,对物流行业内现有企业的竞争地位也可能有一定的负面影响。例如东南亚第一大电商快递公司极兔进入中国电商物流市场发展,给我国国内物流企业带来一定的冲击。凭借极低的价格战略,极兔迅速获得了中国物流行业的部分市场份额。

资料来源: 中国知网

思考: 面对物流行业发展中的价格战,举例说明我国物流企业采取了哪些措施应对这一局面。

四、企业对竞争对手调价的反应

在同质产品细分市场中,如果竞争对手降价,企业必随之降价,否则企业可能会失去用户。一般情况下,某一企业提价,其他企业随之提价,但是如果有一个企业降价或维持原价,最先提价的企业和其他企业将不得不取消提价。

在异质产品细分市场中,消费者不仅会考虑产品价格的高低,而且会考虑产品质量、服务、可靠性等要素,所以消费者对较小价格差额没反应或根本不敏感。这种情况下,企业对竞争对手价格调整的反应有较多的自由。

总之,企业在竞争对手调整价格,选择做出何种反应时,必须先分析竞争对手调价的目的、原因、这种调价是暂时的还是长期的、能否持久等问题。企业面临竞争对手还必须权衡得失,即是否应做出反应、要如何反应等。企业一旦决定要迅速做出反应,最好事先制定反应程序,到时按程序处理,以便提高反应的灵活性和有效性。

模拟工作任务实操

假设你是王斌,请完成"任务引入"中的任务"分析节假日公司中高端男装产品降价的可行性"。

实操步骤:
① 分析消费者对中高端男装产品降价的反应。
② 分析竞争对手对中高端男装产品降价的反应。
③ 分析中高端男装产品降价对产品销量和公司利润率的影响,形成可行性分析报告。

任务总结

知识测试

1. 价格策略是什么?影响企业定价的因素包括哪些?
2. 举例谈一谈 3 种成本导向定价法的不同点。
3. 有些企业为什么会选择随行就市定价法?
4. 简单谈谈你对产品差别定价法的理解。
5. 顾客导向定价法包括哪几种?
6. 举例说明理解价值定价法和需求差异定价法的异同。
7. 逆向定价法的优点有哪些?
8. 企业推出的新产品如何定价?
9. 尾数定价和整数定价策略有哪些不同?
10. 企业有哪些折扣定价策略可以应用?
11. 什么是歧视性定价策略?
12. 企业降价和提价的原因各是什么?
13. 谈谈消费者和竞争对手对企业调价各有哪些反应?
14. 企业应该如何应对竞争对手调价?

案例分析能力测试

案例 1　聚焦蟹卡蟹券:卡券消费有套路　买蟹还需多留心

2022 年 10 月 4 日,《中国消费者报》记者在网上搜索杭州本地的蟹卡蟹券,在排名相对靠前的王氏食品旗舰店,记者看到蟹券在销售。标称原价 688 元的 688 型提货券售价为 240 元,标称原价 1 088 元的 1 088 型提货券售价为 380 元。在售价基本为标称原价的 3.5 折~

4.5 折。各型提货券的差别主要是螃蟹数量和重量上。与此同时,记者在微信朋友圈看到有多个微信账号也在销售"王氏"提货券。按蟹券所标型号 2 折价格销售。这个价格比王氏食品旗舰店中的价格又便宜了将近一半。

记者询问如此折扣的原因,销售人员告诉记者,因天气原因,螃蟹的成熟期推迟了,错过了中秋和国庆销售旺季,所以今年的价格较往年便宜了,往年一般折扣在 4 折左右。记者以 440 元的价格购买了 2 张 1 088 型提货券。工作人员接过记者的蟹券查看后表示,记者所购买的 1 088 型蟹券是 4 只 3.6 两公蟹和 4 只 2.6 两母蟹,目前店内只有母蟹,如果想提公蟹需要提前预约,或者在第二天上午 11 点前到店提货。据工作人员介绍,目前消费者选择公蟹的比较多,他们门店拿到的公蟹数量又比较少,所以急着提货者请选择母蟹,可当场提货。记者询问是否可以在门店购买蟹券,是否有折扣?工作人员表示,门店现场就有蟹券可以直接购买,价格为标称的 2.6 折。

资料来源: 中国消费者报.

思考: 同样一张蟹券,在线上、经销商、门店标注 3 种不同的价格,而且彼此之间的差距还比较大。作为消费者的你,如何看待这种定价策略?

案例 2　凯特皮勒公司的价格账单

美国凯特皮勒公司是生产和销售牵引机的一家公司。一般牵引机的价格大约是 20 000 美元,然而该公司的牵引机却报价 24 000 美元。每台约比同类产品高出 4 000 美元,即 20%,可是它的销路却很好。其中缘由何在?原来他们有一套说服人的妙术。当顾客上门时,看到报价当然要问,为什么贵公司牵引机要比别家的高出那么多呢?这时公司的营销人员就会拿出一张账单:

20 000 美元是与竞争者同一型号的机器价格,3 000 美元是因为产品更耐用而必须多付的价格,2 000 美元是为产品可靠性更好而多付的价格,1 000 美元是为保修期更长多付的价格,26 000 美元是上面应付价格的总和,2 000 美元是折扣,24 000 美元是最后价格。

精明的客户也会看到,他不仅没有多花钱,只花了 24 000 美元就买了一台价值 26 000 美元的牵引机,而这台牵引机还比同类产品更可靠耐用和保修期更长,他怎能不动心呢?

资料来源: 薛云建,刘爱兰.营销大师四部曲[J].企业研究,1994.

思考: ① 凯特皮勒公司的定价属于哪一种定价方法?

② 谈谈这种定价方法的优缺点。

项目驱动任务实训

情景营销设计

项目实训目标 1: 基础知识

使学生能够选择合适的产品定价方法和定价策略。

项目实训目标 2: 辩证性思考

培养学生根据实际情况选择定价方法的能力,培养学生灵活运用定价策略的能力。

项目七　制定营销战术——价格策略

学生角色：
制作整合营销活动策划方案团队成员，负责价格管理工作。
项目任务：
1. 制定"价格策略分析报告"。

项目背景：百年老店"同升和"

学生以小组为单位，根据公司背景、公司官网、电商平台价格，制定一份"价格策略分析报告"。报告主要分析：① 分析企业产品的定价策略；② 提出合理调整产品价格的建议。

2. 进行"价格策略分析报告"展示汇报（不超过10分钟）。

项目要求：
1. 分析报告要求语言通顺，无错别字，条理清晰。
2. 展示汇报要求表达流利，逻辑清晰，注意基本的礼仪，文明用语。

实训日志

思政考评要点	
态度考评	课堂出勤，参与课堂讨论的积极性，成果展示中的主动性、思政性
知识考评	课前作业和预习任务完成的质量，课中讨论或展示成果时对理论的分析和理解的正确度，课后实训报告分析中理论的结合度
思政考评	课堂互动中表现出来的集体荣誉感、爱国情怀和积极向上的人生态度；课后实践作业调研过程中表现出的责任当、顾全大局、创新精神；实践报告内容体现出的任务反思和集体意识等
能力考评	课中小组讨论中展现出的组织能力；课后实训作业过程中体现出的团队合作能力、人际交往能力、抗挫能力、语言沟通能力；实训报告内容展现出的分析问题、解决问题的能力等

项目八 制定营销战术——渠道策略

知识目标

1. 了解分销渠道的变革与创新形式。
2. 理解分销渠道的基本概念,以及中间商的含义和功能。
3. 掌握分销渠道的类型及选择方法。
4. 掌握中间商的类型及选择方法。

能力目标

1. 能够根据实际情况,选择合适的渠道类型。
2. 能够根据实际情况,选择合适的中间商。

素质目标

1. 具有诚信经营的意识。
2. 具有勇于开拓,善于创新的精神。

对应岗位认知

思维导图

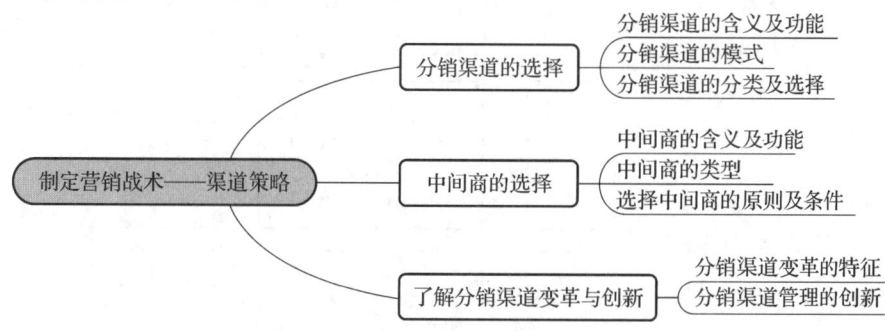

任务一 分销渠道的选择

任务引入

除了开设连锁店,公司准备在海南市场开拓其他分销渠道销售男装。但是王斌对海南的市场和中间商不太了解,于是他请教了当地一位做市场营销工作的朋友。朋友建议王斌先了解海南地区的男装分销渠道,然后再根据公司实际状况选择合适的分销渠道类型。

任务:在海南市场选择合适的男装分销渠道类型。

任务分析

将集团的服装产品转移到消费者手中的整个过程就是所谓分销渠道。企业可以自己创建销售点销售产品,但大多数情况下,企业会选择中间商帮助其完成产品的销售。企业可以根据自身产品和资金的特点选择不同类型的分销渠道,如间接渠道、长渠道、宽渠道、多渠道等。每类分销渠道都有其自身的优缺点,企业需要确定最适合自己的渠道类型。

知识对接

一、分销渠道的含义及功能

(一)分销渠道的含义

分销渠道是指产品或服务从生产者转移到消费者手中的整个过程。在现代市场经济条件下,大部分生产企业并不直接把产品销售给最终用户或者消费者,而要借助于一系列中间商的转卖活动。在这一过程中,产品或服务发生了实体转移,同时其所有权也发生了转移。中间环节的参与者可能取得了产品或服务的所有权,这类参与者通常称为经销商(如批发商、零售商);还有一些参与者只是帮助所有权转移,而没有取得所有权,这类参与者通常称为代理商(如代理商、经纪人)。

整个分销渠道通常分为起点、中间环节和终点,如图8-1所示。

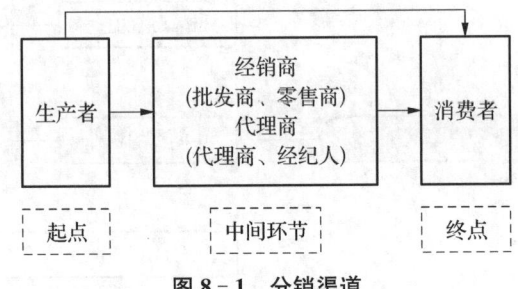

图8-1 分销渠道

(二)分销渠道的功能

分销渠道执行的工作是把产品或服务从生产者手里转移到消费者手里,在这一过程中,分销渠道的功能包括以下几方面。

1. 实现产品转移

完整的分销渠道是以生产商为起点,消费者为终点的全过程。这一过程中伴随着产品所有权的转移(商流)和产品实体的转移(物流)。

2. 降低企业销售投入

企业在设计分销渠道时可以选取合适的中间商帮助企业进行产品销售,这样可以实现生产和销售的专业化分工,降低生产企业在销售环节的投入,使其能集中企业资源进行产品研发和生产。

3. 节约社会资源

中间商的进入能减少市场交易次数,节约社会资源。中间商能同时组织多个厂商与众多消费者之间的交易,是产品的集散中心,能有效配置社会资源,提高交易的成功率。

4. 实现企业融资

生产企业往往可以从中间商处较快收回资金,而不需等到将产品销售给消费者后才能收回资金。

二、分销渠道的模式

我们将市场中的消费者分为两类:一类是最终消费和使用商品的个人消费者,另一类是进行生产的产业客户。由于这两类消费者购买的产品性质不同、使用目的不同、购买特点不同,所以相应地就形成了消费市场分销渠道模式和产业市场分销渠道模式。

(一)消费市场分销渠道模式

消费市场分销渠道模式是将企业生产的消费品转移到个人消费者手中。其所含的中间商数目较多,渠道中通常都有零售商同消费者对接。

(二)产业市场分销渠道模式

产业市场分销渠道模式是将企业生产的生产资料转移到产业客户手中。其所含的中间商数目相对较少,渠道中通常没有零售商。

三、分销渠道的分类及选择

一般情况下,可根据分销渠道中有没有中间环节、有多少中间环节及每个环节有多少中间商等对分销渠道进行分类。

(一)根据有无中间环节划分

根据产品从生产者到消费者转移的过程中是否有中间商介入,可分为直接渠道和间接渠道。

1. 直接渠道

直接渠道是指没有中间商介入,只有生产者和消费者的分销渠道。在产业市场分销渠道模式中,多数上游生产者采用直接渠道,将生产资料(原材料、设备等)直接销售给下游产业客户。在消费市场分销渠道模式中,采用直接渠道的也不在少数。例如,一些技术比较复杂的产品(如电脑)、鲜活产品(如鱼、肉)、现制食品(如炒菜、手工水饺)等,生产者可能直接同消费者对接销售产品。随着现代通信技术的发展,新形式的直接销售渠道备受生产者和消费者欢迎,如电视购物、电话营销、网络直营店等。

直接渠道的优点是：生产者同消费者直接建立联系，能更好地沟通，生产者能够快速了解消费者对产品的需求状况，及时安排生产；生产者对自身产品很熟悉，能够准确地向消费者传达产品信息，有利于消费者熟悉并选购产品；没有中间商介入销售渠道，降低了产品的流通费用，产品增值完全由生产者获取；生产者直接参与市场，掌握价格的主动权，有利于企业适时做出营销战略调整。

直接渠道的缺点是：生产者需要在销售中投入大量的人力、物力、财力，而且销售范围也很有限。

2. 间接渠道

间接渠道是指有一个或多个中间商介入，由生产者、中间商和消费者共同构成的分销渠道。在消费市场分销渠道模式中，间接渠道是最常用的方式，大部分消费品都由中间商进行销售，如各大超市、商场、零售店等。

间接渠道的优点是：产品销售范围广，有利于目标市场扩大；由中间商承接了生产者的产品销售工作，降低企业在销售环节的专项投入，节约了企业的人力、物力、财力，使其能集中资源进行生产；中间商的介入能减少市场交易次数，节约社会资源，进而降低产品价格。

间接渠道的缺点是：生产者同消费者脱节，沟通不便，信息反馈延迟或丢失，影响生产者对市场的反应速度，不利于生产者及时做出营销战略调整；如果分销渠道中的中间环节过多，不仅会延长产品流通的时间，而且还会增加流通费用。

 **营销实例**

LG 电子公司的渠道选择

LG 电子公司从 1994 年开始进军中国家电业，目前其产品包括彩电、空调、洗衣机、微波炉、显示器等种类。其把营销渠道作为一种重要资产来经营，通过把握渠道机会、设计和管理营销渠道，拥有了一个高效率、低成本的销售系统，提高了其产品的知名度、市场占有率和竞争力。

LG 电子公司选择大型商场和家电连锁超市作为主要营销渠道。因为大型商场是我国家电产品销售的主渠道，具有客流量大、信誉度高的特点，便于扩大 LG 品牌的知名度。在一些市场发育程度不高的地区，LG 电子公司则投资建立一定数量的专卖店，为其在当地市场的竞争打下良好的基础。

为了避免传统营销模式的弊端，真正做到以消费者为中心，LG 电子公司将营销模式由传统的"LG 电子公司→总代理→二级代理商→……→用户"改变为"用户→零售商→LG 电子公司＋分销商"的逆向模式。采用这种营销模式，LG 电子公司加强了对经销商特别是零售商的服务与管理，使渠道更通畅。同时中间环节大大减少，物流速度明显加快，销售成本随之降低，产品的价格也更具竞争力。

资料来源：豆丁网.

思考：LG 电子公司有哪些主要的分销渠道？谈谈逆向思维在分销渠道构建中的运用。

（二）根据分销渠道中间环节的数量划分

根据产品从生产者到消费者转移的过程中中间环节数量的多少，可分为长渠道和短渠道。

1. 长渠道

长渠道是指有一个以上的中间商介入的分销渠道。一般来说，市场比较偏远、消费群体比较分散的时候，可适当延长分销渠道。

长渠道的优点是：能够有效覆盖市场，方便大多数消费者购买，从而扩大商品销售范围和规模。

长渠道的缺点是：渠道中的中间环节增多会增加流通费用，使商品价格提高，不仅增加了消费者的负担，而且不利于生产者制定价格战略；信息反馈链条随着中间环节的增加而变长，不利于生产者及时了解市场和消费者动态并做出正确决策；生产者需要协调好渠道成员间的关系，否则会降低产品流通效率或造成一些不必要的损失。

2. 短渠道

短渠道是指没有或只有一个中间商介入的分销渠道。显然，没有中间商介入的短渠道就是前面所说的直接渠道，它是最短的渠道。一般来说，市场离生产者比较近、消费群体比较集中的时候，可采用短渠道。

短渠道的优点是：渠道中的中间环节减少会降低流通费用，使商品价格有所下降，不仅能刺激消费者消费，而且有利于生产者适时采用低价战略占领市场；信息反馈链条缩短，反馈更及时、更准确，有利于生产者及时调整营销战略；有利于维系渠道中各方当事人之间的关系。

短渠道的缺点是：不能有效覆盖市场，市场有限，不利于市场区域范围的扩张。

（三）根据每个中间环节中间商的数量划分

根据分销渠道中每个中间环节所包含的中间商的数量多少，可分为宽渠道和窄渠道。

1. 宽渠道

宽渠道是指企业选择两家或两家以上同类中间商的分销渠道。通常，产品的目标消费群体规模较大、分布较广时，采用宽渠道能扩大产品销售面，满足大部分消费者的购买需求。例如，大部分的日用消费品，像牙刷、牙膏、香皂、纸巾等，都经由多家批发商批发给多家零售商进入各地市场，最后到达众多消费者手中。

2. 窄渠道

窄渠道是指企业对分销渠道每类中间商只选择一家企业。通常，产品的用途单一、受众较少时，如一些农机设备、特殊兽用药物等，企业会在一定区域内选择一家中间商负责这片区域内该产品的销售。

窄渠道的优点是：因为选取的中间商少，降低了流通成本，所以有利于生产企业同中间商建立长久友好的合作关系。

窄渠道的缺点是：风险集中在少数几家中间商上，如果中间商由于经营管理不善或其他原因而无法正常经营，将导致分销渠道断开，不仅影响产品的销售，还可能对消费者造成重大影响,进而影响生产企业信誉。

(四) 根据企业采用渠道类型的数量划分

根据企业选用的渠道类型的多少,可分为单渠道和多渠道。

1. 单渠道

单渠道是指企业仅选用一种类型的渠道进行产品销售。这种方式比较单一,便于企业管理,但是不够灵活。

2. 多渠道

多渠道是指企业选择多种不同类型的渠道进行产品销售。这种方式比较灵活,能针对不同市场和消费者做出调整。但是渠道类型不是多多益善,企业应根据市场情况和自身条件,选择合适的类型。

以上对分销渠道的各种分类并没有孰优孰劣之分,企业选择何种分销渠道需要根据其产品、自身销售条件、市场状况等决定。选择合适的分销渠道不仅能扩大产品销售规模,还能有效降低企业销售成本,从而创造更多利润。

不同类型的分销渠道

联想电脑的分销渠道

联想笔记本电脑在笔记本电脑市场中具有一定的地位,为众多消费者所熟悉和选择。联想构建了多种渠道销售其产品,方便消费者购买。在这些渠道中,有些是由联想独自拥有并经营的,有些是由经销商或代理商经营的。例如,联想拥有自己的销售公司,主要负责向大中型企业用户提供产品;还有自己的直销公司,负责向小型企业和个人职业用户提供产品;还与众多专门销售计算机的中间商建立合作关系,如电脑专营店、代理店、超市的专柜等,负责向散户提供产品。联想选择了多样化的分销渠道,能够最大限度地满足各类消费者对时间、地点和价格的要求。

资料来源:孟庆伟,张红艳,刘婷.联想电脑营销渠道存在的问题及对策[J].全国商情(理论研究),2011(Z4).

 模拟工作任务实操

假设你是王斌,请完成"任务引入"中的任务"在海南市场选择合适的男装分销渠道类型"。

实操步骤

① 分析公司产品特征、公司自身销售条件、市场状况等。

② 分析长渠道、短渠道、宽渠道和窄渠道的优缺点。

③ 根据公司发展策略,选择合适的分销渠道。

任务总结

任务二　中间商的选择

任务引入　　选择了合适的渠道类型后，王斌开始着手构建分销渠道。但是应该选择哪些中间商帮助企业进行产品销售呢？王斌准备先了解一下海南本地的男装经销商和代理商的信息，然后再结合集团实际情况选择合适的中间商。

任务：选择海南地区男装中间商。

企业选择合适的中间商进行销售对其产品进入并占领市场有很大帮助。王斌在选择海南地区的男装经销商或代理商时，应该先调查了解主要中间商的基本情况，然后综合分析中间商、企业和市场的状况后再做出最合理的选择。

一、中间商的含义及功能

（一）中间商的含义

中间商是在生产者与消费者之间帮助实现产品转移的企业或个人，是生产领域同消费领域建立联系的重要桥梁。中间商包括经销商（批发商、零售商）和代理商。

（二）中间商的功能

1. 中间商使生产和销售活动更有效率

随着商品经济的发展，产品种类越来越繁杂，销售难度越来越大。如果单纯由生产企业将产品直接销售给消费者，没有中间商的介入，对于生产企业来说工作量极大。而且，生产企业的优势在于生产环节，销售往往是其劣势。中间商的出现，帮助企业将其劣势环节转移出去，实现生产与销售的专业化分工——生产企业能专注于生产，中间商能专注于销售。这将大大提升生产企业的生产效率，同时提高销售活动的效率。

2. 中间商是众多产品的集散中心

中间商通常同多家生产企业建立联系，购买不同企业的不同产品，然后再根据消费者的需求状况将其分销到众多消费者手中。在这一过程中，中间商能及时了解生产和消费动态，调节和平衡市场供需。此外，在产品集散的过程中，中间商还要负责产品的储存、保护和运输等。

3. 中间商能够检查并监督产品质量

很多知名中间商都很注重其自身品牌的培养，所以对承销的产品的质量有较高要求。

通常中间商从生产者手中购入产品时,都会先行对产品进行检查,包括产品的设计、工艺、生产、服务等方面,或者对生产者的信誉和品牌等进行审查,达到一定标准才合作。这些前期工作在一定程度上会督促生产企业合规生产,保证产品质量。

4. 中间商是生产者与消费者之间的信息传递者

生产者与消费者之间通常需要中间商来实现信息的传递。一方面,中间商能将各个生产者及其产品的具体信息传达给消费者,帮助消费者对产品做出准确的评判和选择;另一方面,中间商也能将市场动态、消费者需求动态及其他企业的动态及时传递给生产者,有利于生产者进行产品改进或是调整营销战略。这种传递无形中提高了市场信息的透明度,增强了市场的竞争性。

二、中间商的类型

根据中间商是否拥有产品的所有权,可将其分为经销商和代理商。所谓经销商,是指在产品分销过程中,买进产品然后再卖出,实际拥有产品所有权并实现其转移的中间商。经销商需要承担经营风险。所谓代理商,是指在产品分销渠道中,接受生产者的委托帮助转移产品的所有权,但不拥有产品所有权的中间商。

(一)经销商

根据销售对象和规模的不同,可将经销商分为批发商和零售商。

1. 批发商

(1) 批发商的定义

批发商是指大批量购入产品,然后将其提供给产业客户进行生产,或者是提供给其他分销机构进行转卖的中间商。中间商的经营目的是赚取产品的买卖差价。

批发商通常提供的是综合的商业服务,除了最主要的产品买卖活动外,还包括销售与促销服务,储存与运输服务,产品挑选、搭配和分装服务,资金融通服务等。

批发商给生产者带来了众多好处:对于中小型生产者,批发商能够帮助其快速销售产品,快速回笼资金,加快企业资金周转速度,使其持续生产甚至扩大生产规模,增加企业效益;对于大型生产者,批发商能在一定程度上分担其产品销售,不仅有助于其扩大市场,而且降低了企业的分销成本;对于产品种类比较单一的生产者,批发商能够协调产品与零售商或消费者的需求,使其能更好地融入市场;对于产品种类繁多的生产者,只需与少数几个批发商合作便能实现全部产品的分销,大大节约了分销成本,提高了分销效率。

(2) 批发商的分类

第一,根据批发商所提供的服务范围,可分为完全服务批发商和有限服务批发商。

① 完全服务批发商,提供全套综合服务,诸如产品买卖、储存与运输服务、资金融通服务、送货及协助管理等服务。例如,药品批发商、五金批发商等。

② 有限服务批发商,只向客户提供部分服务,其主要目的是降低批发活动的成本,从而降低批发产品的价格,提升产品价格竞争力。例如,要求顾客当场以现款交易然后自行负责运货的批发商、以卡车装载易腐货物巡回访问客户销售产品的批发商等。

第二，根据经营产品范围不同，可分为专业批发商和综合批发商。

① 专业批发商，是指所经营的产品属于同一领域，通常属于同一行业大类。例如，服装批发商经营各类服装、食品批发商经营各类食品、五金批发商经营各类五金产品等。

② 综合批发商，是指所经营的产品属于不同行业，种类繁多，范围极广。例如，百货批发公司同时经营食品、日用品、服装等多类产品。

③ 批发市场，是指由多家经营同类产品的批发商集合组成的市场。例如，广州白马服装批发市场、山东寿光蔬菜批发市场、义乌小商品批发市场等。

2. 零售商

(1) 零售商的定义

零售商是指分销渠道中直接与消费者对接，把产品转移给最终消费者(个人或家庭)的中间商。零售商是产品分销渠道的出口，处于产品流通领域的末端，能满足市场上众多消费者的需求，实现产品的最终价值，在整个分销环节中发挥着重要作用。零售商的销售对象通常是社会中的个人或家庭，因而其销售规模往往小于批发商的销售规模。

零售商往往能为消费者实现时间、空间上的便利。零售商给消费者提供的服务包括采购与销售、储存、加工、分拆、传递企业和产品信息等。

(2) 零售商的分类

为适应消费者多种多样的需求，零售商的种类层出不穷。根据零售商在市场中呈现的状态不同，可分为商店零售商、非商店零售商和零售组织。

第1类，商店零售商，是指存在实体店铺的零售商。市场上以这类零售商居多，根据经营产品范围，以及产品出售价格形式的不同，分为以下几类。

① 百货商店，是综合经营多类产品的零售店。其经营产品涉及领域广泛，包括服装、首饰、化妆品、家电等产品大类。各大类产品下种类繁多，每种产品也都比较齐全，能够满足绝大部分消费者对该产品花色、品种、规格等方面的多样化需求。百货商店注重店内环境，注重产品陈列的美观，往往能给消费者带来视觉享受。但是，百货商店的规模有限，每个商店通常都有自己的经营重点，且以高档时尚产品为主，并且通常以柜台方式售卖产品，不便于消费者挑选产品和结算。

② 专业商店，是专门经营某一类产品的零售店。其经营产品面比较窄，但产品的花色、品种、规格等方面都很齐全。专业商店的销售人员对产品很了解，能根据消费者的需求提供产品选择，并且能为产品提供较好的售后服务。这类商店往往专业化程度比较高，例如，钟表店专门经营各类钟表并提供保养、维修等服务，玩具店经营各类玩具并提供包装、清洗等服务，花店经营各类花草并提供包装服务等。

③ 超级市场，即通常说的超市，是指消费者自选式的大型零售店。其经营的产品种类较多，一般以食品、日用品为主。超级市场通常具有以下特点：规模庞大、薄利多销、顾客自助服务、定量包装、明码标价。大型超级市场能实现一站式购物，即消费者挑选完所需的全部商品，然后一次性结账，给消费者带来了极大的方便，如家乐福、沃尔玛等。

④ 便利店，是一种小规模的，以经营及时性产品为主的24小时营业的零售商。及时性产品通常包括日用品、方便食品、简单的药品、应急产品等。便利店的主要经营目的是为了满足消费者的便利性需求，其产品价格相对较高。便利店通常位于居民区附近，方便小范围

内消费者购买产品,如7-Eleven、全家FamilyMart等。有些便利店依靠加油站发展,如中石化的易捷、中石油的昆仑好客等。

⑤ 仓储商店,是在仓库或类似于仓库的场所进行大批量产品销售的零售店。其经营的主要目的是尽量降低经营成本,以低售价获得竞争优势,利润通常比较微薄。仓储商店一般直接向生产者购买大批量货物,然后以团体服务和会员制为主进行产品销售。仓储商店广泛利用计算机管理系统进行产品销售管理,减少了人工费用。

⑥ 折扣商店,是一种以低价格吸引消费者购买货物的零售商店。折扣商店通常走薄利多销的路线,以中低收入消费者为目标群体开展销售活动。折扣商店主要经营日常用品,通常为全国性品牌产品,种类较多,但每种产品的品种较少,且一般不具时尚导向性。折扣商店最明显的特点是其产品都能享受一定的折扣,实际售价比同类商品的价格低很多。例如,北京的燕莎奥特莱斯名品折扣店是北京折扣力度最大的大型品牌折扣卖场,里面的产品多为过季的或滞销的名牌产品,通过打折吸引消费者购买。

⑦ 样本商店,是指商店内没有产品,只陈列产品样本或商品目录、图册的一种零售商店。样本商店通常出售价值大、毛利高的产品,如首饰、摄影器材、皮包、大家电等。消费者可以通过样本或图册了解产品的情况,据此决定是否购买产品。消费者可以等待店员从仓库取货,然后验货付款自提,也可以由商店送货上门,货到付款。

第2类,非商店零售商,是指不设实体店铺的零售商。随着通信技术的迅猛发展,非商店零售得到了较快发展。根据销售方式的不同,非商店零售商分为以下3种形式。

① 流动式售货,是由销售人员携带产品直接与消费者接触,推销其产品的一种非商店零售模式。当前的流动式售货主要有上门推销、举办家庭销售会推销、使用流动车售货等形式。流动式售货的主要目的是方便顾客了解并购买货物,同时也能更好地开拓产品市场。流动式售货对销售人员要求较高,通常需要进行专门的培训和管理,还需要建立相应的激励机制,所以销售成本较高。

② 自动售货,是指生产商利用自动售货机进行产品销售的一种模式。目前,自动售货机被用在很多产品上,如消费者最为熟悉的饮料自动售卖机。除此之外,还有报纸等使用频率较高的消费品。自动售货能实现24小时售卖,给消费者带来了极大便利。但是,自动售货也存在着较多不足:机器成本很高,抬高了产品售价;产品种类和数量有限,补给不及时容易造成缺货。随着科技的进步,自动销售的硬件得到不断完善,如从以前的只能投放硬币到能够投放纸币。

③ 直接营销,是指销售方通过邮件、电话、电视或互联网等媒介传递产品信息,消费者又通过这些媒介订购产品,最终达成交易的一种模式。通常购买的货物通过邮递或直接派送到达消费者手中,而消费者需要以汇款、信用卡支付、网上支付或货到付款等方式支付货款。目前,随着互联网技术的发展,网络直接营销发展迅猛。采用直接销售的优点是:销售人员少,一般无须特定的工作场所,管理费用低;无地域限制,销售面广,市场潜力大;能够根据消费者需求进货,降低市场风险。采用直接销售的缺点是:消费者没有直接接触产品,对产品不够了解,难以做到完全满意;由于地域问题,产品通常需要一定的运寄时间,尤其是一些偏远地区可能需要等待很长时间。

第3类,零售组织,是指多个零售商之间构建的一种联合关系。根据零售组织所有权关系的不同，分为连锁商店、特许专卖商店和消费者合作社3类。

① 连锁商店，是在总店统一管理下的由经营同样业务的两家或两家以上拥有同一名称的商店组成的零售商店体系。通常，体系中的各成员经营的产品、店面布置、定价、营销方式等方面都极为类似，统一实行标准化管理。由于各商店统一进货，降低了成本，所以能够实现薄利多销，而且各商店分布较广，有利于企业开拓市场。根据连锁商店分布规模的大小，可分为地方性连锁、区域性连锁、全国性连锁、全球性连锁。例如，比萨专卖连锁企业必胜客、著名休闲服饰连锁店优衣库等。

② 特许经营商店，是指拥有特许权人的一家生产商或批发商，通过契约的方式，同若干被特许人形成连锁经营的一种形式。特许经营商店是连锁经营的高级形式，被许多行业广泛应用。拥有特许权的通常是一些有名的企业，如肯德基、麦当劳是采用特许经营模式的经典代表。

③ 消费者合作社，是由众多消费者自发组织创办的一种零售单位。消费者合作社由消费者自己出资，为消费者所有制，由消费者自行经营管理和分配利益。消费者合作社的创建不是为了盈利，而是为了减少分销的中间环节，降低分销成本，以维护消费者自身的利益。

营销实例

中国式零售变革

2023年12月18日，新零售服务综合体火烧联赢与胡润研究院联合发布《2023火烧联赢·胡润中国新零售白皮书》（*Hot Win-Win · Hurun China New Retail Report 2023*）。这份64页的报告内容涵盖中国零售业发展路径及现状剖析、胡润榜单透视零售行业发展概况、疫情后消费需求和趋势变化，比如即时零售的蓬勃发展推动新零售行业变革和带给消费者生活品质提升、元宇宙重构消费，以及技术驱动下未来零售场景的畅想等。

新零售是指通过互联网、大数据、人工智能等技术手段，实现线上线下的深度融合，重塑零售业的形态和模式。新零售具有以下特点：

1. 数字化。新零售的核心是数字化，通过数据驱动业务决策和运营，提高效率和服务质量。

2. 个性化。消费者需求日益复杂，借助大数据和人工智能技术，新零售能够精准地了解消费者需求，为消费者提供个性化的产品和服务。

3. 融合性。新零售强调线上线下的融合，打破传统渠道界限，实现全渠道销售和营销。

4. 智能化。通过人工智能、物联网等技术，新零售能够实现智能化运营，实现智能化决策、运营和服务，提高效率和客户体验。

5. 社交化。社交媒体将成为新零售的重要渠道之一。企业需要借助社交媒体与消费者建立紧密联系，实现精准营销和口碑传播。

6. 绿色化。随着消费者对环保意识的提高，新零售也需要关注绿色化发展。企业需要采取环保措施，推广绿色产品和服务，提高企业形象和品牌价值。

7. 供应链优化。新零售需要优化供应链管理，实现采购、库存、物流等环节的高效协同。同时,借助大数据和人工智能技术对供应链进行智能化管理,提高效率和降低成本。

8. 5G技术的应用。5G技术将为新零售带来更多机会和挑战。例如,通过5G网络实现高速、低延迟的数据传输,提高客户体验和服务质量;同时,借助5G网络的大带宽和低延迟特性,实现远程控制和智能化运营及VR实景+虚拟的等应用场景。

透视胡润榜单,白皮书分析了全球最成功的企业家,可以发现,零售业表现稳健,一直是全球十亿美金级企业家财富来源Top5行业。胡润百富董事长兼首席调研官胡润表示:"胡润百富连续二十多年追踪记录中国及全球财富史,我们发现,零售业一直是全球十亿美金级企业家人数最多的前五大行业之一。按总财富来看,消费品和零售是今年胡润全球富豪榜上总财富最高的前两大行业,合计占全球十亿美金企业家总财富的20%以上。有趣的是,年轻一代创业者也热衷新零售赛道。在去年胡润U30中国创业先锋近300位上榜者中,新零售成为企业科技、先进制造、教育之后,中国31岁以下创业先锋的第四大赛道。"

"从全球独角兽榜来看,零售业是全球独角兽企业颠覆的第四大行业,在金融服务、企业管理解决方案、医疗健康之后,零售业被颠覆得最多,其中以电商为主。在互联网、大数据、人工智能等科技的推动下,零售业开始从传统模式向数字化、智能化转型。最近最大的突破可能在跨境电商新零售,包括拼多多的跨境平台Temu、快时尚跨境电商Shein等,通过全面供应链+数字化的互联网零售+国际快递,取得快速发展。"

"2022年中国数字经济规模达到50万亿元,占GDP比重达到41.5%,数字化成为中国经济的引擎。在数字经济背景下,新零售商业模式成为零售业发展的必然趋势。随着政府加快促进数字经济和实体经济深度融合,以及新一代数字技术的推动,数字化已经深入渗透至零售行业的方方面面,也使得消费者行为和购物习惯发生了巨大变化。"

"数字化带动下的零售全新模式正在赋能全产业链,深刻影响并显著提升零售效率,从而帮助零售行业实现高质量增长。"

2023年3月,国务院《政府工作报告》提出着力扩大国内需求,把恢复和扩大消费摆在优先位置。商务部围绕"改善消费条件,创新消费场景,营造消费氛围,提振消费信心",把2023年定位为"消费提振年"。今年以来,地方政策密集出台实施一系列恢复和扩大消费政策措施,满足消费者多元化需求,多地结合自身资源禀赋特点,在优化传统消费供给的同时,积极培育消费新业态、新场景,以消费升级引领供给创新,为消费市场增添了新活力,也推动了消费保持较快增长。根据国家统计局公布的经济数据,前三季度,社会消费品零售总额超过34万亿元,同比增长6.8%。整体来看,市场恢复态势仍在持续,商品消费稳步恢复,服务消费增长较快,文化娱乐消费持续扩大,消费潜力正在加速释放。

资料来源:腾讯网

思考:请通过网络搜集了解中国零售业的数字化转型发展。

(二)代理商

代理商只是代生产商经营,代理货物的所有权仍归生产者所有,代理商只从中赚取代理佣金。因此,市场风险由生产者承担,代理商无须承担。代理商可分为批发代理商和零售代理商。代理商的主要目的是搭建买卖双方之间的联系,促成或缔结交易。

按照代理商与生产者业务联系的特点,代理商可分为制造代理商、销售代理商、采购代理商、经纪商和佣金商。

1. 制造代理商

制造代理商是指受生产者的委托，依据委托人规定的定价政策及其他要求，在特定销售区域内代销产品的中间商。制造代理商通常与多家产品线互补的生产者签订代理合同，然后利用其关系网促成这些生产者之间的交易。制造代理商通常为一些中小型生产者服务，因为它们没有条件自行销售产品，如纺织、家具等产品。

2. 销售代理商

销售代理商是指接受委托，代委托人全权处理产品销售事宜的中间商。销售代理商能够根据市场情况调整定价政策和其他交易条件。通常生产者将其全部产品销售委托给一个销售代理商，代理商可以不在特定区域内代销产品。销售代理商通常出现在一些竞争激烈的行业中，如食品、服装等。

3. 采购代理商

采购代理商是受客户委托，代其采购产品的代理商。一般采购代理商和客户之间建立长期合作关系，负责为客户收货、验货、储运等相关事宜。例如，常驻于服饰批发市场的采购员，他们对市场信息掌握透彻，能够帮助零售商以最低的价格购入产品。

4. 经纪商

经纪商俗称掮客，是指促进买卖双方沟通并达成交易，从中赚取佣金的代理商。经纪商与买卖双方没有固定关系，不拥有产品所有权，对产品价格和销售条件不做任何干预和承诺。

5. 佣金商

佣金商是指对产品具有控制力，并参与产品销售谈判的代理商。佣金商通常从事农产品代销，因为大多数农户没有能力自行销售。例如，种植西瓜的农户同佣金商签订协议，当西瓜成熟时，农户可将西瓜全权委托给佣金商代其销售，佣金商将西瓜卖出后，扣除佣金和其他费用，然后将余款汇给农户。

三、选择中间商的原则及条件

（一）选择中间商的原则

选择合适的中间商，对生产者而言极为重要，这样不仅能节约销售成本，更重要的是能促进产品销售，扩大产品市场。企业在选择中间商时应遵循以下原则。

1. 进入目标市场原则

企业选择中间商的最基本的目的就是使产品能够快速进入目标市场，促进产品销售。因此，企业选择中间商的首要原则，就是必须要在目标市场有销售渠道、客户资源等。

2. 明确角色分工原则

企业在选择中间商时应当考虑整个分销渠道中各层级中间商的分工合作，明确各层级之间的角色分工，使分销渠道能够高效运行。

3. 共同利益原则

分销渠道中的各个参与者都希望能获利，这就要求各个参与者之间能够形成良好的合作关系,只有这样才能形成一个高效的分销渠道,从而获取高收益。

(二) 选择中间商的条件

企业选择中间商,可以从以下条件考虑。

1. 中间商的经营市场范围

企业所选的中间商一定要与企业自身产品及企业发展目标相匹配,这就需要考虑中间商的市场范围。例如,中间商应在该产品的经营上具有一定的市场地位和市场经验,中间商的经营区域与企业的市场发展目标相一致,等等。

2. 中间商的地理区位

批发商通常负责产品集散,交通便利应是它的一大优势,所以企业在选择的时候应考虑其地理位置是否便利,交通是否发达。零售商通常负责将产品直接销售给消费者,市场是其最大的依靠,所以企业应考虑其地理位置是否客流量较大,市场需求旺盛。例如,肯德基、麦当劳新店的选址都是选在人流量庞大的地方。

3. 中间商的专业知识和营销能力

中间商对产品比较熟悉,具有丰富的营销经验,这都是吸引企业与之合作的重要因素。这样不仅能快速打开产品销路,还能给消费者留下良好印象,有利于企业形象的树立。例如,国美、苏宁这类家电大卖场中的销售人员不仅对产品很熟悉而且销售服务到位。

4. 中间商的财务状况和管理水平

企业选择中间商是希望能够尽快回笼资金,所以应考虑中间商的财力和信誉,看其是否能按时结算甚至提前结算。中间商的管理水平也关系着营销的成败,企业应考虑中间商的管理水平。例如,沃尔玛、家乐福这类大型超市备受生产者的青睐,很重要的一个原因是其规范的、高效的管理。

谷寿糖果公司如何选择中间商  企业如何选择中间商

日本大阪的谷寿糖果公司是制造西点、蛋糕、饼干的,是关西最大的糖果公司,在日本也是属于第一流的。很多食品、糖果店曾经对该公司表示,有意购买他们的产品,然而董事长细谷清向来是不随便应允的。他不随便订约,这是尽量避免和业绩欠佳的商店扯上关系的缘故。他的经营理念是:产品绝对不给业绩不佳的商店销售。他只给各条街上生意最鼎盛、信誉最佳、名气最大的商店销售他的糖果,因此他成功了。最好的产品给最好的商店销售,它的反应当然是极佳的了。

美国连锁百货店大王贝尼伊在国内拥有1 600多家连锁商店,曾经有人问他:"你成功的秘诀是什么?"贝尼伊回答说:"商品价廉物美,店员精神良好等,固然都是重要的因素,但最重要的是,必须与信誉最好、销量最多的店铺合作。"

资料来源:百度文库.

思考:谷寿糖果公司选择中间商的要求有哪些?"信誉"为什么被认为是最重要的条件之一?

模拟工作任务实操

假设你是王斌,请完成"任务引入"中的任务"选择海南地区男装中间商"。

实操步骤:

① 进行市场调研,调查海南地区主要的男装销售市场,了解男装经销商或代理商的基本情况,包括各中间商的经营范围、地理位置、产品特点、市场定位、分销渠道等。

② 根据公司实际情况选择合适的中间商,构建本公司海南地区男装分销渠道系统。

任务总结

任务三　了解分销渠道变革与创新

任务引入　为了更好地实现中高端男装在海南市场的销售,公司老总要求王斌在分销渠道管理方面有所创新。为此,王斌收集了多家企业进行分销渠道变革和创新的实例,对其进行深入研究,并结合本公司的实际状况,确定可行的分销渠道管理创新模式。

任务:分析可行的分销渠道管理创新模式。

创新是现代企业市场营销活动中不容忽视的一点,企业应当把握分销渠道变革的总体方向,并将其运用到本企业分销渠道的设计中。企业还应结合实际情况进行分销渠道管理创新,更有效地管理渠道中的中间商,从而促进产品销售。

一、分销渠道变革的特征

现代企业分销渠道的变革呈现以下特征。

① 渠道结构扁平化。加速了资金的周转、降低了库存、降低了产品的价格,让利给消费者。

② 市场重心下沉。更加注重市级以下销售渠道的开发与维护。

③ 渠道建设由交易型向伙伴型转变。

④ 商流、物流、信息流速度加快。

⑤ 利润空间越来越少。

⑥ 多种销售形式并存。

二、分销渠道管理的创新

(一) 分销渠道管理观念创新

建立与系统、整体观念相适应的、新型供应链条件下的客户关系管理(CRM)思维。生产厂家与经销商共同致力于提高销售网络的运行效率、管控市场，双方可通过联合促销、信息共享、独家产品产销及培训支持等形式来建立长期稳定的战略伙伴关系。例如，格力公司在股份制的基础上建立的区域销售公司，由格力集团与经销商共同组成，既作为整个集团的二级管理机构，也是一个独立核算的经济实体。

(二) 分销渠道管理模式创新

这主要是指在分销渠道组织结构和机制上进行变革。

1. 组织结构的转变

组织结构的转变是指从以产品线为中心建立管理组织机构向以客户为中心建立组织机构的转变。例如，美国惠普公司正是通过完成从事业部制到客户制的转型后实现分销模式变革的。惠普在 1999 年 4 月调整之前是按照产品线来划分部门的，惠普在美国有 80 多个事业部，在中国有 6 个，每个事业部都有销售、市场、服务、渠道、研发、制造等部门，每个产品事业部的销售部门都直接面对客户，缺少共同的销售出口面对客户。经过调整和变革后，惠普(中国)公司面向客户设立了 5 个销售部门，即大中国区全球客户部、商用客户部、大客户部、新经济客户部和电子销售部，从而形成了全面面向客户的分销模式和组织构架。

2. 厂商关系的转变

在厂商关系的变化上，从过去的控制型向合作型、关系型管理模式转变。从实际上看，主要是在传统交易关系的基础上，通过合同式(如特许连锁经营形式)、管理式(在大型厂商成为渠道主导的条件下，形成不同成员的联合体)和所有权式(如春兰的"受控代理制")等形式，构架新型的关系型分销渠道网络。

3. 管理模式的转变

从总经销主导的渠道管理模式向终端市场主导的渠道管理模式转变。

(三) 分销渠道管理方式创新

分销渠道管理中的激励方式将不再是以奖金和年终返利为主，而更偏重于通过培训、支持等办法，使经销商更多地掌握通过渠道运作、服务获利的方法。

美的分销渠道管理创新

美的董事局主席何享健认为"以事业部为经营主体开展营销工作"已不适应目前市场，

目前美的营销资源浪费严重,所以,美的众高层探索新营销模式,对美的旗下多个事业部的营销资源进行大整合。

翻开家电制造商自建渠道历史,美的自建营销渠道的行动始于2005年底。当时,包括美的、创维、海尔、格兰仕在内的众多家电厂商纷纷上马建设自己的销售渠道。其中美的、创维等致力于在全国一、二线城市布置自己的自营店。当时美的空调国内营销公司总经理王金亮表示,美的计划投入2 000万元~3 000万元,用一年时间在一级市场建立100家4S品牌店。但经历近几年的磨炼,最终的结果却并不是很乐观。不少家电企业不得已再次依赖强势家电零售终端,它们也被迫加入更惨烈的价格战中。虽然美的空调近年来一直保持国内销售排名的前两位,但其地位正受到越来越多的威胁。这种威胁不仅来自集团内部自建渠道所带来资金整合方面的困境,还来自外部;不仅包括同类家电企业的产品和销售竞争,还包括家电连锁等下游企业激烈的渠道竞争。

因此,美的此举,自然而然引发了大量关于企业自建渠道究竟能不能继续走下去的讨论。其中不乏很多通过比较专卖店和大卖场两种渠道模式优劣,得出堪喜或堪忧的结论。单纯从两种渠道模式进行比较并不能如实反映中国特殊的家电市场业态,因此,必须结合中国家电市场渠道发展历程及背景来进行分析。

资料来源:百度文库.

思考:美的自建营销渠道面临的困境有哪些?谈谈应当如何克服中国家电行业渠道创新过程中遇到的困难?

模拟工作任务实操

假设你是王斌,请完成"任务引入"中的任务"分析可行的分销渠道管理创新模式"。

实操步骤

① 搜集服装行业中高端男装分销渠道变革和创新的案例。

② 结合公司的实际状况,分别在管理观念、管理模式和管理方式3个方面确定可行的分销渠道管理创新模式。

知识测试

1. 什么是分销渠道?分销渠道有哪些分类?
2. 经销商和代理商的区别是什么?
3. 生产企业选择中间商应考虑哪些原则和条件?
4. 企业在设计分销渠道时,应该考虑哪些因素?
5. 一般来说,在什么情况下适合采用直接销售?
6. 企业可选择的渠道宽度都有哪些类型?
7. 企业渠道方案的评估标准有哪些?

任务总结

案例分析能力测试

案例1　苹果（Apple）中国的分销渠道

苹果（Apple）中国的分销渠道有几种方式。第一，总代理方式。在中国区的总代理共有4个，即翰林汇、长虹佳华、方正世纪和佳杰科技。翰林汇和长虹佳华主要负责苹果 iPod 在中国区域的总代理；方正世纪和佳杰科技主要负责苹果电脑、软件产品在中国区域的总代理。第二，零售终端方式。采取授权专卖店、卖场连锁店、网上授权零售和直营旗舰店 Apple Shop 四种方式相结合的路线销售苹果产品。第三，经销商方式。苹果授权美承、国美、中关村、卓越等经销商在线上、线下销售 iPhone 手机。

资料来源：宋林. 苹果手机营销渠道与营销策略研究[J]. 现代商业，2012(29).

思考：结合案例提供的信息，调查研究不同的分销渠道给苹果公司带来的不同销售效果。

案例2　肯德基的特许经营

肯德基（Kentucky Fried Chicken，KFC）是1939年创建的美国跨国连锁餐厅，同时也是世界第二大速食及最大炸鸡连锁企业，隶属于全球最大的餐饮集团之一——百胜餐饮集团。截至2012年底，共有约17 000家门店。

说到肯德基，消费者的第一印象就是那位和蔼的老爷爷。可以说，山德士上校的传奇故事带来了肯德基的诞生与发展。66岁的山德士从美国肯塔基州到俄亥俄州，兜售他的炸鸡秘方。此间，他被各个饭店拒绝了1 009次，终于在第1 010次获得了成功。1952年，第一家肯德基餐厅在美国的盐湖城建立了，这为餐饮加盟特许经营开启了新的里程碑。在几年时间内，肯德基竟然在美国和加拿大拥有了400家连锁店，发展速度快得简直不可思议。伴随着富于进取的新经营管理人员的加盟，在美国快餐业迅速发展的大环境下，肯德基炸鸡以惊人的速度发展起来，在各个地区新开了很多家分店，其中绝大多数是特许经营。

肯德基采用特许经营的加盟方式实现了企业的快速扩张。在这种方式中，肯德基需要向加盟者提供品牌、管理模式、人员培训、原料、服务体系等全套信息，加盟方根据规定实现统一的产品生产、顾客服务和管理，最后双方按约定分享企业利益。正是依托这种"特许经营"模式，肯德基才能快速发展成为全球最大的炸鸡连锁集团。

肯德基自1987年在北京前门大街开设中国大陆第一家餐厅，经过20多年的发展，在国内遍地开花，几乎在每一个热闹的街角都会看到肯德基的身影。目前，肯德基已在全国各地开设了近5 000家连锁餐厅，是国内规模最为庞大、发展最为迅猛的快餐连锁企业之一。

资料来源：肯德基相关网页资料.

思考：① 结合案例，分析肯德基的特许经营模式是如何运作的？
　　　　② 肯德基特许经营模式存在哪些好处？

项目八 制定营销战术——渠道策略

项目驱动任务实训

情景营销设计

项目背景:百年老店"同升和"

项目实训目标1:基础知识
使学生能够分析不同分销渠道类型,选择合适的中间商。

项目实训目标2:辩证性思考
培养学生根据实际情况构建分销渠道系统的能力,培养学生甄别和选择中间商的能力。

学生角色:
企业营销团队成员,负责渠道管理工作。

项目任务:

1. 制定"构建分销渠道分析报告"。

学生以小组为单位,根据企业背景,制定一份"构建分销渠道分析报告"。报告主要分析:① 企业主要的分销渠道模式及其优缺点;② 为企业选择合适的中间商(加盟商)提出相关建议。

2. 进行"构建分销渠道分析报告"展示汇报(不超过10分钟)。

项目要求:

1. 分析报告要求语言通顺,无错别字,条理清晰。
2. 展示汇报要求表达流利,逻辑清晰,注意基本的礼仪,文明用语。

实训日志

思政考评要点

态度考评	课堂出勤,参与课堂讨论的积极性,成果展示中的主动性、思政性
知识考评	课前作业和预习任务完成的质量,课中讨论或展示成果时对理论的分析和理解的正确度,课后实训报告分析中理论的结合度
思政考评	课堂互动中表现出来的集体荣誉感、爱国情怀和积极向上的人生态度;课后实践作业调研过程中表现出的责任担当、顾全大局、创新精神;实践报告内容体现出的任务反思和集体意识等
能力考评	课中小组讨论中展现出的组织能力;课后实训作业过程中体现出的团队合作能力、人际交往能力、抗挫能力、语言沟通能力;实训报告内容展现出的分析问题、解决问题的能力等

项目九

制定营销战术——促销策略

知识目标
1. 了解促销、推销、广告、营业推广、公共关系的相关概念。
2. 理解促销、推销、广告、营业推广、公共关系的特点和功能。
3. 掌握促销、推销、广告、营业推广、公共关系的具体实施方法。

能力目标
1. 能够根据实际情况制定促销组合策略。
2. 能够根据实际情况组织开展促销活动。

素质目标
1. 具备诚信素质,不欺骗消费者。
2. 具备创新意识,敢于实践。

对应岗位认知

思维导图

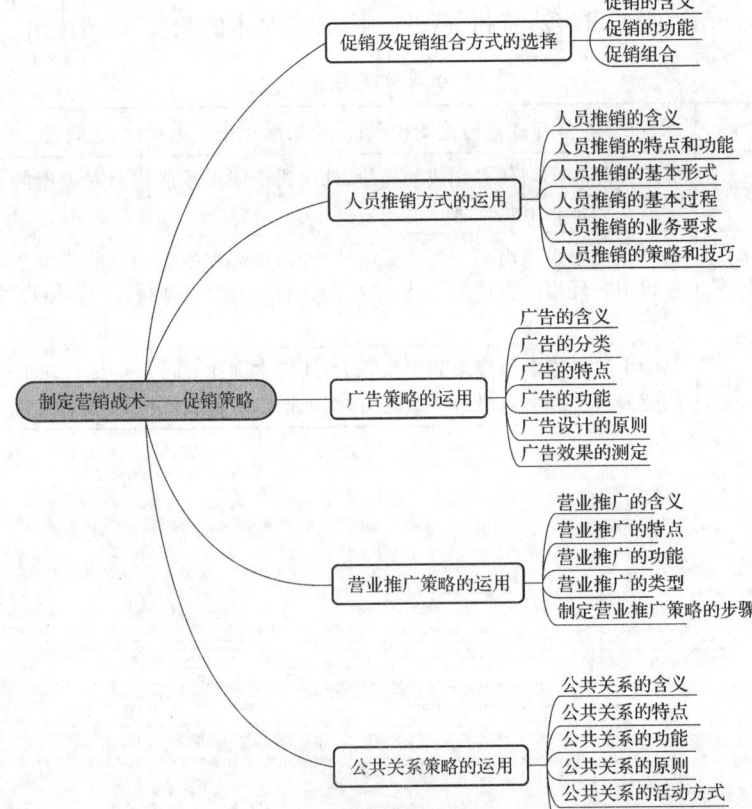

任务一　促销及促销组合方式的选择

任务引入

公司想利用"十一"黄金周的时间,针对海南市场组织一场服装促销活动。公司让王斌牵头负责该活动,准备时间为一个月。这是王斌第一次接触这种大型的促销活动,那么他作为该活动的主管应该怎么办呢?

任务:针对此次服装促销活动,选择合适的促销组合。

摆在王斌面前的问题是想组织一场促销活动,应该从哪里着手,特别是对于海南省这样一个气候比较特殊的地域。这就需要王斌对如何进行促销,应该针对什么样类型的产品促销,以及在促销过程中应该采取什么样的促销手段和方法有大体的掌握和了解。

一、促销的含义

促销,简单来说就是促进企业产品或劳务的销售量。具体来说,是企业以宣传的形式,依靠传媒途径把与本企业相关的产品或劳务的各种信息传递给公众,从而影响或者激发他们购买本企业产品或劳务欲望的一种商品销售方式。

促销的本质内容是信息沟通,是以增加销售量为目的,将信息传达的原理与企业的促销活动相结合,在本企业、经销商及消费者之间建立一个有效的信息关联系统,以此达到信息交换的目的。那么,如何进行有效的信息沟通呢? 最重要的是:在促销活动中,企业营销人员必须明确信息沟通的目标,然后综合运用多种沟通方式,达到排除信息沟通障碍的目的。

促销的形式依照进行销售的渠道不同,可分为人员推销和非人员推销。其中,人员推销是指组织派出推销人员后,直接与消费者进行面对面的沟通;非人员推销是指组织借助某种非推销人员的媒介达到信息交流沟通的目的。人员推销不仅是传统的推销方式,更是最普遍、最基本的促销方式之一,而非人员推销主要包括广告、营业推广和公共关系3个方面。

二、促销的功能

促销是企业经营过程中不可或缺的关键组成部分,具有以下功能。

(一) 传递产品信息,培养销售环境

在市场经济的宏观背景下,企业需要向经销商和消费者提供并不断更新其产品的有关

信息，同时它们也希望通过经销商和消费者的信息反馈完善产品结构及销售方法，以便更好地适应市场需求，提高产品销量。通过信息的传递，能使供应链中的各个环节及时了解产品销售的情况，以建立企业的良好声誉，增强各方对企业的好感，从而为企业产品的成功销售创造良好前提。除此之外，琳琅满目的商品，往往会使得消费者产生难以选择的感觉，消费者也希望获得更多、更广泛、更有用的信息以帮助他们决策，使自己的购买效用最大化。

（二）创造顾客需求，扩大商品销售

企业针对不同消费者的购买心理，采取有效的、差异化的促销手段，激发消费者增加对某种产品的需求，以此来提高产品的销售量。不仅如此，企业通过各种各样的促销活动还能够扩大消费者对产品的需求，发掘新的产品市场，从而使市场需求朝着有利于企业的方向发展。

（三）凸显产品特色，增强产品竞争力

企业在进行相关的销售活动过程中，可以强调自己而竞争对手产品所不具备的优势，这样可以满足消费者的特殊利益需求，使消费者在选择前可以充分了解本企业商品的优势，激发消费者的购买欲望，进而达到提高产品的销售量，提高企业市场竞争能力的目的。

（四）反馈消费信息，提高经济效益

通过开展有效的促销活动，使企业产品的受众面越来越广，让更多的消费者认识、熟知和信任该企业的产品，并通过消费者反馈的信息，及时地对销售策略和产品生产进行调整，使产品适销对路。这样才能不断扩大企业的市场份额，从而巩固企业的市场地位，最终提高企业的经济效益。

三、促销组合

促销组合是组织促销活动的一种策略思路，其主体思想是以广告、人员推销、公共关系、营业推广等基本促销形式为途径，在产品销售过程中形成一个促销策略系统，使企业的全部促销活动可以协调一致，最大限度地发挥销售手段的整体效果，从而顺利实现企业目标。

促销组合是一种整体的、宏观性的营销策略系统，它集中体现了市场营销理论的核心思想——整体营销。广告、人员推销、公共关系、营业推广这4种基础性的促销方式构成了这一系统的4个子系统。由于这4个子系统中都包含有一些可变因素，如促销手段或工具等，因此对其中某个因素的更改就意味着整体营销系统的变化，也就意味着另一个新的促销策略的产生。这4个子系统相互配合、协调一致，能发挥出巨大的作用，为企业带来无限的效益。

（一）促销组合选择的影响因素

1. 不同促销方式的特点

每种促销方式都有其本身的优势与不足，因此，掌握不同促销方式的特性是进行相关销

售组合的基础。

① 人员推销。人员推销的优势在于能直接地与目标对象进行信息沟通并及时得到反馈，极有可能当场促成交易。但其劣势在于占用人员数量大，成本高，接触对象较少。

② 广告。广告具有传播范围大、形象生动、节约资源的特点。但广告同时具有针对性不足、难以立即促成交易的缺点。

③ 公共关系。公共关系的影响力大，被信任程度高，对提高企业的知名度和美誉度具有至关重要的作用。但同时也有花费大、难以控制的缺点。

④ 营业推广。营业推广的优势在于吸引力强，易于刺激消费者的购买欲望，并能促成立即购买行为。但同时也具有接触面狭小、效果时效性短的缺陷，不利于品牌形象的树立。

2. 促销费用

促销活动必然要以一定的经费作为支撑，促销的效果也与促销费用的多少直接相关。不同行业、不同企业产生促销行为时所耗费的经费也存在很大差别，因而在发生促销活动以前，首先要制定一份促销预算报告。促销预算的方法有很多种，常用方法主要有量力支出、销售额百分比、竞争对等法及目标任务法等。

3. 促销目标

企业面对存在差异化市场环境和特定时期产品销售时，会有不同的销售目标。销售组合会根据销售目标的不同而发生变化。如果在某一特定时期内，企业以迅速增加销售量、扩大市场份额为促销目标，那么促销组合应以广告和营业推广为主，强调短期效益；如果其目标是创建一个良好的企业形象，为今后占领市场、赢得有利的竞争地位奠定基础，则促销组合应将重心放在公共关系和必要的公益性广告上，强调长期效益。

4. 市场特点

因为不同的目标市场拥有不同的特征，所以需要不同的促销策略来完成销售目标。从市场范围大小的角度出发，目标市场地域范围越大，就要采用更多的广告进行促销；相反，如果在规模较小的本地市场销售，则应以人员推销或营业推广作为主要营销手段；如果在中等规模的市场范围内销售，则可以以一种促销方式为主，兼用其他促销方式的手段完成销售目标。从市场类型看，面对消费者数量较多、市场分散的消费者市场，多数情况下还应靠广告等非人员推销，而对于用户数量比较少但成交额大的生产者市场，则主要采用人员推销。

5. 产品类型

针对不同类型的产品，消费者的购买意愿会随之产生变化，因此，企业也要对采取的促销组合进行相应的调整。一般而言，工业用品具有技术性强、构造复杂、需要由专人维护的特点，因而它更适用于人员推销的方式，而日用消费品具有销售面广、性能简单的特点，故而使用广告或营业推广的方式就能很好地完成销售任务。不难发现，如果商品具有价格低、适用性强等特点，则一般适用广告促销；如果具有价格高、利润大的特点，则更适合用人员推销的方式进行销售宣传。

6. 产品生命周期

产品所处的生命周期阶段不同，促销的重点及采取的促销方式也会相应地发生变化。一般来说，处在"投入期"的产品，其促销的主要目的是提高商品的知名度，因而会采用广告和公共关系等方式进行宣传,同时企业也可以鼓励顾客试用产品或免费赠送产品小样。但如果产品处于"成长期",促销的任务则变为增进消费者对该产品的认识和好感,此时需要加强广告和公共关系,适当地减少营业推广。产品达到"成熟期"时,企业可根据具体情况适度削减广告,并增加营业推广,以提高消费者对产品的忠诚度。最后,产品到"衰退期"时,企业的促销任务转变为维持老客户对该产品的信任和忠诚。因此,此时应以营业推广为主,辅以公共关系和人员推销。产品生命周期与不同的促销组合如表9-1所示。

表9-1 产品生命周期与促销组合

产品生命周期	促销目标	促销手段	
		消费资料	生产资料
投入期	使顾客认识产品	广告为主,人员推销为辅	人员推销为主,广告为辅
成长期	使用户选择产品	广告	人员推销
成熟期	保持市场份额	营业推广	人员推销
衰退期	巩固市场	营业推广	人员推销+公共关系

(二)促销组合的两种策略

1. 推式策略

该策略以推销为核心思想,生产企业可运用人员推销和营业推广方式积极地将产品推销给批发商,再由批发商推销给零售商,最终由零售商向顾客推销。该策略的目标是使中间商产生"利益分享意识",促使它们向那些有购买意愿,但却没有明确品牌偏好的消费者推销本产品。其运作过程如图9-1所示。

图9-1 推式策略

一般情况下,推式策略适用于单位价值较高、性能复杂、需要做示范的产品,或者根据用户需求特点设计的产品抑或是流通环节少、流通渠道较短的产品,以及市场比较集中的产品等。

2. 拉式策略

不同于推式策略,本策略需要生产企业首先要依靠广告、公共关系等方式,引起潜在顾客的注意,使之产生购买的欲望和行为,当消费者开始向中间商询购这一特点商品时,中间商自然会找到生产厂家积极进货。其运作过程如图9-2所示。

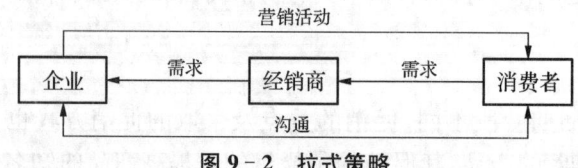

图9-2 拉式策略

一般情况下,对单位价值较低的日常用品,流通环节多、流通渠道较长的产品,市场范围较广、市场需求较大的产品常采用拉式策略。

营销实例

邮政服务助农产品销售激发农村创新创业活力

一、补短板着力突出政策创新

为深入贯彻落实党中央国务院实施乡村振兴战略部署,持续提升邮政业服务"三农"能力,加快推进农业农村现代化,国家邮政局联合国家发展改革委、财政部、农业农村部、商务部、文化和旅游部、中华全国供销合作总社近日出台了《关于推进邮政业服务乡村振兴的意见》。意见坚持抓重点、补短板,聚焦突出问题,着力突出政策创新。为综合破解74.9%的村没有农村电商配送站点这一突出问题,加强邮政基础设施建设,意见提出,推动将县域邮政业发展内容纳入地方国民经济和社会发展规划,将村邮站纳入乡村公共基础设施,强化电子商务、便民服务、收寄投递、自提服务等功能。

二、邮政服务助力农产品销售

国家邮政局自2016年启动快递服务现代农业示范工作,截至2018年,已培育出20个年业务量超千万件、16个年业务量超500万件的"快递+"项目。

意见在夯实农村快递物流体系、促进专业化规模化发展、延长农产品产业链、发挥邮政网络优势等方面提出了多项具体措施:实施农产品冷链建设工程,建设现代化农产品冷链快递物流集散中心;实施"一地一品"示范工程,推广"寄递+电商+农特产品+农户"模式;加强农商互联,开展农产品分等分级,发布农特产品寄递服务标准;合理布局主题邮局,销售手工艺品和农特产品;加强农民快递职业技能培训,培育当地电商快递致富带头人。

资料来源:新华社,2019年5月24日,中国投资资讯网.

思考:这些具体举措是如何促进农产品流通,发挥产业兴农作用的?

(三)促销策略新趋势——整合营销传播

整合营销传播的概念是20世纪90年代后期在促销组合策略的基础上发展起来的。科特认为:"整合营销传播是一种从接受者的角度考虑全部营销过程的方法。"其含义是组织促销策略组合必须从信息接收者的需要、兴趣和接受习惯等方面设计营销传播计划,同时指出这是一个从确定目标受众开始,了解受众特征,组合营销信息,设计传播符号,整个传播方式和测定传播效果的全过程整合。美国广告代理商协会认为:"整合营销传播是对各种传播方法及策略进行综合计划的增值效应的确认,如对一般的广告、营业推广和公共关系进行组合,通过对这些分散信息的无缝结合,提供明确的、连贯一致的和最大的传播影响。"

整合营销传播主要包括以下3点。

① 在整合营销传播中,居于核心的是消费者的心理和认知。

② 整合营销传播强调真正意义上的整合。

③ 整合传播的目的不是一次性交易,而是希望与消费者维系长期的关系。

模拟工作任务实操

假设你是王斌,请完成"任务引入"中的任务"针对此次服装促销活动,选择合适的促销组合"。

实操步骤
① 通过市场调查,了解当地市场和消费者情况。
② 针对本公司营销策略和产品特点,选择合适的促销方式。
③ 选择合适的促销组合策略,制订促销方案。

任务总结

任务二 人员推销方式的运用

任务引入

王斌所在的集团公司依据海南市场的特征,专门生产出一种能够高效隔离紫外线的防晒衣。但很多海南人,尤其是本土人觉得防晒衣的作用很小。这时候,海南区域的总经理找到王斌,想让他对防晒衣的销售制定人员推销的战略,并提出自己的意见和想法。

任务:制定人员推销的工作计划和人员培训计划。

 任务分析

人员推销,不是简单的人员上门推销,因为这种推销形式越来越让人反感。随着市场竞争的日益激烈,人员推销形成了多种多样的形式,而且在整个推销的过程中,对人员的业务要求也在不断提高。

 知识对接

一、人员推销的含义

人员推销是指经由推销人员将商品的宣传介绍活动直接推荐至中间商或消费者之中,达到销售目的的一种销售形式。简而言之,就是利用人际接触的方式促进销售。它是人类历史上存在时间最长的一种促销形式,在商品经济高度发达的现代社会,这种最古老的促销方式再次焕发光彩,在现代促销形式中稳占一席之地。某位来自西方的营销专家说过:"这个世界是一个需要推销的世界,大家都在以不同的形式进行推销,人人都是推销员。"可见,推销广泛地存在于我们的经济社会之中。

二、人员推销的特点和功能

（一）人员推销的特点

作为最古老的促销形式，人员推销相较于其他促销手段而言具有以下4个特点。

1. 销售的针对性

人员推销最主要的特质就是同顾客直接交流沟通，这样能够较好地把握顾客的态度、情感及购买欲望等信息，有益于推销人员进行针对性的促销活动，消除顾客疑虑，达成销售目的。

2. 销售的有效性

人员推销是最直接、最直观地将产品向顾客展示及演示的销售形式，能够让顾客十分全面地了解产品性能及特点，激发顾客的购买欲望。

3. 密切买卖双方关系

对顾客进行产品演示和解除顾客疑虑的过程往往会经历较长的时段，在这期间，推销人员与顾客会直面接触，这样有利于建立顾客对销售人员的长期信任，从而培养出良好的买卖关系，提高顾客对商品的忠诚度。

4. 消息传递的双向性

推销人员是促成信息双向沟通的纽带。推销人员在进行商品推介时会将企业信息及商品信息及时、无误地传递给消费者，同时也会将顾客对企业及产品的要求和建议，以及市场供需信息等反馈给企业，这就为企业调整营销方案提供了依据。

但由于人员推销具有销售范围小、开支金额高及接触顾客面较窄的局限性，进行人员推销时产品的销售成本相较于其他促销形式而言就会比较高，加之人员推销效果的好坏取决于推销人员素质的高低，因此，在科技日新月异、产品创新层出不穷的今天，企业对推销人员素质的要求也越来越高。

（二）人员推销的功能

① 寻找及培养新顾客。

② 人员推销是信息双向沟通的纽带，在传递企业及产品信息给顾客的同时，传递客户及市场信息给企业。

③ 直接接触顾客，达成销售目的。

④ 提供咨询、技术帮助、交接产品；提供商品售前、售中、售后等服务。

⑤ 合理分配货源，调剂余缺，解决与客户的矛盾。

三、人员推销的基本形式

人员推销的形式很多，以下是3种基本形式。

（一）上门推销

上门推销是指推销人员携带商品的样品、说明书及订单等直接走访消费者，对消费者进行一对一的针对性营销。这样能够及时发现顾客需求,达到当场购买、有效服务顾客的目的;对顾客而言十分方便快捷,故而被广泛认可。

(二)柜台推销

柜台推销又被称为门市推销,即企业选取适当位置设置固定门市,并由固定的营业员接待顾客销售产品。这种销售方式与人员推销的不同之处在于它是等待顾客上门的推销形式。它能够全面地展示企业产品,满足顾客多种需求,并保证产品质量无缺,因此,这种销售方式更受顾客欢迎。

(三)会议推销

会议推销即通过各种形式的会议将企业的产品向与会人员进行宣传介绍,促进产品销售。这种形式推销集中、推销面广,可以实现多个推销对象同时购买的销售效果,成交量及成交额都很显著。

四、人员推销的基本过程

推销人员与潜在够买者达成交易经历的过程,一般可分为以下4个阶段。

(一)挖掘客户

人员推销的第一个步骤包括两项内容:确认潜在客户和核实潜在客户(即评估他们是否具有购买潜力)。这两项内容可同时进行。

1. 确认潜在客户

确认潜在客户的过程实际上是细分市场。通过分析企业历史客户和现有客户的数据,推销人员可以确定理想的潜在客户的范围,同时,比较这些客户的清单,可以知道哪些是潜在客户。一般来说,建立潜在客户的途径包括:现有的客户推荐,商贸协会,相关但非竞争企业的名单,广告询问函或电话,等等。多途径思考往往会出其不意地找到潜在客户,如家具连锁店和电信公司从购房名单中找到潜在客户,因为新建成的写字楼或公寓肯定需要装修,同时也需要电信服务。

2. 核实潜在客户

找出潜在客户后,推销人员还应该加以核实,即评估这些潜在客户是否有购买意愿、是否有够买能力和够买权力。推销人员可以通过寻找有关潜在客户的任何变化信息来确定客户是否有够买意愿。可以找信用评估公司确定潜在客户是否有购买力。因为在企业中,采购权力可能由委员会或高层主管决定,所以除了购买决策之外,推销人员也需要确定影响购买决策的相关人员。例如,采购单位人员可能有采购权力,但所购买的产品可能会依据一位秘书、工程师或副总经理的建议而确定。

(二)分析客户

在拜访客户之前,推销人员事前应尽可能地了解销售对象本人或企业的情况。对潜在客户的分析工作可能包括发现潜在客户过去与现在使用的产品和对产品的反应。在 B2B 销售中，推销人员应当找出客户企业中谁拥有够买决策权，如果知道谁是联系人、谁是购买决策影响者、谁是购买决策者，以及谁实际购买等信息，推销人员可以直接找到目标，从而减少工作量。除此之外，了解潜在客户的个人生活习惯（如兴趣、偏好）将有助推销工作的展开。

（三）销售展示

有了正确的潜在客户信息，推销人员便要设计吸引潜在客户注意的销售展示活动。推销人员应设法引起客户的兴趣，激起他们的欲望，并在适当的时机采取行动并达成交易。这一模式就是许多企采用的 AIDA 模式——注意（Attention）、兴趣（Interest）、欲望（Desire）和行动（Action）。

1. 吸引注意力

销售展示的首要目标是引起潜在客户的注意力和好奇心。如果潜在客户有明确的需求，并且正在寻找解决方式，则直接介绍卖方公司和产品即可。如果推销人员是现有客户介绍给潜在的客户的，正确的销售展示开启方式是先说到这位双方认识的客户。此外，推销人员用惊人的说辞介绍产品的优点。例如，一位销售培训顾问建议用下面的问题问候潜在客户："如果我能让您的销售成本降低一半，销售提升一倍，您会有兴趣吗？"

2. 排除障碍

大多数情况下，顾客对推销人员的销售都会提出一些质疑，甚至给予拒绝。这就是推销活动中必然会出现的障碍。推销人员只有善于排除这样的障碍，才能顺利地完成销售任务。有经验的推销人员对于销售中可能出现的各种障碍都有事先准备，往往能随机应变，有效地排除障碍，达到销售目的。

3. 达成交易

解说产品及其好处后，推销人员需要设法让顾客采取行动，达成交易。在销售展示中，推销人员可以定期地提醒交易，测试潜在客户的购买力，方法之一是提出潜在客户愿意购买的假设问题。例如，"您打算购买 10 箱还是 20 箱？"达成交易的尝试的主要目的是找出采购者的异议事项，因为最难以改变的异议就是潜在客户没有说出的异议。因此，应该鼓励采购者说出他们的异议所在，这样推销人员才有机会消除异议，只有站在客户的角度考虑才会达成交易。

（四）售后服务

好的销售并不在于签下订单即告成功。销售过程的最后阶段是一系列的售后服务，售后服务不但可以建立客户的好感，而且降低客户购买后的不一致感也可以为将来的生意打下基础。优秀或尽职的推销人员会追踪订单的交货、安装、员工培训和其他事项，并确保客户真正满意。

五、推销人员的业务要求

推销人员是企业同顾客进行双向沟通的纽带，在营销活动中推销人员的地位和作用举重若轻,是企业不容小觑的重要财富之一,关系着整个企业的生存与发展。推销人员向消费者推销产品时,是企业形象的代表,所以又被赋予现场经理、市场专家、销售经理等荣誉称号。在科技日新月异,新产品层出不穷的今天,企业对具有强大应对能力和创造力的开拓型推销人员的需求不断加大。

(一)推销人员的业务素质

1. 全面了解所代表企业

推销人员要熟知企业的发展历史,掌握企业文化,了解企业历年运营状况,这样在向顾客推销产品时才更有利于获取顾客的信任。同时,推销人员应能够灵活运用和解释公司的经营目标与经营性策略,运用市场统计资料向客户解释企业地位,树立企业的良好形象。

2. 推销人员应该是产品专家

由于推销人员是向顾客直接推荐产品,所以推销人员必须十分了解产品的性能、特性、使用方式、维修形式等信息,同时掌握产品的成本费用与出厂价格等,并了解产品种类、设备状况、定价原则、交付方式、库存与运输及市场状况。总而言之,就是必须对产品进行从设计到生产到销售的全过程掌控。

3. 推销人员要了解相应情况

推销人员推销产品时最核心的过程就是分析顾客心理,了解顾客对产品的需求,深入剖析顾客购买产品的可能性与购买决策权归属,从而采用针对性销售策略,达成销售目的。

4. 相关业务知识

推销人员掌握的相关业务知识主要包括营销策略、市场供求状况、潜在顾客的数量及分布情况、购买动机、购买能力、相关法规等。

5. 良好的文化素质

人员推销的效果的好坏取决于推销人员素质的高低,文化差异成为推销人员同行竞争的焦点,故而推销人员必须具备多方面的知识。此外,在推销过程中要不断充实自己,博学多才,这样在同客户进行交流时才能时刻把握顾客心理,促使销售成功。

6. 相应的法律素质

在法制社会做任何事情都应该受到法律管制,作为企业产品的推销人员在进行推销活动时应时刻注意自身行为是否符合法律规定,自己是否具有基本的法律素质,要在合法的范围内对顾客进行合理的推销活动。

(二)推销人员的言谈举止

1. 推销人员的言谈

交谈是推销活动的第一步,融洽的交谈往往意味着推销成功了一半。推销人员在言谈方面应做到:第一,内容表达准确、无歧义,避免言语含糊不清;第二,语言的使用要规范,除特殊场合外,应当使用普通话和官方语言;第三,使用礼貌用语,杜绝粗俗语言,避免口头语;第四,应注意讲话的语音语调,发音要清晰,速度要适中,避免讲话颠三倒四;第五,讲话不应声嘶力竭或有气无力。总之，说话要准确规范，富有表现力，让消费者听得清楚、明白、不厌烦。

2. 推销人员的举止

推销人员在举止方面，需要遵守基本的准则：第一，要主动与顾客打招呼，热情、适当地问候消费者；第二，与顾客谈话时要温和、关切，切勿东张西望、心不在焉；第三，解答顾客疑问时要有耐心，不得直接顶撞或否定对方意见，说话方式要委婉、客气；第四，站立时不要双手倒背，坐立时要端正，不要跷二郎腿，交换名片时要双手呈递或双手接受；第五，特别注意不要有小动作及不良习惯，如眨眼、抠鼻、咬唇、搔头、耸肩、抖腿、不停看表等。

六、人员推销的策略和技巧

（一）人员推销的策略

人员推销活动，一般采用3种形式。

1. 试探性策略

试探性策略即"刺激—反应"策略，用于销售人员不太了解顾客的需求，诉求重点不明确的状况。这时候，推销人员可以先用多种话题试探顾客，吸引顾客的注意力并观察其兴趣所在，在了解顾客反应后进一步采取相应的推销措施。很多优秀的推销员都有句经验之谈："只要顾客开口说话，买卖就成功了一半。"这也就是他们为什么把较多的时间和精力放在"投石问路"上的原因。

2. 针对性策略

针对性策略即"配方—成交"策略，这种策略的实施是建立在基础调查和累计经验之上的，不用耗费资源了解顾客，相反，推销人员事先设计好针对性强、能投顾客所好的推销语言和方式，有目的、分步骤地进行宣传、展示和介绍产品，劝说顾客购买。运用该策略时应注意始终要体现出诚意，使顾客感到推销人员是在真心实意地为其出谋划策而不是想方设法推销产品，否则会适得其反。

3. 诱导性策略

诱导性策略即"诱发—满足"策略，是推销人员运用某种能够刺激顾客需求的说服方法，诱导顾客产生购买欲望并最终采取购买行动的策略。诱导性策略是一种创造性的推销形式，要求推销人员掌握高超的推销艺术和推销技巧，在推销过程中诱导消费者产生需求，并激发出他们的需要，借机推出企业产品以满足其需求。

（二）人员推销的技巧

1. 上门推销技巧

首先，选定上门对象。运用各种媒介寻找适当的消费者，了解顾客的姓名、地址、联系方式等信息。

其次，进行上门推销时应做好万全准备，备齐企业信息、产品性能、服务内容等资料，随时解决顾客提问，打消客户疑虑，在建立企业良好形象的同时推销本企业的产品。

如何做好人员推销？
——策略和技巧

再次,选好上门时间,把握"开门"方法,最好能够提前预约顾客,得到顾客许可之后再上门拜访。这样能够避免"闭门羹"的出现,同时可获得顾客的好感,方便下一次推销活动的进行。

最后,把握适当的成交时间。推销人员应充分利用与顾客直接交流的优势,及时把握顾客心理,观察顾客情绪,分析出顾客的购买欲望,把握最佳成交时机实现销售目的。

2. 洽谈艺术

第一,推销员应注意自己的仪容仪表,在消费者面前赢得印象分。同时,言行举止方面要懂文明、有修养,做到稳重而不死板、活泼而不浮躁、自信而不自负、灵敏而不冒失。第二,在与客户进行交谈时,要巧妙地避开一些敏感话题,做到谈话过程轻松、愉悦、自然、适当。在交谈过程中,推销员要注意语言谦虚,注重顾客的情感,顾客说话时要认真聆听,积极做出反应;遇到困难时,应理性分析,耐心说服,排除疑虑,争取推销成功。第三,在交谈中,语言要客观、全面,既要说明产品优点所在,也要如实反映缺陷,切勿高谈阔论,"王婆卖瓜"式的言行会让客户反感或不信任。在洽谈成功后,推销人员不要急于离去,这样易让顾客产生失落感或欺骗感,从而使客户反悔违约。应该用友好的态度和巧妙的方法祝贺客户做了笔好生意,并指导对方了解产品使用过程中的重要细节和其他一些注意事项。

3. 排除推销障碍的技巧

首先,排除客户异议障碍。与顾客真诚交流,及时发现顾客异样,直接请顾客充分发表意见,解答顾客问题,消除顾客疑虑,促成销售。如果发现顾客是在恶意反对,可以转移话题。

其次,排除价格障碍。如果顾客不能接受产品价格,觉得价格过高,则推销人员应充分展示产品性能,解释产品"高贵"之处,让顾客觉得产品的价格同价值相等或高于产品价值,使顾客乐于接受高价格;如果顾客认为价格过低,应解释低价形成的原因,让顾客认为"便宜也有好货",真是物美价廉,从而乐于购买产品。

最后,排除习惯障碍。推销人员在推介新产品或顾客不熟悉的产品时,应将这些产品和服务同顾客熟悉的产品或服务进行比较分析,得出新产品或服务优于所比较的产品之处,让顾客形成新消费观。

史密斯先生的经营术

史密斯先生在美国亚特兰大经营一家汽车修理厂,同时他还是一位十分有名的二手车推销员。在亚特兰大奥运会期间,他总是亲自驾车去拜访想临时买辆廉价二手车开一开的顾客。他总是这样说:"这部车我已经全面维修好了,您试试性能如何?如果还有不满意的地方,我会为您修好。"然后请顾客开几千米,再问道:"怎么样?有什么地方不对劲吗?""我想方向盘可能有些松动。""您真高明,我也注意到这个问题,还有没有其他意见?""引擎很不错,离合器没有问题。""真了不起,看来您的确是行家。"这时,顾客便会问他:"史密斯先生,这辆车子要卖多少钱?"他总是微笑着回答:"您已经试过了,一定清楚它值多少钱。"若这时生意还没有谈妥,他会怂恿顾客继续一边开车一边商量。如此的做法,使他的笔笔生意几乎都顺利成交。

这种经营术最有力之处就是把顾客变成主人,使顾客产生一种参与感,引起他购买的欲望。一个成功的经营者,能运用技巧让顾客产生参与感,形成一种强大的影响力,让顾客最后接受你的建议。

资料来源: 原创力文档.

思考: 一个成功的经营者应该具备哪些职业素质?

假设你是王斌,请完成"任务引入"中的任务"制定人员推销的工作计划和人员培训计划"。

实操步骤

① 进行市场调研,了解海南消费者对防晒衣的认知和消费欲望。

② 制订人员推销的活动计划书,包括挖掘客户、分析客户、销售展示和售后服务4个阶段的具体工作内容。

③ 制订推销人员培训计划,提升推销人员的业务素质、个人素养、推销策略和技巧。

任务总结

任务三　广告策略的运用

任务引入　公司经理想让王斌拓展知识面,以便更好地开展营销工作,所以将他派到营销部学习广告营销。王斌在电视里见过太多商品的广告,以为做广告是件很容易的事情,但自己真正接触到广告时,才发现自己平时的见识只是冰山一角。

任务: 如何设计一则反响好、效果好的广告?

 任务分析

广告对企业形象的树立意义重大,但并不是只有促销产品时才能进行广告宣传,广告的宣传也不是企业想做成什么样就能做成什么样的,这其中也有很多规则要遵守。

一、广告的含义

广告,通俗来说就是广而告之。"广"是就产品宣传的范围定义的;"告"则是传递信息,从而告知大众的过程。广告的主体是要推广其产品或服务的企业,主要形式是通过电视、广播、报纸等媒体的宣传,目的是激发顾客购买本企业产品的欲望,本质是提高产品销售的促销手段。广告对媒体的使用是有偿的,它的对象是广大消费者,是大众传播,而非个人传播行为,这有别于人员推销。

二、广告的分类

依据广告所呈现的内容及其宗旨区分,广告有以下3种形式。

(一) 产品广告

产品广告是企业为提升产品、销售产品而付费给媒体展开的宣传手段。它主要有3种类型:第1种是拓展性广告,是新产品上市后,为了让大众对其有外观、性能、价值等方面的了解而宣传的一种广告;第2种是劝导性广告,是针对"成长期"和"成熟期"阶段的产品而言的,这类广告的推广是为了引导大众对产品产生兴趣,继而能够产生购买行为;第3种是提示性广告,是为了提示公众已经或曾经购买本企业的产品,这类广告主要是唤醒或加强消费者对产品的记忆,从而重复购买,处于"成熟期"的商品比较适用此类广告。

(二) 企业广告

企业广告又称商誉广告。这类广告重点在于推广企业名称、企业情况、企业价值观等一些与企业息息相关的信息,主要目的在于开拓市场范围、打造企业形象、推广企业信息。

(三) 公益广告

公益广告是推广公共事业建设与树立公共道德的新手段,是广告观念的一次革命。公益广告可以达成企业与社会目标共同实现的目的,它的出现不仅为企业的发展提供广阔前景,而且为和谐社会的发展添砖加瓦。

三、广告的特点

广告与其他的宣传活动不同,有其独有的特征。它是某个企业将自己的商品或劳务信息以付费的方式,通过大众传媒的平台传递给公众的一种传播工具。进行广告宣传的时候要向媒体支付一定的报酬,因为广告是具有目标性、计划性并带有说服性的有偿宣传手段,不仅能为需要宣传产品的企业带来巨大的利益,同时能为企业、顾客甚至社会都带来相应的益处。

四、广告的功能

广告作为一种积极有效的信息传递手段,在企业生产经营活动和人类社会生活中发挥着极为重要的作用。其作用主要有以下5点。

(一) 传递信息, 沟通供需

现代产品的销售是"信息流"与"物流"高度统一的过程, 如果没有有效的信息沟通, 买卖双方相互隔离, 产品就难以实现销售。而广告能够把产品、服务等信息传递给潜在消费者, 迅速、有效地沟通供需, 缩短供需之间的距离, 加速产品流通进程。

(二) 激发需求, 促进消费

广告通过各种媒体向消费者广泛提供信息, 不仅能提高消费者对产品的认识程度, 能激发其需求和购买欲望, 还能加深大众对企业产品或服务的印象, 诱发其对商品购买的意愿, 提高产品销售量。

(三) 树立形象, 提高竞争力

广告既是为树立企业及产品形象、创立品牌而摇旗呐喊的重要手段, 又是与竞争对手展开竞争的至关法宝。

(四) 引导公众, 提升产量

各种形式的广告向消费者介绍和说明产品的性能、特色、适用范围、价格、销售地区和售后服务等, 为他们识别产品提供帮助, 起到了指导购买的作用。广告不仅能公开、全面地为公众介绍本企业的产品, 而且能正确、理性地引导他们购买本企业产品, 促进产品销量的增加。另一方面, 随着科技进步, 产品更新换代加快, 新产品层出不穷, 广告可以起到指导消费者理性消费的作用。

(五) 丰富生活, 陶冶情操

广告也是一种艺术形式, 优质的广告不仅能为企业带来效益, 同时可以给观看者美的享受。

五、广告设计的原则

广告产生效果的好坏不仅仅基于企业对媒体的选择, 更重要的是广告质量的高低。反响好、效果好的广告在推广时必然要遵循以下几点原则。

(一) 真实性

广告的生命在于真实, 内容虚假、带有欺骗性质的广告宣传一定会为企业带来不堪设想的后果。广告的真实性主要表现在: 广告宣传中的内容、文字、画面、产品外观等信息必须清晰、真实, 不得欺骗或误导消费者; 企业及企业宣传的产品一定真实可靠, 企业必须是法律认定的合格企业, 其生产的产品和宣传也必须真实, 不能虚构。真实性原则体现了一个企业的商业道德及社会责任。

(二)社会性

广告的传播过程是通过包括电视、报纸、广播、网络在内的各种媒介进行的,在传递信息的过程中,其受众范围广,这必然会引起社会文化及社会风气的形成与流行。从某种程度上来说,广告是一种特殊的社会意识形态,很大程度会影响公众,引导他们的价值取向,具有极强的社会影响力。因此,广告的推行要遵守国家的宏观政策,不得违反国家法律法规。

(三)针对性

广告在创作和编写的过程中一定要针对不同的产品、受众及市场调整其内容、方式和手法。因为消费者数量庞大,在年龄、性别、认知、习惯、喜好等方面都会表现出不同的需求,为了满足各个群体对产品及服务的需要,广告的制定要具有针对性,区别出对应于不同对象的内容与形式。

(四)感召性

广告具有感召性的标志在于是否有诉求主题。广告遵循的原则里有一条便是广告的诉求点必须同产品的优势点、目标顾客购买产品的关注点一致。产品有很多属性,有的是实体层面的,有的是精神感受层面的,但目标顾客对产品各种属性的重视程度并不一样,这就要求企业在从事广告宣传时,应突出宣传目标中顾客最重视的产品属性或购买该种产品的关注点,否则难以激发顾客的购买欲望。

(五)艺术性

广告是一门具有艺术气息的学科,它把思想、感性与理性、个体认知等众多因素融入艺术当中,吸收了美学、音乐、文学等多种学科的艺术特征,最终以文字、画面、声音等形式表现出来,呈现出特有的艺术特点和形式。

六、广告效果的测定

(一)广告效果的概念

广告效果是广告活动或广告作品对消费者所产生的影响。狭义的广告效果指的是广告取得的经济效果,即广告达到既定目标的程度,包括传播效果和销售效果;从广义上说,广告效果还包含了心理效果和社会效果。心理效果是广告对受众心理认知、情感和意志的影响程度,是广告的传播功能、经济功能、教育功能、社会功能等的集中体现;广告的社会效果是广告对社会道德、文化教育、伦理、环境的影响。良好的社会效果也能给企业带来良好的经济效益。

(二)广告效果测定的原则

1. 目标性原则

因为广告效果具有迟效性、复合性和间接性等特点,所以对广告效果的评估就必须有明确具体的目标。例如,广告效果评估的是长期效果还是短期效果,如果是短期效果,是评估销售效果还是心理效果;如果是心理效果,是测定认知效果还是态度效果;如果是认知效果,是商标的认知效果还是产品特性的认知效果等。只有确定具体而又明确的广告效果评估目标,才能选定科学的评估方法与步骤,才能取得预期的评估效益。

2. 综合性原则

影响广告效果的因素是十分复杂多样的,具体广告测定中的不可控因素也是复杂多变的,因此不管是测定广告的经济效益、社会效益,还是心理效益,都要综合考虑各种相关因素构成的影响。即使是测定某一具体广告,也要考虑广告表现的复合性能、媒体组合的综合性能及时间、地域等条件的影响,才能准确地测知广告的真正效果。从全面提高广告效益而言,广告效果的测定也应该是对广告的经济效益、社会效益和心理效益的综合测定。

3. 客观性原则

影响广告效果测定的各种因素,时时刻刻都处在不断的运动和变化之中,它们彼此以极其错综复杂的形式相互关联着、影响着、依赖着和制约着,形成了一个复杂的有机体。因此,对广告效果的测定切忌主观片面,不能以以往的经验和偏见来处理现时复杂的效果测定问题,而必须以客观的、冷静的头脑对现实中的复杂的广告活动进行综合性的、科学的分析,从中找出诸因素之间的必然性、规律性的联系,才能对广告效果加以科学的测定。

4. 可靠性原则

广告效果的测定结果只有真实可靠,才能起到提高经济效益的作用。在广告效果测定中,样本的选取一定要有典型性、代表性,对样本的选取数量,也要根据测定的要求尽量选取较大的样本;对于测试的条件、因素要严加控制,标准必须一致;测试要多次进行,反复验证,才能获取可靠的检测结果。

5. 有效性原则

广告效果测定是广告计划的有机组成部分,是提高广告效益的有力工具与手段,因而对广告效果测定本身也要讲求经济效益。广告效果测定工作要有计划、有步骤地进行,要根据测定目的的要求、经费的多少、测定人员的技术水平和测定对象等具体情况,选取最经济有效的测定方法,才能达到预期的测定效果。进行广告效果评估,所选取的广告样本的评估范围、地点、对象、方法及评估指标等,既要满足评估要求,也要充分考虑企业的经济承受力,尽可能做到以较少的费用支出取得满意的评估效果。

(三)广告效果的评价方法

广告的传播效果可以通过以下指标来分析考量。

① 接收率。接收率是将大众对广告接收的情况数字化,以此来测量广告传播程度的指标。

$$接收率 = (接收广告信息的人数 / 目标市场的总人数) \times 100\%$$

② 注意率。注意率主要是考量广告能被接收到的最大范围的指标。

注意率＝（注意到该广告的人数/接触该媒体的总人数）×100%

③ 认知率。认知率是指所有注意到、粗略看过和详细阅读过广告的人数中理解广告内容的人数占比，这个指标才是真正反映广告被接收深度的标志。

认知率＝（理解广告内容的人数/注意到该广告的总人数）×100%

脑白金——洗脑广告的鼻祖

铂爵旅拍和 Boss 直聘广告在最近可谓是刷屏线上线下，重复式的洗脑广告引起大家议论纷纷的同时，也唤起了人们对于洗脑广告的回忆，那就是从小看到大的脑白金广告，那句"收礼还收脑白金"的广告词。

健康养生正是人们最关注、最在意的点，脑白金作为一款保健品牌，正是看中人们对于健康的重视。另外一点，礼尚往来自古以来就是人们的传统社交行为，而脑白金的广告语也是抓住送礼与收礼两个关键词，再得益于广告媒体的宣发，以中国 10 亿名目标消费群体为主线，眼光瞄准整个中国大市场，通过广告有效刺激消费者的需求，以此确立了脑白金当年在中国礼品市场的代表地位。

虽然脑白金的广告营销让全国观众都认识了这个品牌，却也引发了很多争议与吐槽。引发争议与吐槽的最大原因，就是脑白金在各大电视频道都投放了广告，重复记忆上去了，却也增添了反感。就现在来讲，这种受众反感的效果却是最好的，这也是最近铂爵旅拍和 Boss 直聘冒着被骂的风险也要刷屏线下广告媒体的目的，模仿脑白金的广告策略，也确实收到了不凡的效果。

资料来源：易播网．

思考：洗脑广告的效果如何？了解一下《广告法》对广告设计的要求，并与大家分享。

 模拟工作任务实操

假设你是王斌，请完成"任务引入"中的任务"如何设计一则反响好、效果好的广告？"

实操步骤

① 明确广告的宣传对象和宣传目的。

② 调查消费者的消费心理，分析同行的广告创意，找出广告的诉求点。

③ 进行广告设计时体现出真实性、社会性、针对性、感召性和艺术性。

任务总结

任务四　营业推广策略的运用

任务引入　王斌所属公司在对防晒衣做人员推销的过程中发现，其销售量比预期结果要好很多，因此区域经理想在夏季到来之前，让王斌跟其他几个同事针对海南省做出一份防晒衣的营业推广策划案，以扩大防晒衣销售量。

任务：制定一份防晒衣营业推广策划书。

首先要确定营业推广的目标对象，主要是针对消费者及经销商选择不同的营业推广类型，然后计算营业推广的预算成本，接着选择适当的营业推广工具，最后制订出详细的营业推广方案。

一、营业推广的含义

营业推广即销售促进，是除了推销、广告及公共关系3种促销方式外的另一种方式。它主要是企业面对固定的群体，为了提高产品销售量采取一定的推销手段，从而激发该群体的购买欲望的一种促销形式。

二、营业推广的特点

（一）促销效率提升

营业推广是激发顾客购买商品积极性的一种促销方式。它与广告、推销及公共关系这3种促销方式相辅相成、相互促进，尤其是营业推广方式在其中起润滑剂作用，它的加入使其他3种促销策略显示出更大的效果。

（二）受众群体面广

营业推广的受益群体包括消费者、企业及推销人员。它的表现形式多种多样，且针对性强，能够在消费者及公司内部产生强烈的反映，最重要的是能迅速扭转产品产量下滑的局面。

（三）影响力短暂

一般来说，营业推广都是短期效应，所以对建立长期的品牌偏好贡献不是很大。同时，营业推广的过程非常容易造成损害品牌形象的后果,因为打折力度太大,往往会被顾客误认成低劣商品,从而影响销售。

三、营业推广的功能

第一,企业常常会利用营业推广吸引消费者的注意。原因是营业推广这种促销方式往往能给消费者带来较大的诱惑,很大程度上能吸引一部分潜在的消费者,使他们因追求某些利益方面的优惠而转向购买和使用本集团的产品。

第二,企业可以利用营业推广来"报答"那些忠诚于本企业品牌产品的消费者。对于经常购买企业产品的消费者,采取"代金券、有奖销售"等手段进行利益让渡,增加消费者的"回头率",让老顾客带动新顾客产生需求,这样不仅能稳定原有的市场份额,而且还有可能将其扩大。

第三,企业可以通过营业推广配合其他促销策略,实现销售目标。由于广告促销是一种长期效应,消费者从接受广告信息到采取购买行动的过程存在时间性,在此期间,广告的促销效果可能减弱也可能增强,而营业推广的促销效果则具有即时性,反应过程短。如果营业推广和广告能够同时运用,就有可能加强广告的促销效果,使消费者尽快产生购买行为。

四、营业推广的类型

(一)针对消费者的营业推广

1. 赠送样品

消费者购买产品时,为了推广本企业的新产品,可免费赠送一些剂量少、包装小的新产品,供消费者试用。在消费者使用的过程中,能切切实实领会到新产品的优势,从而激发其购买欲望,帮助企业开拓新的市场。一般来说,赠送样品的方式有:样品邮寄、定点分送及展示、联合式寄送样品、包装分送样品、媒体分送样品、试用品贩卖、凭优惠券换样品等。

2. 有奖销售

企业销售产品时,可以设置不同的奖励,制定购买产品的数量并印发奖券,消费者购买达到规定数额后可获得奖券。接着由销售人员抽取奖券并宣布奖券代码,中奖的消费者便可凭奖券领奖。一般奖品从小饰品到手机、电视等分为不同级别,有奖销售利用的是消费者贪图利益的心理,适用于在较大范围内的迅速购买行为,但是有奖销售要特别注意尺度及奖品的质量,不得欺骗消费者。

3. 廉价包装

在产品质量不变的前提下,使用简单、廉价的包装,消费者按照一定的折价率付款。

4. 折价优待

这是指随广告或产品包装发送的折价优待券,凭券到指定商店购买该产品即可获得一定的价格优惠。

5. 以旧换新

消费者可以将曾经购买过的相同品牌、相同型号或相同品牌不同型号的产品按照折旧后的价格,再添加一定的金额去换取同品牌的新产品。这样,企业不仅可以回收利用旧产品的零件,消费者也能以合理的价格购买自己心仪的新产品。

营销实例

休闲食品行业的营业推广

以休闲食品行业为例,以前休闲零食最基础的消费场景就是闲暇时间和休息时间。随着消费不断升级,这种场景也逐渐细分,呈现出个性化、多元化的特点。以前的休闲零食主要以糕点、糖果、饼干膨化食品为主,如今已经衍生出了坚果炒货、海鲜肉脯、卤味肉类等品类,几乎涵盖了消费者全天的饮食场景,这就是消费场景的扩大化与差异化。

以百草味为例,其销售的休闲零食品类从成立之初线下实体店的少量品类发展至今,已经拓展为包含坚果炒货、海鲜肉脯、糕点糖果等全品类零食平台,涵盖了消费者从早晨到夜宵的全天候的消费场景需求。针对早晨这一消费场景,百草味推出了面包糕点品类,而针对晚餐和宵夜,则推出了卤味与肉类产品。

除了对消费者全天的消费场景进行分析、挖掘,百草味还针对消费者在特殊节令推出了对应的产品。例如,在春节时期,针对消费者春节拜年送礼的需求,百草味推出"年的味道"系列产品。在春节这一场景下又有针对进一步细分化的场景的产品,如"外婆的灶台""全家年夜饭""小伙伴的鞭炮"等。

资料来源:汇桔宝.

思考:现在很多企业在营业推广上的创新方式层出不穷,谈谈你对此的看法。

(二)针对经销商经营的营业推广

1. 免费提供陈列样品

企业在向消费者推销新产品时,如果缺少样品的陈设,就会导致其丧失很多销售机会。反过来,企业如果提供样品的陈列,就会无形中消除消费者对产品的顾虑,加强他们对产品的直接感受,从而提高产品的销量。

2. 推广资助

这是指企业按照订单量或销售额的多少对经销商发放推广津贴,专门供其推广使用。与经销商联合进行广告推广或特殊展示,经费由双方按比例分摊或全部由生产企业承担,并为经销商提供推广指导。

3. 销售竞赛

这是指企业在众多经销商中举行的产品销售竞赛,根据各经销商销售本企业产品的实绩,给予优胜者金钱或精神上的奖励。

4. 协助经营

企业为经销商提供技能培训、专业指导,或者以举办经营研讨会,提供经营手册、印发经

项目九 制定营销战术——促销策略

营简报、邮寄产品宣传页、产品目录、样品手册等形式，使其了解企业动态，学习经营经验，促进经销商提高经营效率。

五、制定营业推广策略的步骤

👉 营业推广有哪些类型

在实际工作中，企业必须对营业推广的对象、目标、成本预算、推广方案等做出详细的规划。营业推广策略的步骤如图9-3所示。

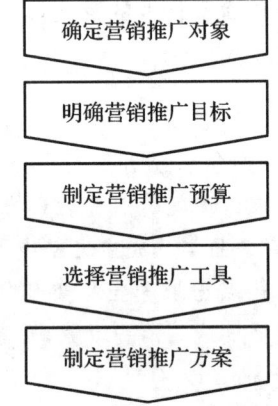

图9-3 营业推广策略的步骤

（一）确定营业推广的对象

不同的营业推广手段对于不同的对象会产生不同的反应。营业推广主要是针对那些购买意愿随意及对价格敏感的消费者，对于那些"回头客"来说作用较小。

（二）明确营业推广目标

企业应该依据市场特点及整体策略制定营业推广的目标对象。对于消费者、经销商及推销人员要区别对待，注重短期目标与长期目标的一致。

（三）制定营业推广预算

预算的制定有3种方法：第一，参照法，主要比照上期费用来决定本期费用；第二，比例法，依据占总促销费用的比例确定营业推广预算；第三，总和法，先确定营业推广的费用，再加上总预算。

（四）选择营业推广工具

针对不同的对象有不同的推广工具。例如，对于消费者来说，可以利用赠送样品、折价优待、免费试用、有奖销售等方式；对于经销商来说，推广资助、协助经营是很好的选择；对于推销人员，红利提成、推销竞赛等形式更加有效。

（五）制订营业推广方案

营业推广方案的制订一定要符合促销的整体策略，与其他经营活动相协调，以免出现脱节的现象。方案尽量制订得细致，不要有遗漏。

 模拟工作任务实操

假设你是王斌，请完成"任务引入"中的任务"制定一份防晒衣营业推广策划书"。

实操步骤

① 确定营业推广的对象、目标、预算。

② 针对不同的对象选择不同的推广工具，例如，针对消费者，可以采用赠送样品、折价优待、免费试用、有奖销售等推广工具。

③ 结合企业防晒衣的整体营销策略，制订营业推广方案。

任务总结

任务五　公共关系策略的运用

任务引入

在防晒衣的销售过程中，有一位顾客因穿该集团的防晒衣后出现皮肤红肿的症状，于是在销售点大肆宣传公司销售假冒伪劣、质量不过关的产品，严重影响到其他顾客的购买欲。这时公司派出公关部门予以解决，王斌因为参与了产品销售将一同处理事件。

任务：针对此事件，策划一份公共关系宣传活动方案。

 任务分析

公共关系是企业为了塑造社会形象，通过媒体传播的途径，与大众进行产品信息交流与沟通，以实现相互了解、信任和支持合作的管理活动。当企业面临危机时，公关关系显得尤为重要。

 知识对接

一、公共关系的含义

公共关系（public relations），简称公关。一个组织为了更好地塑造自身形象，需要与公众形成良性的互动关系，但在这个过程中可能会遇到负面新闻、谣言损害等不利情形，这时就需要公关部门通过一定的程序与处理措施，保证最终的行动方案得以执行以使得

项目九 制定营销战术——促销策略

企业损失最小。公共关系的参与方通常包括国家、集体组织（经济类、非经济类）、社会自治类团体、公众等，指代的对象包括人及物两部分。通常意义上的公共关系指集体组织就自身产品或服务面向公众的信息沟通过程。集体组织主要包含企业、党政类团体等（以下主要介绍企业的公共关系）；公众则主要指现实与潜在的利益相关者，包含内部员工、股东、外部政府、社区、媒体、消费者等。

二、公共关系的特点

1. 相互性

公共关系是企业与相关联的社会公众之间的相互联系。

2. 管理职能性

公共关系是一项管理职能，是被当作企业管理职能的一个特殊部分发挥作用的，涉及企业活动的方方面面。

3. 协调性

公共关系是一种信息传播手段，它运用获得的信息协调企业与公众之间的关系。

4. 目的计划性

公共关系是一项具有目标和计划的行为，其主要的目的是建立和维护企业的形象。

5. 一致性

公共关系追求的是使企业的政策和行动与公众利益相符合。

三、公共关系的功能

（一）树立企业良好的形象

伴随着日趋激烈的市场竞争，培育、建设、维护和提升企业形象已经成为企业日常经营活动的重要内容。企业应该加大投入，采取多种途径，以塑造自己良好的公众形象。在这些途径中，公共关系在企业形象塑造过程中扮演着举重若轻、不可或缺的角色。企业常开展的公关活动有宣传报道、新闻发布、产品展示、口头传播等。公共关系的核心在于沟通，通过坦诚交流，促进本企业消费者、媒体、公众、社区居民、政府等相关主体理解企业、信任企业、支持企业，最终参与到企业的生产经营活动过程中来。

（二）创造企业和谐的环境

经济、文化、心理、技术是现代企业的复合体。和谐的外部环境对企业至关重要，协调、维护及发展多边关系是每一个企业必须面对的问题。公共关系对企业处理好同经销商、消费者、股东、社区、媒体、政府等的关系有着良好的推动作用，只有它们了解了企业，才能更好地支持企业发展，从而使企业保持在发展过程中的协调和平衡。

（三）化解企业面临危机

企业立足于瞬息万变的环境中，在某些时间点可能会面临危机，而这些危机会给企业和产品的形象带来负面影响,甚至将企业拖垮。通过公共关系,及时发现和叫停有可能影响企业与公众关系的行为,并分析危机产生的原因,采取措施将危机化解,才能帮助企业渡过困难阶段。例如,危机是由企业的过失行为导致的,那么就可以通过公关活动,为企业的过失行为进行道歉、补偿,使之起到化解危机、解决危机的作用。

(四)增强企业内部的凝聚力

通过公关活动,可以使企业在领导层和基层员工之间进行卓有成效的双向沟通,为企业共同的使命、共同的目标而努力,最大限度地消除他们在工作和生活中产生的困惑和隔阂,增强他们的归属感和认同感,形成强大的向心力。诚然,积极向上的公共活动需要良好的内部环境,而公共关系通过承担协调领导同员工、各部门之间的关系,为良好的内部环境提供强有力的保障。这样的企业,即使遇到困难和挫折,也会通过强大的向心力和凝聚力而克服,使企业在竞争中立于不败之地。

(五)营造企业的名牌效应

名牌之所以让消费者追求、向往和崇尚,不仅是因为它所拥有的内在价值,更重要的是其产品的外在延伸。企业将好的产品名牌化,将完整的品牌形象组合并传播于大众,让产品的知名度和美誉度得到全方位的提高,这些都需要通过公关关系宣传。例如,麦当劳在深圳开办第一家分店时,企业就宣布将开业那天的全部收入捐赠给儿童福利基金,其代表麦当劳叔叔也以乐于助人和开朗活泼的形象被公众所喜爱。这一公关宣传不仅受到公众的一致好评,也使麦当劳在深圳的营业额一直保持着世界各分公司前列的地位。

四、公共关系的原则

(一)互利性原则

互利性原则要解决的是人际关系的不协调问题,使得在公共关系的处理中企业和社会公众均为受益者。公关关系作为一种管理职能,如何建立一种互利互惠关系,树立良好企业形象促进组织发展是企业务必思考的问题,企业发展过程中不能只追求经济效益,还应负担社会责任。换言之,在有利社会、服务大众的基础上取得经济效益,或者在企业效益同社会整体效益一致的前提下求得不断发展。

(二)诚实性原则

所谓诚实性原则,在公共关系中体现为:务必实事求是,以诚实的态度传播真实的信息。这一原则是公共关系的命脉,在很多企业的发展过程中,为了一时利益,采取虚伪的态度向公众传播不真实的信息,误导公众,给社会带来很坏的影响。同时,一次虚假行为将置企业于死地,毁于一旦。因此,一个企业要想长期稳定和谐发展,务必在同政府、社区、媒体、消费者等的交流过程中摒弃不诚实要素,树立良好的企业形象。

（三）科学性原则

在科学性原则的指导下，公关关系活动有其特有的客观规律，营销人员必须遵循原则要求，运用多学科知识，按规律办事。

① 公共关系活动是企业经营管理活动不可分割的一部分，营销人员只有掌握了经营管理相关的学科知识（如管理学、营销学、经济学等），才能更好地使公关活动成为企业经营管理目标达成的有力助力。

② 公共关系活动离不开同公众的沟通，营销人员只有掌握了现代的传播学知识，才能熟练运用各种传播工具，拉近同公众的距离。

③ 公众的行为和心理各有不同，要想更好地同公众沟通，营销人员还要掌握社会学、心理学、行为学等知识，达到企业内外部沟通无障碍，为企业的发展提供有力保障。

④ 公关活动效果同营销人员的自身修养、素质有关，所以营销人员要补充美学、语言学、礼仪逻辑学、法律法规等方面的知识，提高自身素养，改善公关活动的效果。

（四）全员性原则

作为企业而言，公共关系不仅靠个人或独立部门完成，更重要的是，要想体现公共关系的效果，需要企业各部门密切配合、集体努力、共同参与并完成。因此，全员性原则要求企业内部所有成员共同关注和参与公关工作。

五、公共关系的活动方式

（一）宣传型公关

宣传型的公共关系活动主要是运用印刷媒介、电子媒介等宣传性手段，传递企业的信息，影响公众舆论，迅速扩大企业的社会影响。宣传型公关的特点是主导性强、时效性强、传播面广、树立企业形象的效果快，特别有利于提高企业的知名度。其具体形式有：发新闻稿、公共关系广告、印刷发行公共关系刊物和各种视听资料、演讲或表演等。宣传型公关要充分发挥报纸、杂志、电台、电视、因特网等不同的大众传播媒介的优势。

（二）交际型公关

交际型的公共关系活动主要运用各种交际方法和沟通艺术，广交朋友，协调关系，缓和矛盾，化解冲突，为企业创造"人和"的社会环境。交际型公关的特点是直接沟通，形式灵活，信息反馈快，富有人情味，在加强感情联络方面效果突出。其方式包括社团交际和个人交际，如工作餐会、宴会、座谈会、招待会、谈判、游说、专访、慰问、接待参观、电话沟通、电子邮件、亲笔信函等。

（三）服务型公关

服务型的公共关系活动主要是以实际的服务行为作为特殊媒介，吸引公众，感化人心，获取好评，争取合作，使企业同公众之间的关系更加融洽、和谐，为企业提高社会信誉。服务型公关的特点是以行动作为最有力的语言，实在实惠，最容易被公众所接受，特别有利于提高企业的美誉度，如各种消费教育、消费培训、消费指导、售后服务、社区服务、家庭式服务等。

（四）社会活动型公关

社会活动型的公共关系主要是以企业的名义发起或参与社会性的活动，在公益、慈善、环保、文化、体育、教育等社会活动中充当主角或热心参与者，在支持社会事业的同时，扩大企业的整体影响。社会活动型公关的特点是社会参与面广、与公众接触面大、社会影响力强、形象投资费用高，能同时较有效地提高知名度和美誉度。其形式有：赞助文化、教育、体育、卫生等事业，支持社区福利事业、慈善事业，扶植新生事物，参与国家、社区重大活动并提供赞助；还包括利用本组织的庆典活动和传统节日为公众提供有益的康乐活动或招待。

（五）征询型公关

征询型的公共关系活动主要是运用收集信息、社会调查、民意测验、舆论分析等信息反馈手段，了解舆情民意，把握时势动态，监测企业环境，为决策提供咨询。征询型公关的特点是以输入信息为主，具有较强的研究性、参谋性，是整个双向沟通中不可缺少的重要机制。其形式有：开办各种咨询业务；建立来信来访制度和合理化建议制度；制作调查问卷；设立热线电话；分析新闻舆论；广泛开展社会调查；进行有奖测验活动；聘请兼职信息人员；举办信息交流会，等等。

营销实例

撞上老干妈，腾讯"逗鹅冤"！

中新网客户端北京 7 月 2 日电（左宇坤）"总裁，法务部已经请求查封资产，热搜晾了一天了。"

"（她）认错了吗？"

"认错了，她说我们认错人了，已经帮忙报警了。"

腾讯和老干妈这一场 2020 年中大瓜发展到第二天，不但没有收到预想效果，反而乌龙百出成为坊间的"笑果"。

2020 年 6 月 30 日，腾讯起诉老干妈，请求查封、冻结老干妈公司名下 16 240 600 元的财产。随后，老干妈发公告表示没有和腾讯有任何商业合作并报案。7 月 1 日，贵阳警方通报，三人伪造老干妈的印章被逮捕。据悉，3 个"骗子"代表老干妈与腾讯签署《联合市场推广合作协议》，腾讯在 QQ 飞车手游 S 联赛推广"老干妈"品牌，推出了手游限定款老干妈礼盒，还发布了 1 000 多条推广"老干妈"的微博，其间老干妈产品更是频繁出现在赛事直播之中。

随后，腾讯 b 站动态更新，"中午的辣椒酱突然不香了"，"受害鹅"（因腾讯公司代表形象为企鹅,被网友代称为"鹅")这两天经历了什么呢?网友总结一句话就是:"他们骗了我,还'白用'了我,没给钱,他们还笑我……"这甚至让当事者腾讯也哭笑不得。

1日晚间,一言难尽的腾讯公司官方微博发文,再度对与老干妈间的纠纷做出回应,以"千瓶老干妈求骗子线索"。

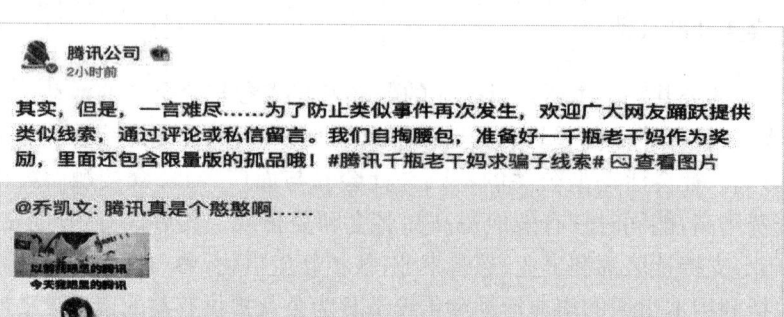

同时,引来一大波友商官号前来围观慰问。开启一瓶老干妈,召唤出"BAT"。在中国互联网界有着三大巨头,简称"BAT",分别是百度(Baidu)、阿里巴巴(Alibaba)、腾讯(Tencent)首字母的缩写。1日,"逗鹅冤"事件,顺利集齐了"BAT"的另外两家,相关话题相继冲上热搜榜。

首先闻"瓜"而来的是阿里系公司。7月1日下午,支付宝官方微博贴出了关于此事的新闻并点评道:希望天下无假章。同时,还附上了一篇"用区块链解决供应链金融'萝卜章、假合同'问题"的报道,成功"蹭热度",为自己的区块链防伪打了一波广告。百度被牵扯进来的原因是网上有传言称,腾讯广告业务部是因在某搜索引擎上误入诈骗网站,从而导致了一系列事故发生,目前腾讯已改变口径,向该搜索业务公司发出律师函。百度连忙"否认三连":我不是,我没有,别瞎说啊。一"鹅"有难,八方"嘲贺",同属阿里系的淘宝也没闲着。7月1日下午,淘宝官方微博发文:游戏礼包免费领。

同时,网络上开始流传各种消遣腾讯的段子,掀起一波网络狂欢,网络情绪也由此一路攀高。而这种在鹅厂上撒老干妈的行为被网友亲切地称为"逗鹅冤"。腾讯回应被骗,自掏腰包悬赏1000瓶老干妈寻找线索。老干妈旗舰店上线辣椒酱大客户专属套装。1日晚间,腾讯公关总监晒出食堂晚饭仅辣酱拌饭,腾讯官号在B站上线自黑视频《我就是那个吃了假辣椒酱的憨憨企鹅》。此外,腾讯QQ还上线了"辣椒酱"表情,不过7月5日,有媒体发现该表情已经被悄悄移除。一通操作之下,鹅树立了"傻白甜""憨憨"人设,被赞公关成功。

资料来源:中国新闻网.

思考:身为互联网巨头,稍有不慎就容易陷入"店大欺客""仗势欺人"的形象,腾讯是如何挽回"颜面"的?深入思考如何选择"公关稿"的形式和投放渠道?

六、公共关系的调查程序

为了使整个调查工作有计划、有步骤地进行，保证整个活动的科学性，公共关系调查应包括制订调查方案、收集调查资料、整理分析资料、撰写调查报告4个步骤。

（一）制订调查方案

在确定了调查课题以后，调查者必须根据调查的课题制订调查计划。一个完整的调查方案主要包括以下几方面。

1. 确定调查的目的

调查的目的是指调查所要解决的问题。明确调查目的是制订调查方案的关键所在，只有确定了调查目的，才能确定调查的范围、内容和方法，才能有针对性、有目的地进行公关调查，避免盲目行动导致的工作失误。

2. 确定调查对象

调查对象是根据调查目的、任务，来确定调查范围与调查单位。调查单位是构成调查对象的一个个具体单位，是收集信息、分析信息的基本单位。在实际调查中，要注意选择调查对象的科学性，保证公众的代表性。企业的公众范围十分广泛，开展公共关系状态调查时，不可能也没有必要对所有的公众进行调查，只要注意选择公众工作的科学性，按照随机原则，通过抽样技术，就可以取得接近公众总体的资料。

3. 确定调查项目和调查表

调查项目是调查的具体内容，确定调查项目就是要明确向被调查者了解些什么问题，如消费调查中消费者的性别、民族、文化程度、年龄、收入、动机、态度等。对项目应进行科学的分类、排列，构成调查提纲和调查表。

4. 确定调查时间和地点

调查时间的确定应包括两个方面：一是要明确规定调查资料所反映的是调查对象从何时起到何时止的资料；二是规定调查工作的开始和结束时间。调查地点应与调查单位相统一。

5. 确定调查方式和方法

在调查方案中，应明确采用什么组织方式和方法取得调查资料。收集资料的方式有普查、重点调查、典型调查、抽样调查等多种方式；具体调查方法有访谈法、观察法、问卷法和实验法等。调查采取的方式、方法不是固定和统一的，往往取决于调查对象和调研任务。大中型调研要注意多种方式和方法的结合运用。

6. 确定调查工作的组织实施

调查组织计划是指实施整个调查活动过程的具体工作计划，主要是指调查的组织领导、调查机构设置、人员的选拔和培训、调查工作步骤及其善后处理等。

7. 制定调查预算

在进行调查预算安排时，要将可能需要的费用尽可能全面考虑。一般来说，调查经费预算应包括4个方面：调查方案设计及实施费用、调查资料整理分析费用、调查报告撰写费用和相关办公费用等。

(二) 收集调查资料

收集资料的主要任务是按调查计划的要求与安排,系统地收集各种资料。调查资料的收集可以从两个方面进行:一方面是收集未做任何加工整理的原始资料,也称第一手资料或初级资料;另一方面是收集他人已调查整理过的资料,也称第二手资料或次级资料。初级资料收集的方法包括访问法、观察法、实验法等;次级资料往往是已经公开出版或发表的资料,对这类资料的收集可采取文案调查法。

(三) 整理分析资料

整理分析资料是指运用科学的方法,对调查所得的各种零散的资料进行审查、检验和综合加工,使之系统化和条理化,从而以集中、简明的方式反映调查对象总体情况的工作过程。资料的整理分析,通常包括下列工作。

1. 审查核实

在进行资料汇总前,首先应对调查得到的资料进行审核,这是保证调查工作质量的关键。审核的内容主要是资料的及时性、完整性和正确性。

2. 分类汇编

资料经过检查核实后,为了便于归档查找和统计方便,还应按照调查的要求进行分类汇编。资料的分类是根据事物内在的特点和调查研究的要求,按某种标志将所研究现象的总体划分为若干组成部分,然后进行分类登录及归档,以备查阅;汇编是按照调查的目的和要求对分类后的数据和资料进行计算编辑和汇总,使之成为能反映调查对象客观情况的系统、完整、集中、简明的材料,为分析工作打下良好的基础。

3. 分析处理

资料的分析包括定性分析和定量分析。前者是以资料或经验为依据,主要运用演绎、归纳、比较、分类和矛盾分析的方法找出事物本质特征或属性的过程;后者是运用概率论和数理统计的测量、计算及分析技术,对社会现象的数量、特征、数学关系和事物发展过程中的数量变化等方面进行的描述。为了取得比较符合实际的结论,不仅要进行定性分析,而且要进行定量分析,要在定性的基础上尽量根据不同要求把资料量化,在此基础上编制成统计表或统计图,或者计算百分比、平均值等,然后运用这些量化资料进行分析,并将分析所得的结论提供给相关的决策部门,作为策划的依据。

(四) 撰写调查报告

撰写调查报告是公关调查的最后程序。作为调查工作的结束,最终要形成一个调查报告。撰写调查报告的目的是对调查活动过程和对调查数据分析整理的过程及其工作成果进行总结汇报,为制订科学的公共关系计划方案提供依据,为领导者决策提供参考,寻求领导的支持和帮助。

项目九 制定营销战术——促销策略

模拟工作任务实操

假设你是王斌,请完成"任务引入"中的任务"针对此事件,策划一份公共关系宣传活动方案"。

实操步骤

① 针对事件搜集详细的资料,包括对象、时间、地点、具体经过等。
② 分析此事件对企业造成的影响。
③ 选择合适的公共关系活动方式,制订公共关系宣传活动方案。

知识测试

1. 影响促销组合策略的因素有哪些?
2. 什么是人员推销?举例说明人员推销的程序。
3. 简述营业推广的类型及方法。
4. 人员推销与促销之间的关系如何?
5. 公共关系有哪些特点?

任务总结

案例分析能力测试

"国货之光"蜂花董事长含泪直播?公司辟谣了

能顶着"国货之光"走红的品牌一个接一个,护发素品牌蜂花近日冲上热搜第一。老板含泪直播是假,但产品价格低廉是真,疫情封控之下蜂花产能还没有恢复,品牌方呼吁理性消费。

蜂花辟谣老板直播

5月18日,网传消息称蜂花老板亲自直播,含泪表示:蜂花有37年历史,不是杂牌,一直受外资企业打压,37年无违规,10年来仅仅涨价2元钱。配图还显示"老板女儿亲自直播,只有两人在线"。

蜂花对此回应称,从3月17日上海封控到现在,老板最近一直在忙于复工复产的事情,暂无时间直播。非紧急需求建议解封后购买,因为目前货源非常紧张。

这条微博收获大量关注,部分网友在评论区留言称希望更多了解公司产品,甚至想要囤货。蜂花与网友互动时表示,目前的问题是封控了两个半月,没什么货;仅剩的库存和复工复产的第一批产品被作为防疫物资发放。

此前,上述网传内容就在短视频平台上多次盛行,甚至出现过"蜂花倒闭"的传闻。蜂花在2021年11月就曾提醒称,短视频平台出现一批非官方认证的账号,视频及直播间均有假冒、造谣、卖惨等营销行为,已采取官方投诉流程。

为辟谣倒闭传闻,上海蜂花董事长顾锦文还因此开启了短视频首秀。11月16日,顾锦文在蜂花官方抖音号上表示:"最近,蜂花受到很多粉丝宝宝们的关注,大家放心,我们蜂花一直在稳步发展、健康成长。对于大家提出的包装设计问题,我们希望出一款蜂花与全民共创的纪念版产品,希望大家踊跃参加。"

这次"倒闭传闻"事件也为品牌创造了一波声浪。当时蜂花直播间热度骤升,据公开数据一天内销售出了2万单,是平时一个月的销量。董事长首秀短视频如今已经收获了60万点赞和5万评论。

蜂花还在短视频平台上表示"火了但也不会涨价""希望大家理性消费"。饱受吐槽的产品廉价、包装简陋却成为品牌方的营销借力点,比如介绍产品称"确实20年没换包装,还涨2块钱",而不换包装、不改名的原因是"要花钱"。有网友评价产品包装廉价,蜂花则回应说"我们本来就很廉价"。

走价格亲民路线

蜂花品牌在1985年创立于上海,是国内第一个液体洗发水、护发素品牌,也是日化行业民族品牌的代表。据官网介绍,公司目前共有两个生产基地,老厂北松公路1501号厂房建筑面积2.5平方米,新厂紫东路518弄1-9号建筑面积6.1万多平方米。蜂花智能新工厂建有12条生产流水线,其中7条为全自动生产流水线,年产能可达10万多吨。

企查查显示,上海蜂花日用品有限公司注册资本3 280万元,法定代表人、实际控制人为顾锦文,持股比例为90%,缴纳社保人数为234人。2022年在中国亚洲经济发展协会等评出的中国创新品牌中排行第294位。

蜂花一直主打价格亲民的路线,最具代表性的淡黄色护发素产品被消费者熟知。官方旗舰店数据显示,这款蜂花小麦蛋白护发素1L装是店铺品类销量第一名,最近30天超3万人付款,但售价仅为20.8元,远低于主流外资品牌。此外,蜂花还有洗发露、焗油膏、发膜、润肤乳等产品,单价基本都在百元以下。

传统品牌的形象也并非一成不变,蜂花此前与万魔耳机、晨光文具、五菱宏光等国货品牌联名营销,近期还开放了抖音、快手平台运营,电商设计师等岗位招聘,薪资在10万~15万/年。不过,这些营销活动还没有激起太大的浪花,正如蜂花在短视频中调侃:"我们远不如宝洁、联合利华等国际大牌旗下的商品那么有知名度,又拿不出营销费做推广。"

此次蜂花热搜还让不少网友联想到鸿星尔克、白象方便面等品牌,这些国货品牌曾因为灾情、雇佣残障人士等原因意外走红,甚至引来一波"野性消费",但消费热情也很快"退烧"。国货消费在近些年渐渐成为潮流,业内人士提醒,短暂的营销热度并不能代替长期品牌建设的耕耘。

资料来源:证券时报,2022年05月19日。

思考:企业应该如何进行公共关系营销?

项目驱动任务实训

情景营销设计

项目实训目标1:基础知识

使学生能够策划和实施营业推广活动；
项目实训目标 2：辩证性思考
培养学生根据实际情况选择促销组合的能力，培养学生灵活实施促销活动的能力。
学生角色：
制作整合营销活动策划方案团队成员，负责促销活动策划工作。
项目任务：
1. 制定"促销活动策划文案"。
学生以小组为单位，根据公司背景，制定一份"促销活动策划文案"。报告主要分析：① 分析设计适合公司的促销组合；② 制定广告策略；③ 策划公关宣传活动。

项目背景：百年老店"同升和"

2. 进行"促销活动策划文案"展示汇报（不超过 10 分钟）。
项目要求：
1. 分析报告要求语言通顺，无错别字，条理清晰。
2. 展示汇报要求表达流利，逻辑清晰，注意基本的礼仪，文明用语。

实训日志

	思政考评要点
态度考评	课堂出勤，参与课堂讨论的积极性，成果展示中的主动性、思政性
知识考评	课前作业和预习任务完成的质量，课中讨论或展示成果时对理论的分析和理解的正确度，课后实训报告分析中理论的结合度
思政考评	课堂互动中表现出来的集体荣誉感、爱国情怀和积极向上的人生态度；课后实践作业调研过程中表现出的责任担当、顾全大局、创新精神；实践报告内容体现出的任务反思和集体意识等
能力考评	课中小组讨论中展现出的组织能力；课后实训作业过程中体现出的团队合作能力、人际交往能力、抗挫能力、语言沟通能力；实训报告内容展现出的分析问题、解决问题的能力等

项目十

开展营销管理工作

知识目标
1. 掌握市场营销计划的基本内容。
2. 掌握营销组织结构的形式。
3. 掌握营销控制的内容与方法。

能力目标
1. 能够编制市场营销计划。
2. 能够掌握并做好营销管理工作。

素质目标
1. 具有正确的世界观、人生观和价值观。
2. 具有责任担当、顾全大局、创新精神、工匠精神。
3. 具有遵纪守法、谦虚、谨慎、乐于奉献等思想品德。

思维导图

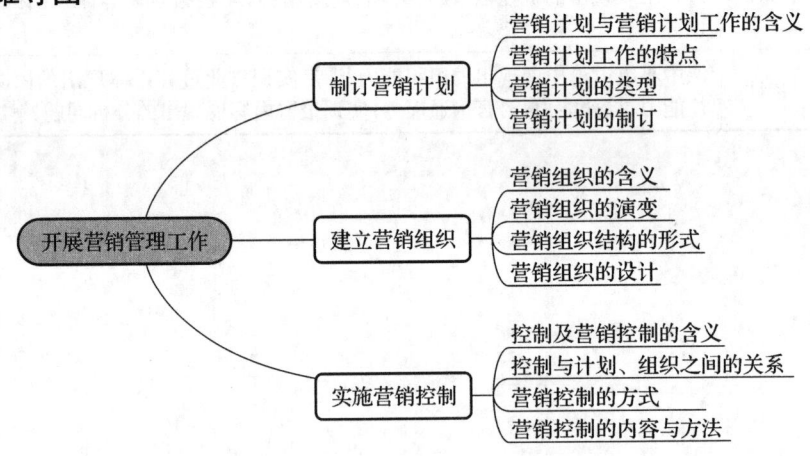

任务一 制订营销计划

任务引入

王斌在多项营销活动中表现突出,公司决定给王斌加薪升职,由他全面负责海南市场成人及儿童服装市场的营销管理工作。王斌在感到高兴的同时也感到了巨大的压力,制订营销计划是其要完成的首要工作任务。

任务:制订营销计划。

任务分析

一个人若想走上成功之路,首先必须要有明确的目标。目标一经确立,就要心无旁骛,集中全部精力,勇往直前。计划是组织管理的首要职能。在组织的管理中,计划是进行其他管理职能的基础或前提条件。计划在前,行动在后。组织的管理过程首先应当明确管理目标,筹划实现目标的方式和途径,而这些恰恰是计划工作的任务。因此,王斌要想做好营销管理工作,首先要做好营销计划。

知识对接

一、营销计划与营销计划工作的含义

"计划"一词可以从两个方面理解:从名词意义上说,计划是指用文字和指标等形式表达的,在制订计划工作中所形成的各种管理性文件;从动词意义上说,计划是指为实现决策目标而制订计划工作的过程。我们认为计划是为实现组织目标而对未来行动所做的综合的统筹安排,是未来组织活动的指导性文件。

计划工作有广义和狭义之分:广义的计划工作是指制订计划、执行计划和检查计划的执行情况3个阶段的工作过程;狭义的计划工作则是指制订计划。

这里所讲的营销计划主要指狭义的概念,它是指根据市场环境的需要和组织自身的实际情况,通过科学的预测,确定在未来一定时期内市场营销管理部门所要达到的目标及实现目标的方法。

营销计划工作是组织中各个层次营销管理人员工作效率的根本保证,能够帮助我们实现预期的营销目标。

常用以下5个W和1个H来表示计划的内容。

Why——为什么做?原因与目的。

What——做什么?目标与内容。

Who——谁去做?具体的执行者。

Where——在什么地方做?执行地点。

When——在什么时间做?执行时间。

How——怎样做?执行手段和安排。

二、营销计划工作的特点

营销计划作为营销管理的基本职能之一,具有主导性、普遍性、目的性、实践性、明确性、

效率性等特点。

（一）主导性

营销计划工作在营销管理的各种职能中处于主导地位。营销计划通常从明确营销目标着手，为实现营销目标提供保障。因此，从营销管理过程的角度看，营销计划工作先于其他营销管理职能。一般情况下，只有当营销管理目标确定后，才能确定需要建立什么样的营销组织结构、需要招聘什么样的员工及何时招聘、怎样最有效地领导这些员工，以及依据什么样的标准进行营销控制等。

（二）普遍性

在一般组织中，组织总目标确定之后，各级管理人员为了实现组织目标，都要制订不同的计划，多种计划有机结合在一起，便形成了一个多层次的计划系统，因此计划具有普遍性。

（三）目的性

任何组织或个人制订的各种计划，都是为了促使组织的总目标和一定时期的目标的实现。

（四）实践性

计划是未来行动的蓝图，符合实际、易于操作、目标适宜，是衡量一个好计划的重要标准。

（五）明确性

计划应明确表达组织的目标与任务，实现目标所需要的资源，采取行动的程序、方法、手段，各级管理人员在执行计划过程中的权利和职责。

（六）效率性

营销计划工作为营销管理目标服务，任何组织或个人制订计划都是为了有效地达到某种目标。在计划工作开始之前，这种目标是不具体的，计划就是起始于这种不具体的目标。在计划工作之初制定具体明确的目标是其首要任务，其后所有的工作都是围绕目标进行的。

例如，某家电信公司希望明年的业务收入和利润额有较大的增长，这是一种不明确的目标，为此就要制订计划，根据过去的情况和现在的条件采用科学的预测，确定一个可行的目标，如业务收入增长30%，利润增长20%。

三、营销计划的类型

对于形形色色的计划，人们可以根据不同的分类标准和分类原则对其进行分类。
① 按计划时间长短可以把计划分为长期计划、中期计划和短期计划。
② 按计划制定者的层次可以把计划分为战略计划、管理计划和作业计划。

战略营销计划是在分析当前最佳市场机会的基础上确定目标市场并提出价值主张；战术营销计划是在战略营销计划的指导下，描述特定时期的营销战术，其中包括产品策略、价格策略、分销策略、促销策略等。

③ 按计划对象可把计划分为综合计划、局部计划和项目计划。

四、营销计划的制订

（一）制订营销计划的过程

当今，营销计划并不是由营销部门单独完成的，营销计划的制订与实施实际上是由几个重要部门共同参与，并由跨部门职能团队共同制定的。然后，管理人员负责在组织的各个层面实施营销计划，监督营销计划实施的结果，并采取必要的修订措施。

所有企业都从事以下 4 项计划活动。

① 确定企业使命。
② 建立战略业务单位。
③ 为每个战略业务单位配置资源。
④ 评估增长机会。

企业在制订营销计划时也要完成以下 4 项工作。

① 结合企业使命，营销人员要明晰企业是干什么的？顾客是谁？我们对顾客的价值是什么？我们的业务是什么？我们的业务应该是什么？成功的企业经常会向自己提出这些问题，并做出慎重而全面的解答。

营销管理者还要明确，企业的产业领域有哪些，这些产品领域的相关性；企业所供应产品的范围和应用领域；企业的能力领域与其他核心能力领域；细分市场领域；垂直渠道领域；地理区域领域，等等。

② 基于市场来界定战略业务单位。
③ 结合特定时期营销管理的需要给每个业务单位分配资源。
④ 评估成长机会，包括计划发展新业务、减少或终止某项老业务。当理想销售水平和预计销售水平之间存在缺口时，营销管理人员就必须制订一项开发或收购新业务的计划，弥补缺口。

（二）编制营销计划的原则

编制营销计划时要具体遵循以下 5 项基本原则。

① 统筹原则。
② 重点原则。
③ 连锁原则。
④ 发展原则。
⑤ 经济原则。

（三）营销计划的内容

一个完整的市场营销计划通常包括 8 个部分的内容。

1. 内容概要

内容概要指对营销计划中的主要目标和建议进行简短的概述,使企业管理部门能快速地浏览整个营销计划的主要内容和要点。

2. 当前营销状况

当前营销状况是计划正文的第一部分,主要提供有关产品目前营销状况的背景资料,包括市场、产品、竞争、分销及宏观环境等状况的分析。

① 市场状况。包括目标市场规模及成长性的有关数据、顾客的需求状况等。例如目标市场近年来的销售量及其增长情况,在整个市场中所占的比例等。

② 产品状况。列出企业产品组合中每一个品种近年来的销售价格、市场占有率、成本、费用、利润率等方面的数据。

③ 竞争状况。识别出企业的主要竞争者,并列举竞争者的规模、目标、市场占有率、产品质量与特征、价格、营销战略及其他特征,以了解竞争者的意图和行为,判断竞争者的变化趋势。

④ 分销状况。描述企业产品所选择的分销渠道的类型及其在不同渠道类型成员中的销售数量和结构。例如某产品在在线销售以及百货商店、专业商店、折扣商店等不同渠道的分配比例。

⑤ 宏观环境状况。主要对宏观环境的状况及其走势做出简要的介绍,包括人口、经济、技术、政治、法律、社会文化诸因素及变化,以判断产品或服务的前景。

3. 风险与机会

风险与机会是对计划期内企业的某产品所面临的主要机会和风险、优势和劣势、面临的主要问题进行系统分析和描述。此外,企业还应辨别并明确其在目标和资源各个细目中的有利条件和不利条件、优势和劣势。

4. 目标

确立目标是企业营销计划的核心内容。主要有两种目标,即财务目标和营销目标,要用量化指标表述。

① 财务指标。应明确对每一个战略业务单位的投资报偿,包括投资报酬率、利润率、利润额等指标。

② 营销目标。包括总体和具体部门的销售收入、销售增长率、销售量、市场占有率、品牌知名度、分销范围等。

5. 营销战略

① 目标市场选择和市场定位战略。包括明确企业的目标市场,即企业准备服务于哪个或哪几个细分市场,如何进行市场定位和确定市场形象。

② 营销组合战略。确定企业在其目标市场上拟采取的具体营销战略,包括产品、定价、分销和促销等方面的战略。

6. 行动方案

即具体的实施方案。需回答如下问题:① 要做什么? ② 何时开始? ③ 何时完成? ④ 由谁来做? ⑤ 成本是多少? 行动方案要求尽可能明确、详尽。可以用文字表述,也可以附之于图、表格,从而更清楚、直观地描述,以利于使用者理解和实施。具体到每一个活动,也都要求将任务逐项分解,列出任务及进度表、费用预算表和督查控制表。

7. 营销预算

营销预算即列一张预计的损益表。收益方要说明预计的销售量和平均实现价格,支出方要说明生产成本、实体分销成本和营销费用细目,明确预期利润率和金额。通常企业各战略业务单位编制出营销预算,送上级审批,之后将其作为材料采购、生产调度、劳动人事及各项营销活动的依据。

8. 营销控制

检查与控制是营销计划的最后部分,其目的是监督和调控计划的进程。典型的做法是将营销目标和预算按月或季分别制定。管理者每期都要审查各个单位的业务实绩,找出达到或未达到目标的单位。凡未完成的,要说明原因并提出改进措施,以保证工作受到有效控制,从而达成营销计划目标。

(三) 编制营销计划的程序

1. 估量机会

对机会的分析、评估,是计划工作的起点,其目的就是要抓住机会,促成发展。主要包括这样几方面:分析环境因素及其变化趋势;分析组织自身资源状况;分析自己利用机会的能力;列举可能遇到的不确定性因素,并分析它们发生的可能性和影响程度,力求抓住机会,避开威胁。

2. 确定目标

在机会分析的基础上,为整个组织以及各级单位确定工作目标。目标为所有管理决策指明了方向,并且作为标准可用来衡量实际发生的绩效。

当代管理学家认为,任何组织的目标都是多元化的,除了追求利润,还可能追求增加市场份额或满足员工福利等。彼得·德鲁克认为,凡是成功的企业组织都会在八个方面确定目标:市场、技术改进与发展、提高生产率、物质和金融资源、利润、人力资源、员工积极性发挥和社会责任等。

3. 明确计划的前提条件

明确计划前提条件就是分析、研究和确定计划工作的环境,或者说就是预测实施计划时的环境。例如,在制定市场营销目标时,需要了解这样的信息:市场需求变化趋势将是什么样的?顾客有哪些新的需要?竞争对手会采取什么样的竞争措施?企业与中间商的关系如何?等等。负责制定计划的人员对环境了解得越细致、透彻,计划制定得将越具有有效性,计划执行过程也将越顺利。

4. 发掘可行性方案

通过发挥创造性,挖掘实现目标的各种行动方案,并分析它们的优缺点。在提出可行方案的过程中,必须发挥创造性,以找出最满意的方案。

5. 评价方案

根据一定的标准,对备选方案进行评价并排序。评价标准有两个:确定的目标和计划的前提条件。为了使评价工作有效地进行,计划工作者需要确定具体的评价指标,如成本、收益等;再者对这些指标分别赋予一定的权重。然后,根据该体系,结合每一种方案的优缺点,对其作出评价。

6. 选定方案

根据评价结果,从各种可行方案中选出最满意的方案。选择方案时应考虑组织所处生命周期、环境不确定性等权变因素。现实中,有时可能会有两个可取的方案,在这种情况下,必须确定首先采取哪一个方案,同时将另一方案进行细化和完善,作为备用方案。

7. 计划分解

计划分解可以沿空间和时间两个方向进行。即在企业内部各层次和各部门间进行计划的分派、落实,同时将长期计划分解为中期和短期计划,最终形成一个计划连锁体系。

8. 编制预算

把计划转化为预算,使计划定量化。预算实质上是资源的分配计划。预算工作做好了,可以成为汇总和平衡各类计划的一个工具,同时也可以成为衡量计划完成情况的一个重要标准。

模拟工作任务实操

假设你是王斌,请完成"任务引入"中的任务"制订营销计划"。

实操步骤

估量机会、确定目标、确定计划前提、发掘可行性方案、评估方案、选定方案、拟定政策、拟定引申计划、用预算使计划数字化。

任务二 建立营销组织

任务引入

王斌结合海南市场情况做了海南服装市场营销管理的短期、中期、长期营销计划。王斌的营销计划获得了领导的批准,现在他打算将计划付诸实践。

任务: 能够建立与目标相匹配的营销组织形式。

任务分析

如果把组织比喻成一个人,组织结构就相当于人的骨骼架构。建立合适的营销组织结构对于企业营销活动的正常运行和提高效率至关重要。分工明确、权责清晰、协作配合、合理高效的营销组织结构,是充分利用各种资源、实现营销目标的保障。

知识对接

一、营销组织的含义

管理学中,组织的含义可以从静态和动态两个方面理解。静态方面,指的是组织结构,即反映人、职位、任务以及它们之间的特定关系的网络。动态方面,指的是维持与变革组织结构,以实现组织目标的工作过程。

营销组织就是企业为实现营销目标而将具有销售能力和管理经验的销售人员、管理人员、产品、资金、设备、信息等各种要素进行整合而构成的有机体。企业营销组织是企业实现其营销目标的核心职能部门。营销组织的建立,必须以市场营销观念作为指导思想,其机构的设置应体现协调性和适应性原则。

二、营销组织的演变

企业营销组织的演变经历了 5 个阶段,如图 10-1 所示。

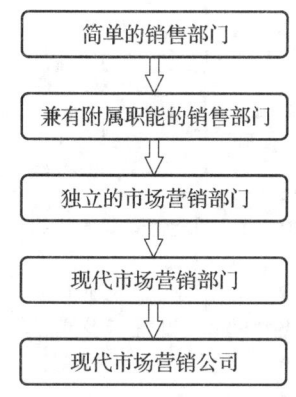

图 10-1 企业营销组织演变历程

(一) 简单的销售部门

简单的销售部门的营销管理通常表现为由一位副总经理负责管理销售人员,并兼管若干市场营销研究和广告宣传工作。在这个阶段,销售部门的主要职能仅仅是推销生产部门生产出来的产品。这个阶段的销售部门对产品的种类、规格、数量等问题,几乎没有任何发言权。

(二) 兼有附属职能的销售部门

兼有附属职能的销售部门不仅管销售,还管市场调研、广告及顾客服务等,仍属于传统模式。

(三) 独立的市场营销部门

在销售部之外另成立市场部,专管营销调研、广告、定价、渠道建设等营销职能是传统模式向现代模式的过渡。市场营销部门变成了一个相对独立的职能部门,销售和市场营销成为平行的职能部门,在工作上密切配合。

(四) 现代市场营销部门

将销售部与市场部合并为经营部,统筹管理市场营销活动包括推销工作。

(五)现代市场营销公司

整个企业以市场营销观念为导向,全面实施市场营销管理活动。

三、营销组织结构的形式

(一)职能管理式的组织结构

职能管理式的组织结构,是由各种营销职能经理组成的,他们分别对企业分管营销工作的副总经理负责,并由这位副总经理负责协调他们的活动,如图10-2所示。

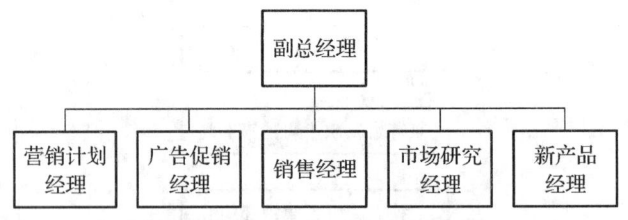

图 10-2 职能管理式的组织结构

这种组织结构较为简单,易于管理。但随着企业产品品种的增多和市场的扩大,这种组织结构也越来越暴露出其效率太低的弱点,且部门之间存在竞争,难以协调。

(二)地区性组织结构

一个企业的营销范围如果是跨地区的,那么就可按区域构建营销组织结构,如图10-3所示。

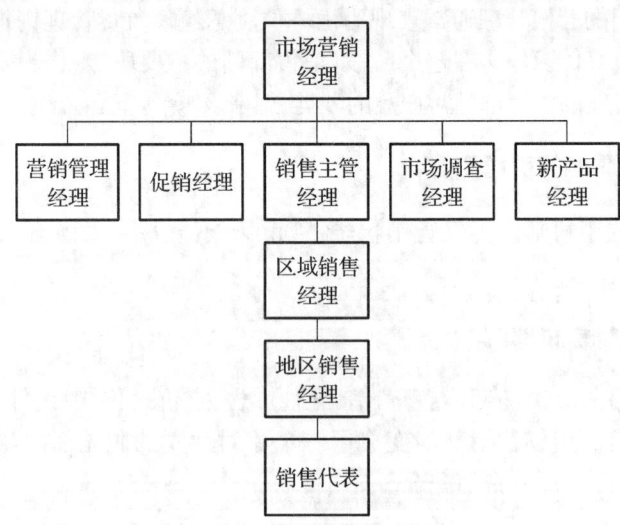

图 10-3 地区性组织结构

地区性组织结构在销售任务比较复杂的情况下,分层管理显得非常有效。

(三) 产品管理组织结构

当企业所生产的各种产品之间差异很大或产品品种太多,以至于职能管理式的组织无法控制的情况下,适合根据产品种类设置部门,如图10-4所示。

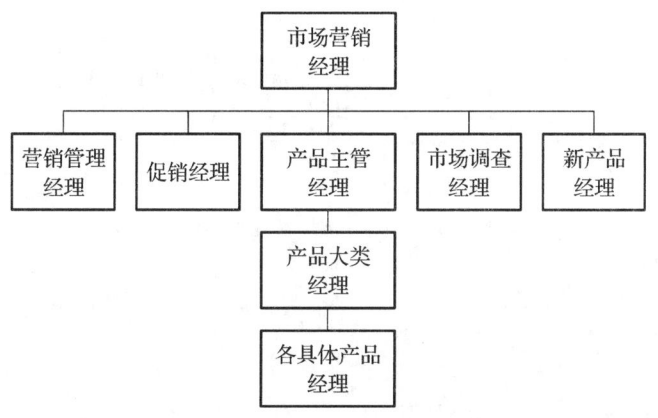

图 10-4　产品管理组织结构

(四) 市场管理组织结构

这种组织结构是由一名市场主管经理管辖若干细分市场经理,各细分市场经理负责完成自己所管辖市场发展的年度计划和长期计划,如图10-5所示。

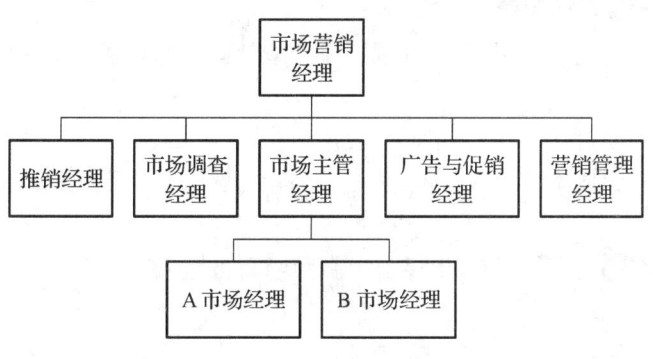

图 10-5　市场管理组织结构

(五) 产品—市场管理型组织结构

这是既有产品经理又有市场经理的组织,具体组织结构见如图10-6所示。

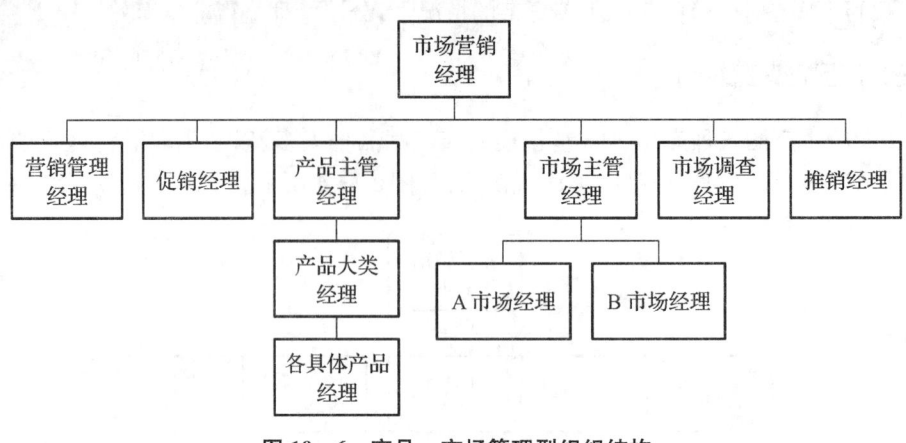

图10-6 产品—市场管理型组织结构

四、营销组织的设计

设计营销组织时要注意以下两点。

① 结合企业规模、市场状况、产品特点、企业类型设计营销组织结构。

② 以整体协调原则、精简及适当的管理跨度和层级原则、有效性原则设计企业营销组织。

模拟工作任务实操

假设你是王斌,请完成"任务引入"中的任务"能够建立与目标相匹配的营销组织形式"。

实操步骤

① 结合总部发展目标,尝试制定部门发展目标。

② 考虑企业营销战略、环境、技术、规模等因素对最优营销组织结构设计及选择的影响。

③ 尝试设计与部门发展目标相匹配的营销组织形式。

任务总结

任务三　实施营销控制

任务引入　公司让王斌组织海南市场"十一"黄金周期间的服装促销活动。准备时间为一个月,他作为该活动的主管如何筹划"十一"黄金周期间的服装促销活动呢?

任务:如何控制营销促销活动?

项目十　开展营销管理工作

 任务分析

控制有事前控制、事中控制、事后控制。控制贵在事前控制。

 知识对接

一、控制及营销控制的含义

所谓控制,就是指为了实现既定的组织目标,以计划为依据制定控制标准,由管理者对被管理者的实际执行活动进行检查、监督,衡量实际工作绩效找出偏差,并根据偏差调整实际工作活动或调整既定标准,使两者相吻合的全过程。控制是最重要的管理职能之一,计划、组织、领导等其他职能,必须伴随有效的控制,才能真正发挥作用。这一定义主要包括4点内容:控制是管理过程的一个必不可少的重要阶段;控制是一个发现问题、分析问题和解决问题的过程;控制要遵循一套科学的程序;控制的根本目的是保证组织目标的实现。

营销控制就是企业的管理部门对营销计划的执行情况和执行效果进行检查和评估,找出计划同实际的偏差,并采取修正措施以确保营销计划的有效执行。

二、控制与计划、组织之间的关系

(一)控制与计划

在管理的基本职能中,控制是要确保企业的所有活动与其环境和计划相一致,从而使企业的执行力更强。具体地讲,控制是以企业目标为出发点,以计划为依据,通过制定业绩的控制标准及建立管理信息系统,衡量实际工作绩效,及时发现偏差并分析偏差产生的原因,以便采取措施纠正偏差的一系列活动。

从计划职能有效实施的角度来看,控制是确保管理的各项活动按计划进行并纠正各种重要偏差的过程。

计划是有效控制的前提,控制则是完成计划的保证,如果没有控制系统,没有实际工作同既定计划的比较,就不知道计划是否完成,计划也就毫无意义。因此,计划和控制是密不可分的。

(二)控制和组织

管理的控制职能和组织职能是密不可分的,有效的管理者必须学会利用控制标准完成组织管理工作,使它们协调地发挥作用。

三、营销控制的方式

对市场营销过程进行控制通常采用以下5种方式。

(一)跟踪型控制

跟踪型控制是指对系统运行全过程实施不间断的控制。在市场营销中,对战略规划决策、外部市场环境变化、新产品开发等的控制就属于此类。

(二)开关型控制

开关型控制是指确定某一标准作为控制的基准器,决定该项目工作是否可行。例如,确定合理的企业投资报酬率,以此来评价市场机会或产品项目,如果达到规定标准,则列入考虑范围。产品质量控制、财务控制、库存控制均属此类。

(三)事前控制、事中控制与事后控制

依据控制措施作用的环节,可将营销控制划分为事前控制、事中控制和事后控制。

事前控制是指通过观察情况,收集整理信息,掌握规律,预测趋势,正确预计未来可能出现的问题,提前采取措施,将可能出现的偏差消除在萌芽状态。事前控制是"防患于未然",是控制的最高境界。

事中控制是指在某项营销活动或者某种营销工作过程中,管理者在现场对正在进行的活动或行为给予必要的监督、指导,以保证活动和行为按照规定的程序和要求进行的管理活动。现场控制是一种管理者与被管理者面对面进行的控制活动,其目的在于及时纠正工作中出现的各种偏差,保证工作目标的实现。

事后控制是将结果与期望标准进行比较,检查其是否符合预期目标,比较偏差大小,找出偏差产生的原因,总结决策经验和教训,以便今后行动的开展。市场占有率控制、销货控制等一般可归于此类。

(四)集中控制和分散控制

集中控制是指最后决策的制定和调整均由最高一级系统决定;分散控制是指控制权限分别由各子系统(各级主管部门和职能部门)分担,这些子系统有一定独立行使控制权的自由,最高级系统往往只起协调平衡的作用。

(五)全面控制和分类控制

全面控制是对某一活动的各个方面实施控制;分类控制则是将活动按其类别不同分别进行控制。例如,按市场类型、销售地区、产品种类、销售渠道、销售部门等进行区分实施控制。

四、营销控制的内容与方法

(一)年度计划控制

年度计划控制主要是检查营销活动的结果是否达到了年度计划的要求,并在营销活动

没有达到年度计划要求时及时调整并采取必要修正措施。年度计划控制的中心是目标管理。管理者可运用5种方法来衡量计划的执行绩效,即销售额分析、市场占有率分析、市场营销费用率分析、顾客态度追踪分析、财务分析。

(二)盈利水平控制

盈利水平控制主要是通过测量各类产品在不同的地区、不同的市场、不同分销渠道的获利水平,以帮助管理人员决策哪些产品在市场上应该扩大,哪些分销渠道应该保持或取消等。其主要步骤如下。

① 确定功能性费用,主要包括推销、广告、包装、运送等各项费用。

② 将功能费用分配给各个营销实体,以衡量每种分销渠道在交易过程中所发生的功能性费用支出。

③ 为每个分销渠道编制一张损益表,主要的栏目有销售额、销售成本、毛利等。

④ 根据损益表来确定调整的对象,如对出现亏损的分销渠道进行分析,找出原因。必要时可对该分销渠道进行调整,以确保公司整体的利润水平。

(三)效率控制

效率控制是对企业在销售人员、广告、促销和分销等方面的工作绩效进行评估并找出提高其管理工作效率途径的活动过程。它主要有销售队伍效率、广告效率和促销效率等几个方面的控制。销售队伍效率主要指标是推销员平均每天推销访问的次数、每次推销访问的平均销售额、每次推销访问的平均成本等;广告效率包括每个覆盖1 000人的广告的成本,消费者对于广告内容和有效性的意见,对于产品态度的事前事后变化的衡量等;促销效率包括各种激发顾客购买兴趣和试用产品的方法所产生的效果。

模拟工作任务实操

假设你是王斌,请完成"任务引入"中的任务"如何控制营销促销活动?"

实操步骤

① 了解王斌所在公司的情况,对该公司内部资源和能力进行分析,列明公司有形资源、无形资源、人力资源等要素。

② 做好事前控制、事中控制、事后控制工作,包括年度计划控制、盈利水平控制、效率控制。

任务总结

知识测试

1. 什么是营销计划与营销计划工作?
2. 营销计划工作的特点有哪些?
3. 营销计划的类型有哪些?

4. 如何制订营销计划？
5. 营销组织结构的形式有哪些？
6. 如何设计营销组织？
7. 营销控制的方式有哪些？
8. 营销控制的内容与方法有哪些？

案例分析能力测试

案例1 医药"集采"重塑医药医疗产业生态

冬季呼吸道传染病高发，湖南长沙居民曹先生也不幸"中招"。"这回看病只花三百多，以前看个感冒也要六七百。"曹先生感叹说"集采药"便宜得让他有点不敢相信。

自2018年《国家组织药品集中采购试点方案》被审议通过以来，医改的一大创举"集采"至今已进行5年，这五年，九批国家集采累计节约药品、耗材费用超4 000亿元。高血压、冠心病、糖尿病等门诊常见病、慢性病用药平均降价超过50%；胰岛素集采中选结果落地，惠及超1 000万患者……得益于大幅降价，患者使用高质量药品的比例从集采前的50%上升到90%以上。

到2023年底，每个省份的国家和省级集采药品数累计达到450种，化学药、中成药、生物药均有所覆盖。与此同时，在集采的背景下，不论是本土企业，还是跨国医疗集团的竞争正在向创新的医药、医疗器械产品领域集中。原本1.3万元的心脏支架降到了700元一个，这样的颠覆性价格至今让人印象深刻，不过，国家组织的药品集采不仅仅停留于"降价"层面，更深刻重塑了化学药、中成药、生物医药和医疗器械四大板块的产业生态。

一、从用不起"天价药"到普及"集采药"

国家实施药品集中采购以来，一大批药品价格显著降低，昔日的"天价药"，如今成为让更多人负担得起的"集采药"。

治疗甲型流感的磷酸奥司他韦干混悬剂平均降价83%；常用降压药氨氯地平阿托伐他汀钙片降价48%；治疗白血病的国产甲磺酸伊马替尼片最低价格更是已经降至144元/盒，约为原研药最初价格的1.2%。人工晶体类耗材平均降价60%，运动医学类耗材平均降价74%。

正如医保部门工作人员在价格谈判时的肺腑之言"每一个小群体都不应该被放弃"，"集采药"既惠及常见疾病用药需求患者，也兼顾了罕见病特效药治疗的少数群体。

国家组织高值医用耗材集采，被网友们称为医用耗材领域国家层面的"团购"，覆盖人工晶体、运动医学相关高值医用耗材。在此之前，国家已组织3批次医用耗材集采，其中，冠脉支架每年可节约费用109亿元，人工关节每年可节约费用160亿元，骨科脊柱每年可节约费用260亿元。此次集采人工晶体类耗材预计每年可节约费用39亿元，运动医学类耗材预计每年可节约费用67亿元。

第九批国家组织药品集中带量采购被业内认为是新的风向标。这次药品集采在规则上有显著变化,即中选药品采购周期为4年,这是国家组织药品集采以来最长的药品采购周期。采购周期的延长既让医院有较稳定的预期,也有利于企业根据全国使用量等情况,制定长期发展策略,合理安排生产周期。

另一个值得关注的变化为国家重点监控品种的"减量集采",在第九批集采中,部分重点监控品种的带量比例将被减少20%。这次集采纳入了用于治疗胃肠道疾病和用于改善脑功能的3个国家重点监控合理用药药品,平均降价60%。

首都医科大学宣武医院药学部主任张兰解释,重点监控目录是临床使用不合理问题较多、使用金额异常偏高、对用药合理性影响较大的化学药品和生物制品。这些药品如果一味追求完成集采任务量,则可能出现不合理使用的风险。

二、增强企业新药研发动力

对于药品和医疗耗材、器械企业而言,到底要不要上集采的"车"? 到底是保高利润还是保销售额? 相信已经有了答案。不过,推进药品集中采购,其战略意义不仅仅是医药企业的降价"让利",也在于集采增强企业从事新药研发的动力,推动企业更加重视创新与质量的可持续发展。

对于医药产业链上游的制造企业而言,集采因为有最低采购量兜底,是利好的消息,但是同时也要面对集采降价带来的冲击,有些企业在参加医用耗材集采之后,业绩出现了下滑。

三、重塑医药产业生态

集采对于医药产业生态另一大重塑是对"带金销售"的治理。以往,游走于各大医院的医药代表串起一条医药购销灰色链条,用回扣做敲门砖,让医院多采购、让医生多开药,严重增加了患者医疗负担,导致医保基金大量流失。药品集采作为国家组织的"团购",挤压中间商、医药代表的利润空间,有助于从源头上消除药品流通销售领域的乱象。

以集采为突破口,进一步促进"三医联动",提升医疗卫生领域治理效能。国家医保局有关负责人表示,在当前全国医药领域腐败问题集中整治深入推进的背景下,做好集中带量采购工作,有利于挤压医药腐败问题滋生空间,推动构建风清气正的行业生态。

资料来源:于娜.华夏时报[N].2023-12-27.

思考:在医疗医药"集采"背景下,医疗医药企业如何开展医药营销管理工作。

案例2 海底捞董事长张勇:我们的核心竞争力从来都不是服务

都说服务是海底捞的企业战略,是海底捞的核心竞争力。但董事长张勇自己的解读却不是。他认为,海底捞之所以强大、所向披靡,核心竞争力是他自己独创的、能够激发员工创意、热情、积极性的一套海底捞人力资源体系,这是海底捞自己摸索尝试出来的,也是餐饮行业所独有的。

张勇对自己独创的人力资源体系的总结。

一、用双手改变命运

问题一:海底捞的核心价值观——"用双手改变命运",是怎么形成和确立的?

张勇:餐饮是一个完全竞争的行业,消费者体验至关重要。

我们在很早的时候就非常重视顾客满意度,而顾客满意度是由员工来保证和实现的。

所以，我们确立了"双手改变命运"的核心理念来凝聚员工。这个价值观一旦确立，我们的制度体系就会围绕这个理念来设计。比如，我们员工的职业发展规划，其实就是建立在这个理念基础上的。海底捞一般不从外部聘请管理人员，并不是说外面的管理人员不好，而是从外面聘人，把好的职位都留给外面的人，我们说的和做的就不一样了。我们告诉大家双手改变命运，实际上却把大家的路给堵死。所以，我们的职业发展路径一定是从基层一级一级往上走，不能坏了规矩。

问题二： 海底捞招人是什么样的标准？海底捞员工的离职率在 10% 以下，这在同业内是很低的，你是怎么做到这点的？

张勇： 坦白说，我们招人没有标准，因为我们招不到人，我们确实是没有资格去选。只要应聘的人身体健康，愿意干，我们就可以招。一个人在海底捞上班至少要 3 个月以上才算是海底捞的员工。按这个标准算的话，海底捞的员工流失率是非常低的，而且我们的干部流失率几乎为零。哪怕我们把一个店长撤了，甚至人走的时候我们提供一笔 8 万元的安家费，都没有人走。此外，还有很多单位愿意到海底捞招人，我们还推荐一些人到其他地方去，都没有人走。从我创业到现在，我们只走了两个干部。这些年来，我最自豪的就是海底捞员工的忠诚度，因为这个忠诚度，实际上是员工用心服务顾客的基石。发现一些顾客不满意的地方，员工会去弥补，这个是我很满意的。其实干部是离不开海底捞的，因为海底捞能让他有一个体面的生活，换到别的地方去，可能他什么都没有。一个人要体面地生活，收入是一个基本的前提，在这个基础上再关注他的精神层面。我们确实在这方面想了很多办法。比如在 20 世纪 90 年代，我们就给大堂经理这个级别的干部的父母发钱。这个事情看上去很简单，但这使他在当地村里面很威风，他会觉得到了海底捞以后，连家人每月都有 200 元钱的补贴。如果他还要辞职，那就可想而知了，连他父母都会帮我说话，让他留在这里好好干。

二、留住人才的秘诀

问题三： 海底捞员工的工资水平比同行业高多少？

张勇： 我不确切知道同行业的工资水平是多少，我估计差不多高出同行业 10%。我觉得这个是微不足道的，更重要的是打造人力资源体系，在这个体系中，让员工在物质和精神层面都有收获和发展。

问题四： 如果招聘员工真没得选的话，这些员工进来以后，又如何能够快速地融入海底捞的企业文化呢？他们怎么能够像老员工一样对待顾客，或者按照企业的规定和要求去做呢？这个其实挺难的。

张勇： 快速融入企业文化只存在于想象或愿望当中。我们也发生过店员和顾客发生争执，甚至拿了顾客买单的钱就跑掉的情况。但是我们一直都在努力让员工尽快地融入我们的企业文化和价值诉求当中。除了个别失职的情况，我们绝大多数员工都是很努力地在为公司服务。很多员工在社会上受到了不公平的待遇，到了海底捞之后，我们会给他一些人性化的东西。在这种情况下，其实给他一点他就会很感激。我觉得我们其实可以做得更好，这里面有一个执行的问题。因为每一个新员工接触的是领班，而领班对公司企业文化的理解是有差异的，所以你会发现在海底捞还是会有老人欺负新人的现象，这跟他的师傅、领班、店长有很大的关系，毕竟很多师傅、领班和店长也都很年轻，19 岁或者 20 岁出头，让这些小孩子明白什么叫责任、什么叫战略目标,确实很不容易。

问题五:现在90后都开始进入社会工作了,你如何管理好这部分员工?

张勇:我们店里面很多员工都是90后,还是有很多很勤奋的。我觉得还是要把创新做成这个企业的文化和人力资源体系的一部分。比如,我们不能拿对待70后的员工的方式来对待90后的员工。比如对于我这个年代从农村出来的员工,给他父母发200元钱他就很感激了,觉得有面子。但是对于90后,再给他发200元钱可能就不适合他了。他可能希望在宿舍里面装一台电脑,下班之后打打游戏,跟他外地的女朋友在网上聊聊天。我们就得根据这些人的特点和需求,做不同的安排或设计。

三、核心竞争力是人力资源体系

问题六:员工、顾客、股东,这三者如果要排一个顺序的话,你是不是把员工视为第一位?

张勇:不是,做生意还是要赚钱的,我觉得3个都一样重要,而不是说哪一个更重要。比如股东不掏钱投资,员工就没有工作的平台。但员工进到公司以后,你不停地压榨他,他就不会好好服务你的顾客。所以在我看来,这3个是同等重要的。对于员工的关怀,我一直希望我们能做得更多,做得更好。我们的员工绝大多数都是农民工,他们没有受过良好的教育,处在社会最底层。十几年前,很多农民工还拿不到工钱,很多餐饮业的员工就住在地下室。我们给员工的待遇稍微改善了一下,给他们的照顾适当多一些,外界就觉得我们把员工摆在第一位了。其实我觉得这些还是不够的,和欧美国家相比也还是有差距的。我希望未来在这方面我们能够做得更好。

问题七:海底捞的确非常注重员工的感受,为员工的生活和工作做出了人性化的安排。那么,海底捞的成本在同行业里是不是高一些?你认为员工不是第一重要,那你的核心竞争力到底是什么?

张勇:我一直在琢磨餐饮业的核心竞争力究竟是什么,是环境、口味、食品安全,还是服务品质?我想了很多,发现这些到最后都不能形成核心竞争力。我觉得人力资源体系对餐饮企业是至关重要的。如果我们能把这个人力资源体系打造好的话,它会形成一种自下而上的文化。我认为这个可能会成为海底捞未来的一个核心竞争力。关于成本,对于我们来说,主要是两类成本开支比较大。一个是食品安全方面的,一个是员工的劳动力成本。食品安全方面,我们现在已经基本上做到机械化清洗、机械化切割,包括洗菜的水要零细菌、清洗车间的温度要适宜等,这些都是按照一个很高的标准在建,这个成本一定会高一些。至于劳动力成本的上升,我觉得这是一个好事情,因为我们企业的理想就是增加基层员工的收入,通过市场的调节,通过增加售价,或者压低股东的一些回报,我们可以保证员工的收入有较大的增长空间。你的售价可能会比其他对手高一点,但你是品牌,一切问题就解决了。

四、海底捞如何考核员工

问题八:海底捞的普通员工在服务顾客时有不小的自由度,这个自由度大了,你可能就会面临亏钱。这方面你是怎么管理和控制的?

张勇:这个问题,其实可以回到我刚才提到的在员工、股东、顾客之间找到一个平衡点。我们不能总是站在自己的角度上考虑问题,我们一定要站在别人的角度考虑问题。比如一个顾客到了海底捞要等座,座位也没有,一点小吃也没有,人家一定就不等了,而不等的结果就是我们没有收入。所以,我们必须在这种情况下增加一种服务,而增加这个服务的成本实际上是非常微不足道的。还比如给客户退菜,对于我们来说,食材成本是很低的,所以一定不要因为这么一点成本跟顾客发生冲突。一些人都只算自己的账,不算员工、同事、顾客的账,所以合作者只会越来越少。做生意一定是要赚钱的,只是不能太短视,不能只是说这一单赚了多少钱。比如说顾客吃火锅,都喊咸了,这时应该给顾客免单。因为顾客消费你的产品是一个不合格的产品,这个损失一定是要由商家承担的。

问题九: 现在媒体都在宣传你不考核利润。利润到底考核不考核?如果不考核利润,店长如何去奖励?绩效跟他的报酬有什么关系?

张勇: 利润一定是要考核的。我们对利润的看法,不看短期,而是看长期。这个月赚不到钱,我一定考虑的是在未来赚更多的钱。但对于一个优秀店长我确实没有直接去考核他的利润,因为我觉得,如果想让一个企业变得强大,每个店长在每个月和每一年的赚钱能力很重要,但更重要的是,他们有没有能力把员工凝聚到一起,有没有能力去保证顾客的满意度。这样才能保证我们长久的利润。我们考核店长就两个指标:员工满意度和顾客满意度。员工不满意,顾客就没法满意。我们的战略目标就是不断提高顾客满意度,在保证顾客满意度的前提下,把海底捞建设成一个民族品牌。

五、苦练内功,做高端品牌

问题十: 把海底捞这个品牌开到全中国的每一个角落,是你说的吗?未来,你对上市有没有考虑?

张勇: 我是这样提的,把海底捞开到全中国。这是一个比较笼统的说法。我还是想把海底捞做成一个高端品牌,火锅本身就是一个大众化的东西,高端也高端不到哪里去,但是我希望海底捞在火锅里面是一个比较高端的。换句话说,收费还想贵一点,但这一定受限于当地的消费水平,所以有些地方还是不合适开。一年多前完成了股改工作之后,我们就把融资停掉了。关于上市,我理解其首要任务还是融资,一定是想融资之后投资一些硬件和软件,改善企业的一些架构。我们很早以前就重视人力资源和物流,这是我们一直在做的事情,海底捞的效益完全可以保证做这些事情。而且中国的资本市场还不够规范,我目前不太愿意加入进去,或许实在缺钱了我可能才想进去。目前,我还是想靠自己的力量稳步发展。我觉得现在制约我们的还是人力资源等几个体系的问题。一个企业要发展,还是软实力的问题。软实力就涵盖了人力资源体系、信息化管理体系、财务体系、物流体系等,只有把这些体系建立起来,海底捞才能真正成为一个品牌。当这些体系都很差的时候,你拿一大堆钱开很多店,这不是加速毁灭吗?所以我觉得现在不是快速扩张的时候,现在是静下心来打造基础体系的时候,我这么多年一直坚持这个观点。

海底捞 CEO 张勇还分享过一个小故事:海底捞去日本开店时,一个 40 多岁男子跪拜在海底捞店门口,自称是某餐饮企业老板,听说海底捞做得好,前来学习。"我觉得很可怕,只是听说我们做得好就这么认真前来学习。"张勇说。

资料来源: 搜狐网,http://www.sohu.com/a/215442832_556860。

思考: 结合上述采访资料,谈谈海底捞是如何开展营销管理工作的。

项目驱动任务实训

情景营销设计

项目实训目标：

培养学生分析和判断市场机会的能力，培养学生现代市场营销管理能力。

学生角色：

营销管理团队成员，负责市场营销管理工作。

项目任务：

1. 制作营销管理材料

学生以小组为单位，根据企业背景，制订季度、年度营销计划，建立营销组织责任管理制度，制定实施营销控制标准等内容。

2. 进行文案展示汇报（不超过10分钟）。

项目要求：

1. 普通话标准，口齿清晰，表达流利，声音洪亮，节奏适中；无明显的停顿、磕巴；在规定时间内团队2人以上共同完成展示陈述任务。

2. 团队衣着整洁，在汇报过程中表情自然大方，注意基本的礼仪，文明用语。

项目背景：百年老店"同升和"

实训日志

思政考评要点

态度考评	课堂出勤，参与课堂讨论的积极性，成果展示中的主动性、思政性
知识考评	课前作业和预习任务完成的质量，课中讨论或展示成果时对理论的分析和理解的正确度，课后实训报告分析中理论的结合度
思政考评	课堂互动中表现出来的集体荣誉感、爱国情怀和积极向上的人生态度；课后实践作业调研过程中表现出的责任担当、顾全大局、创新精神；实践报告内容体现出的任务反思和集体意识等
能力考评	课中小组讨论中展现出的组织能力；课后实训作业过程中体现出的团队合作能力、人际交往能力、抗挫能力、语言沟通能力；实训报告内容展现出的分析问题、解决问题的能力等

参考文献

[1] 杨爱花,苗长川.现代市场营销管理[M].北京:北京交通大学出版社,清华大学出版社,2004.

[2] 桑德霍森.市场营销学[M].陶婷芳,译.上海:上海人民出版社,2004.

[3] 李红伟,陈林.市场营销[M].北京:北京大学出版社,2006.

[4] 吴勇.市场调查[M].广州:广东高等教育出版社,2006.

[5] 赵轶.市场调查与分析[M].北京:北京交通大学出版社,2008.

[6] 科特勒,凯勒.营销管理(第13版)[M].杜清豪,译.上海:格致出版社,上海人民出版社,2009.

[7] 徐静,张丽丽.市场营销实务[M].北京:北京交通大学出版社,2010.

[8] 梁琼惠,余远坤.市场营销[M].北京:清华大学出版社,2010.

[9] 余源,潘俊.新编市场营销教程[M].北京:北京交通大学出版社,2010.

[10] 张海良.做最好的产品经理[M].合肥:黄山书社,2011.

[11] 吴国庆.市场营销学[M].上海:上海交通大学出版社,2013.

[12] 王瑶,冯一娜.市场营销基础与实务[M].北京:高等教育出版社,2013.

[13] 谢宗云,李芳云.市场营销原理与实务[M].长沙:中南大学出版社,2013.

[14] 夏暎,池云霞.市场营销(第2版)[M].北京:机械工业出版社,2013.

[15] 苏亚民.现代市场营销学[M].北京:中国商务出版社,2008.

[16] 王毅武.中国现代管理理论文要[M].北京:中国社会科学出版社,2015.

[17] 王学军.市场营销学[M].北京:科学出版社,2015.

[18] 兰苓.市场营销学(第5版)[M].北京:国家开放大学出版社,2021.

[19] 王绪君.管理学基础(第4版)[M].北京:国家开放大学出版社,2020.